Mosaik
bei GOLDMANN

Buch

Der professionelle Umgang mit Geld ist entscheidend für die private und berufliche Lebensplanung. Bernd W. Klöckner vermittelt dem Leser kompetent und verständlich das nötige Wissen rund ums Thema Geld. Er informiert über verschiedene Formen von Versicherungen, Aktienfonds, Altersvorsorge, den richtigen Umgang mit Gebühren und Kosten und vieles mehr. Eine Checkliste hilft beim persönlichen Vermögensaufbau, praktische Beispiele zeigen, was auf dem Weg zum Reichtum beachtet werden muß. Mit diesem Know-how kann jeder „systematisch reich" werden.

Autor

Bernd W. Klöckner zählt als Finanz- und Erfolgstrainer zu den Besten und Bestbezahlten seiner Branche in Deutschland, Österreich und der Schweiz. Er trainierte bereits Zehntausende begeisterter Seminarteilnehmer, darunter Finanzdienstleister und Verbraucher. Sein Spezialgebiet ist ein bis heute einzigartiges Finanztraining für finanzielle Unabhängigkeit. Seit mehr als 14 Jahren Finanzinsider und seit über 10 Jahren unabhängiger Finanzjournalist ist der ehemals leitende Wirtschaftsredakteur über zehnfacher Bestseller- und Erfolgsautor. Er beherrscht sein »Finanzhandwerk« wie kein anderer, spricht aus der Praxis für die Praxis. Anspruchsvoll, humorvoll, authentisch und sofort umsetzbar.

Von Bernd W. Klöckner außerdem bei Mosaik bei Goldmann:

Systematisch reich mit Aktienfonds! (16327)

BERND W. KLÖCKNER

Systematisch reich!

Was Sie tun müssen,
damit das Geld zu Ihnen kommt

Mosaik
bei GOLDMANN

Gewidmet ist dieses Buch N. N., noch nicht geboren, jedoch von ganzem Herzen geliebt und ersehnt.

Oktober 1999.

Dieses Buch ist bereits als Lizenzausgabe
für die birkenbihl-gruppe GmbH erschienen.

Umwelthinweis:
Alle bedruckten Materialien dieses Taschenbuches
sind chlorfrei und umweltschonend.

Originalausgabe Juli 2000

Umschlaggestaltung: Design Team München
unter Verwendung folgender Fotos:
Umschlag: Darius Ramazoni
Umschlaginnenseiten: Stone, Nick Dolding
Illustrationen: Bernd W. Klöckner
Redaktion: LiteraServe Verlagsservice GmbH, Hamburg
Layout und Satz: Lucie Deinzer, Luhmühlen
Druck: Elsnerdruck, Berlin
Verlagsnummer: 16270
Kö · Herstellung: Max Widmaier
Printed in Germany
ISBN 3-442-16270-X
www.goldmann-verlag.de

3 5 7 9 10 8 6 4

INHALT

VORWORT

If you can do it–
you can do it!

Unser ganzes Leben dreht sich, ob wir dies zugeben oder abstreiten, ums Geld. Spätestens dann, wenn Sie schon einmal knapp bei Kasse waren, haben Sie es selbst erlebt, daß Geld und der richtige Umgang mit Geld wichtig werden. Geldbücher gibt es demzufolge viele.

Manche Autoren versprechen auf verlockende Art Reichtum in wenigen Jahren. Ihre Aussagen und Ratschläge sind gewiß nicht grundsätzlich falsch, doch wirklich wichtiges, im Alltag umsetzbares Geldwissen zu einzelnen Finanzprodukten kommt meist zu kurz, zahlreiche Tips sind zu seicht. So folgt auf so manche große (Geldguru-)Versprechungen schnell die kalte Dusche.

Andere Geldbücher geben unerschöpfliches und tiefgehendes Geldwissen und Geldfakten wider, doch die Leser fragen sich angesichts der Fachsprache, für wen das Buch eigentlich geschrieben ist. Nicht selten gewinnt man beim Lesen solcher Bücher den Eindruck, daß sich um die einfachen Gedanken der nicht erfahrenen Geldinteressierten niemand so richtig Gedanken gemacht hat.

Dabei ist – richtig betrachtet – systematisch reich zu werden und der richtige Umgang mit Geld keine Kunst, vielmehr mangelt es am vollständigen System. „Systematisch reich!“ ist das erste und ultimative Geldbuch, das den Leser in keiner Geld-Phase allein läßt.

In den vier Kapiteln „Reichtum & Geldpsychologie“, „Reichtum & Persönlichkeit“, „Reichtum & Geldwissen“ und „Systematisch reich!“ habe ich versucht, Ihnen in einer verständlichen Sprache sofort umsetzbar alle notwendigen Erfolgsgeheimnisse zu verraten, damit Sie besser, schneller reich werden. Mit zahlreichen

Beispielen und kleinen, anschaulichen Skizzen als Erinnerungsanker werde ich auf den folgenden Seiten versuchen, Ihnen alles mitzugeben, was Sie auf Ihrem Weg zum Reichtum systematisch beachten und leben müssen.

Dieses Buch ist damit in der vorliegenden Art auch das erste Geldbuch, bei dem Sie sich über diese Anker die einzelnen Praxistips zum „Systematisch Reichwerden" immer wieder ins Gedächtnis rufen können. Dieses Ankern von Geldwissen liegt mir sehr am Herzen. Damit Sie möglichst lange und umfassend von den Inhalten dieses Buches profitieren, brauchen Sie Wiederherstellungssignale, mit denen Sie Erinnerungen an das Geschriebene und Gelesene hervorholen.

Übrigens: In diesem Buch wird unter Reichtum finanzieller und persönlicher Reichtum verstanden. Denn: Was haben Sie davon, wenn Sie reich und unglücklich sind? Gewiß keine Zufriedenheit. Im Gegenteil: Reich und unglücklich ist vielleicht der schlimmste Zustand, den Sie erreichen können. Es ist der Zustand, in dem Menschen – von außen gesehen – alles, wirklich alles haben, was sie wollen, aber dennoch nicht glücklich sind.

Zurück zu diesem Buch und zu seinem Inhalt: Es ist ein in Form, Sprache und Umsetzbarkeit einzigartiges und in meinen Gedanken über viele Jahre entstandenes Geldbuch. Ein Geldbuch für alle, die am eigenen Erfolg wirklich arbeiten wollen. Ein Geldbuch, in dem ich versuche, Ihnen alles zu sagen, was ich im Laufe der Jahre lernen durfte.

Wie es zu diesem Buch kam? Ganz einfach: In zahlreichen Seminaren erlebte ich mehrere tausend Teilnehmer. Alle trieb der gleiche Wunsch: Sie wollten reich werden. So manch einer ließ bei den Diskussionen nach solchen Seminarvorträgen durchblicken, daß er nicht bereit sei, an sich zu arbeiten, jedoch trotzdem reich werden wolle. Jahre später traf ich den einen oder die andere wieder, und es war in vielen Fällen trotz teurer Seminarbesuche bei so manchem Finanzguru nichts aus seinen Träumen vom Reichtum geworden. Viele dieser Menschen hatten aufs Geld gewartet statt dafür zu arbeiten. Diese Menschen haben sich niemals gefragt, was sie eigentlich dafür geleistet haben, um reich zu sein, um sich persönlich und finanziell zu Recht reich zu fühlen.

Das Problem: Diesen Menschen hatte niemand ehrlich gesagt, daß Reichtum auch mit Persönlichkeit zu tun hat, und daß mit der falschen inneren Einstellung trotz der teuersten Seminarbesuche kein Reichtum entstehen kann. Denn letztlich müssen Sie säen, wenn Sie ernten wollen. Will ein Bauer Weizen ernten, weiß er, daß er Weizen säen muß. Will er Roggen ernten, muß er Roggen säen. Wollen Sie Reichtum und Glück ernten, müssen Sie mit Ihrem Verhalten, mit Ihrer Leistung, mit Ihrem täglichen Tun Reichtum und Glück säen. So einfach ist das.

Die Begründung für so manchen in der Vergangenheit enttäuschten Seminarteilnehmer liegt auf der Hand: Es ist einfacher, mit seichtem, verlockendem Geldwissen Seminarteilnehmer zu locken, als erfolgreiche Seminare zu veranstalten, in denen man die Wahrheit sagt. Denn die Wahrheit ist nicht immer angenehm, und hin und wieder auch mal unangenehme Dinge zu sagen heißt, als Referent oder Veranstalter möglicherweise auf Seminarteilnehmer zu verzichten.

Aus vielen solcher Beobachtungen entstand in einigen Jahren nach und nach das Inhaltsverzeichnis des vorliegenden Buches. Wichtig ist mir: Auch dann, wenn Sie bereits reich sind, verspreche ich Ihnen, Sie werden trotzdem auf den folgenden Seiten einige interessante Gehcimnisse entdecken. Das ein oder andere Kapitel kennen Sie bereits aus Ihrem eigenen Leben – sonst wären Sie nicht so erfolgreich, wie Sie es bereits sind. Doch manches Kapitel wird Sie dennoch überraschen. Und wenn Sie sich wirklich nach den über 200 Seiten lediglich bestätigt finden und nichts Neues entdeckt haben: Möglicherweise kennen Sie dann einen guten Freund, eine gute Freundin, denen Sie das Buch weiterschenken können.

Fazit: Wer dieses Buch nicht liest, hat selber Schuld! Jetzt höre ich den einen oder die andere aufschreien, wie ich als Autor bloß so selbstsicher und von meinem Buch so überzeugt sein kann. Ich bin es, weil ich Sie mit anwendbarem, praktischem Geldwissen einen wichtigen und notwendigen Schritt weiterbringen will. Ich bin mir so sicher, weil ich weiß, daß ich Ihnen auf den folgenden Seiten alles an Wissen und Know-how schenke, was ich Ihnen schenken kann.

Lassen Sie uns gemeinsam die folgenden Seiten durcharbeiten. Wer die Geheimnisse dieses Buches ab sofort umsetzt, wird systematisch reich oder bleibt es. Eine Bitte zum Schluß: Mit dem vorliegenden Buch sollen Sie arbeiten. Sie sollen Dinge unterstreichen, einkreisen, markieren. Je mehr Sie mit diesem Buch arbeiten und je genauer Sie sich mit jedem Kapitel beschäftigen, umso mehr kann ich Ihnen zurückgeben. Schließlich haben Sie dieses Buch gekauft und erwarten eine bestimmte Leistung. Für diese Leistung brauche ich Ihre Mitarbeit.

Betrachten Sie dieses Buch als ein wertvolles Geschenk. Ich darf Ihnen versichern: Es eignet sich nicht als Kantinenlektüre. Die größte Freude machen Sie mir, wenn Sie mit diesem Buch derart arbeiten, daß Sie die empfohlenen Dinge und Erfolgsschritte für Gewinner einfach tun. Indem Sie, obwohl Sie markieren sollen, es eben trotzdem nicht nur brav bei diesem Markieren lassen und sich selbst damit gewissermaßen beruhigen, das Buch weglegen und behaupten, Sie hätten ein ganz tolles Buch gelesen.

Den größten persönlichen Nutzen erreichen Sie für sich und damit die größte Freude für mich, indem Sie dieses Buch nicht nur einmal lesen, sondern immer und immer wieder. Wiederholen Sie das Lesen ganzer Kapitel oder nur einzelner Seiten. Der wichtigste Grundsatz lautet: Dinge und Gewinnregeln dieses Buches, nach denen Sie einmal und dann immer wieder handeln, werden Sie niemals vergessen. Ich lade Sie ein, arbeiten Sie mit diesem Buch und mit mir, indem wir es gemeinsam tun.

Zum Schluß: Es ist völlig gleich, wie Ihr Bankkonto heute aussieht. Ob Sie Miese haben oder ob Sie bereits ein kleines Vermögen besitzen und wissen wollen, wie Sie mehr daraus machen können. Wo auch immer Sie im Moment stehen, was auch immer Sie bis gestern falsch oder richtig gemacht haben, ein Grundsatz gilt für uns alle:

Heute ist der erste Tag vom Rest Ihres (Spar- und Investitions-) Lebens

Tun Sie ab heute, was Sie morgen sein wollen, und tun Sie morgen das, was Sie übermorgen erreichen wollen. An jedem Tag haben Sie die Möglichkeit, alles anders zu machen und ab sofort zu gewinnen. Daß „Heute" der erste Tag vom Rest Ihres Lebens ist, ist keine grausame Wahrheit. Sollten Sie also naturgemäß zu den Pessimisten gehören und zu denen, die bei unangenehmen Wahrheiten den Kopf in den Sand stecken, hören Sie auf, sich von solchen Sätzen bedroht zu fühlen. Das „Heute", der erste Tag vom Rest Ihres Lebens, bedeutet jeden Tag aufs Neue für jeden von uns eine Wahnsinns-Chance. Um diese Chance zu persönlichem und finanziellem Reichtum zu nutzen, müssen Sie allerdings mehr tun, als den Lottogewinnern in den TV-Werbespots neidisch zuzuschauen, wie sie Cocktail-schlürfend am Pool irgendeines teuren Hotels im Süden liegen, während Sie sich auf der Wohnzimmercouch ärgern, daß bereits die erste ausgeloste Lottozahl nicht von Ihnen angekreuzt wurde oder Sie (mal wieder) fast 3 Richtige gehabt hätten. Es ist eben nicht damit getan, daß Sie auf Ihr persönliches Glück, auf Ihren persönlichen Fortschritt warten. Sie müssen Ihrem eigenen Glück schon entgegengehen. Sie müssen sich bewegen. Sonst ist Ihr Leben fast vorbei, bevor Sie es bemerken.

Nehmen Sie Ihr Leben ernst, sich selbst bewußt wahr (Selbst-Bewußt-Sein!). Daß Sie heute und morgen leben, ist kein Schicksal, in das Sie sich ergeben, sondern es ist eine große Chance, es ist Ihre ganz persönliche größte Chance. Entscheiden Sie sich einfach, ab sofort zu gewinnen. Lesen Sie die in diesem Buch beschriebenen Erfolgsgeheimnisse und dann handeln Sie. Von Napoleon Hill stammt ein schönes Zitat, mit dem ich Sie nun auf die nächsten Seiten einstimmen möchte:

Wenn Sie niemals anfangen, werden Sie auch niemals fertig

Die nebenstehende Abbildung wird Sie übrigens durch das ganze Buch begleiten. Immer, wenn Sie diese Abbildung sehen, heißt es, besonders gut aufzupassen. Diese Abbildung dient dazu, Ihr Gedächtnis zu (unter-)stützen. Diese Form, Worte mit Abbildungen und Zeichen zu verbinden, ist eine uralte Form, Erinnerungen zu bewahren. In früheren Zeiten waren es eingekerbte Stöcke, Muschelgürtel, oder wie bei den Ureinwohnern Australens, heilige Plätze mit bestimmten geometrischen Figuren.

Fangen Sie nun mit diesem Buch an und entdecken Sie die Geheimnisse, wie Sie systematisch reich werden.

Ihr

Bernd W. Klöckner

DIE 4 KAPITEL DIESES BUCHES KURZ & BÜNDIG

1. Kapitel – Reichtum & Geldpsychologie

In diesem Kapitel geht es rund um das Thema Geld & Psychologie. Welche wichtigen Geheimnisse Sie unbedingt beachten müssen, um tatsächlich systematisch reich zu werden. Psychologie, das hat stets mit Einstellung, Bewußtsein und Gedanken zu tun. Diese Punkte sind somit auch Schwerpunkt des ersten Kapitel.

2. Kapitel – Reichtum & Persönlichkeit

Hier geht es um die persönlichen Faktoren, die Sie mitbringen oder an denen Sie unbedingt arbeiten müssen, wenn Sie wirklich systematisch reich werden wollen. Hierbei gilt: Ohne Disziplin und Konsequenz in den eigenen Verhaltensweisen geht es nicht. Wer jedoch die wichtigsten Erfolgsgeheimnisse der Gewinner berücksichtigt, ist weiter auf dem besten Weg, systematisch reich zu werden.

3. Kapitel – Reichtum & Geldwissen

Reich werden bedeutet stets, Geld anzulegen. Angesichts der Unmenge an Finanzprodukten ist es schwierig, die richtige Auswahl zu treffen, das richtige Finanzprodukt auszuwählen. In diesem Kapitel geht es daher um die Vor- und Nachteile wichtiger Anlageformen und darum, welches Anlageprodukt ich Ihnen nahezu immer empfehle.

4. Kapitel – Systematisch reich!

Nach Kapitel drei kennen Sie nun von einigen wichtigen Finanzprodukten die Vor- und Nachteile. Die Geldanlage in Aktien oder Aktienfonds ist sicherlich eine der vielversprechendsten Anlageformen. Wichtig sind nun jedoch die richtigen Strategien zum systematischen Reichwerden. Von diesen Strategien handelt Kapitel 4.

1. Kapitel

REICHTUM & GELDPSYCHOLOGIE

Was Geld wirklich ist

Es ist großartig, ein reicher Mensch zu sein, aber es ist großartiger, als reicher Mensch Mensch zu bleiben.
K. Walter

Geld ist in Papier gedrucktes oder in Münzen geprägtes Vertrauen. Nicht mehr, nicht weniger. Der reine Wert eines Geldscheines liegt lediglich bei einigen wenigen Cent. Das ist den meisten Menschen unbekannt. Den einfachsten Praxistest als Beweis dafür, daß wir an Geldwerten ohne richtige Vorstellungen festhängen, führe ich auf meinen Seminaren durch: Ich bitte Teilnehmer, einen 100-Mark-Schein eines anderen Teilnehmers zu verbrennen. Wie zu erwarten, sträuben sich die meisten Teilnehmer, dieser Bitte zu folgen.

Geld wird also in vielen Fällen überbewertet, obwohl es letztlich nichts anderes ist als ein Tauschmittel. Interessanterweise dient es ursächlich dazu, das Leben einfacher zu gestalten. Statt Ware gegen Ware tauschen zu müssen, können Sie Ware gegen Geld tauschen. Statt selbst eine Leistung von sich einzusetzen, wenn Sie eine Ware haben wollen, können Sie eben mit Geld bezahlen. Geld, das Sie wiederum für eine bereits erbrachte Leistung, in der Regel Ihre Arbeitsleistung, erhalten haben.

Einen einzigen Haken hat Geld: Sie können mit Geld genau das bekommen, was Sie auch haben wollen und zwar genau in dem Moment, in dem Sie es sich wünschen. Und eben diese Eigenschaft von Geld, nämlich alles damit kaufen zu können, wann man es sich wünscht, ist für die meisten das Problem. Wichtig: Nicht Geld ist schlecht und das Problem, sondern Ihre Wünsche sind es, die Sie mitunter in einen Strudel voller Schulden und Geldschwierigkeiten reißen können.

Warum ich Ihnen das erzähle, ist: Geld ist einfach. Geld ist weder gut noch schlecht. Das gilt insbesondere für Menschen, die aus religiöser Überzeugung der Meinung sind, es sei schlecht, so sehr aufs Geld zu achten. Es sei, wie manche dieser Menschen es meinen, gottgefälliger, in Armut zu leben. Dieses Festhalten an Armut ist wider alles, was in dieser Welt geschaffen wurde. Wenn Sie im Herbst über die Felder laufen und sich Apfelbäume betrachten: Spricht es für ein gottgewolltes Gesetz der Armut, daß sich manche Äste unter den Hunderten von Äpfeln biegen? Wenn jemand die Welt erschaffen hat, dann ist diese Welt auf Wachstum ausgerichtet. Warum soll dieses Gesetz des Wachstums gerade dann schlecht sein, wenn es sich um Geld handelt? Gewiß: Geld ist nichts überaus Schönes (es würde mir, ehrlich gesagt, leid tun, wenn Sie bislang noch nichts Schöneres gesehen haben als läppische Münzen und verknitterte Geldscheine). Mir fallen genügend Dinge ein: schöne Frauen, auf dem Rücken schwimmend im Bergsee liegend, ein Sonnenuntergang auf See, ein herrliches Essen in der Abendstimmung am Lago Maggiore. Fazit: Die schönsten Dinge im Leben gibt es kostenlos, und Geld ist gewiß weder schön noch schlecht. Auch viel, viel Geld ist weder schön noch schlecht. Geld ist einfach. Nicht mehr und nicht weniger.

Interessant in diesem Zusammenhang ist, den Ursprung der Bezeichnung „Geld" zu verfolgen. Sie kennen sicherlich den deutschen Begriff „Moneten", Engländer sprechen von Money. Beide Worte haben ihren Ursprung in dem lateinischen Wort moneta. Moneta wiederum ist der Name einer Göttin und bedeutet soviel wie Mahnung. Des weiteren ist „moneta" ein zusätzlicher Name der Göttin Juno. In ihrem Tempel wurde das römische Geld geprägt. Ihr Tempel wurde ihr zu Ehren errichtet, nachdem eine römische Armee sie in einer schwierigen Schlacht um Rat gefragt hatte, ihren Rat aktiv befolgte (Aktivität), und genau das eintrat, was Juno prophezeit hatte: Die Armee siegte. Eine weitere Ableitung von moneta ist monere, was soviel wie „bewundern" bedeutet. Alle diese abgeleiteten Bezeichnungen haben also erstens etwas mit Bewunderung zu tun, zweitens mit Aktivität und damit Wachstum und drittens nicht zuletzt mit Mahnung.

Geld ist also auch Energie, Aktivität, Wachstum. Das bedeutet: Wer zwanghaft am Geld festhält (Gier & Geiz), darf sich nicht wundern, wenn er auf Dauer verliert statt zu gewinnen. Hand aufs Herz: Haben

Sie schon einmal daran gedacht, Ihr ganzes Geld loszulassen? Keine Bange, Sie haben es bei mir keineswegs mit einem Irren zu tun. Ihr Geld soll schon Ihres bleiben. Aber Sie können Geld auch loslassen, indem Sie es investieren!? Richtig?? Sie merken: Ich taste mich ganz langsam vor, um Sie nicht zu erschrecken. Die Botschaft lautet: INVESTIEREN Sie Ihr Geld und tun Sie damit endlich was Besseres, als es mit mickrigen Zinsen irgendwo rumliegen zu lassen.

Bringen Sie Ihr Geld **besser** in Umlauf. Setzen Sie Geld ein, lassen Sie Ihr Geld arbeiten. Sparen Sie, träumen Sie, planen Sie und investieren Sie. Spenden Sie hin und wieder einen Teil Ihres Geldes, und dann geht's wieder weiter mit dem Sparen:

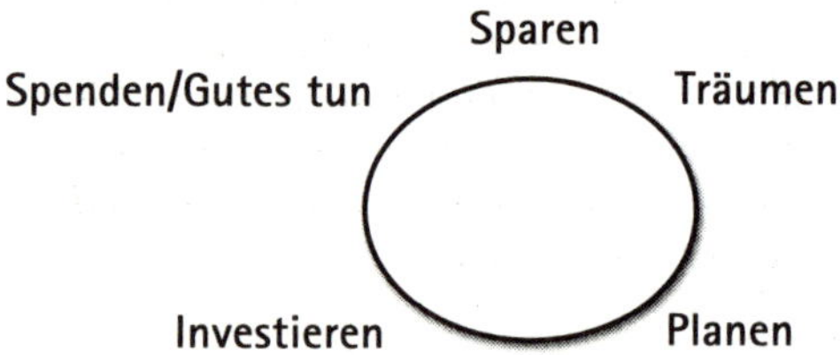

***Achtung:** Nehmen wir es also genau so ernst, wie es gemeint ist und was es eigentlich ist: Bewundern Sie Geld, und sehnen Sie sich nach mehr! Verbinden Sie Geld mit Aktivität (Geld ist Energie – hierzu später mehr), und vergessen Sie am besten nie, daß es in der Natur des Geldes liegt, uns immer wieder zu mahnen, daß Geld nicht alles ist. Geld will eingesetzt werden, Geld will wachsen. Wollen Sie also wirklich reich werden, genügt es niemals, nur zu sparen. Sie müssen – immer wieder – investieren!*

Übrigens: Geld ist EINFACH!

Immer wieder fragen Leute in unserem Institut um Rat in Geldangelegenheiten. Und immer wieder stellt sich ein Phänomen heraus: Die meisten dieser um Hilfe suchenden Menschen wünschen sich einen Geldexperten, der ihnen künftig alle Entscheidungen abnimmt. Unsere wichtigste Aufgabe ist, in diesen Beratungen den Menschen das Gefühl zu nehmen, Geld sei etwas komplexes, geheimnisvolles. Geld ist keine Geheimwissenschaft und keineswegs eine komplexe Geschichte. Mit Geld richtig umzugehen bedeutet nichts weiter, als zu rechnen und sorgfältig zu entscheiden. Natürlich ist es stets empfehlenswert, zu einzelnen Fragen einen Fachmann zu bezahlen und mit gutem Rat die jeweils optimale Entscheidung zu treffen. Noch wichtiger aber ist, daß Sie selbst sich angewöhnen, die Konsequenzen Ihrer finanziellen Entscheidungen selbst zu tragen.

***Achtung:** Wem Sie die Schuld geben, dem geben Sie die Macht. Wenn immer nur Dritte Ihre Gelddinge regeln, haben Sie stets einen Grund, diesen Dritten – wenn's schief geht – die Schuld zu geben. Besser ist: Übernehmen Sie die Verantwortung auch in Bezug auf Ihr Geldwissen. Denken Sie daran: Geld ist einfach. Es ist weder komplex noch gefährlich. Übernehmen Sie ganz allein die Verantwortung für Ihr Geld, und Sie haben die Kraft, alles zu ändern, was Sie ändern wollen.*

Wie reich und glücklich Sie sein müssen

Du wirst zeit deines Lebens von dem inneren, lernenden Wesen gelenkt, von dem verspielten geistigen Geschöpf, das dein wahres Selbst ist. Wende dich nicht ab von möglichen Ereignissen in der Zukunft, ehe du sicher bist, daß du nichts aus ihnen zu lernen hast. Du kannst es dir jederzeit anders überlegen, dir eine andere Zukunft aussuchen oder eine andere Vergangenheit.

Aus Richard Bach „Illusionen"

Tja, wie reich und glücklich müssen Sie eigentlich sein, um sich wirklich reich und glücklich zu fühlen? Eine interessante Frage, finden Sie nicht auch? Wie reich und glücklich müssen Sie eigentlich sein? Ich weiß es nicht, Sie allein können entscheiden, welches Ihr ganz persönliches Maß ist. Um Ihnen die Antwort zu erleichtern oder gegebenenfalls um Sie nachdenklich zu machen, im Folgenden eine oft erzählte, jedoch sehr zutreffende Geschichte:

Ein Fischer sitzt an einem herrlichen Nachmittag in einem süditalienischen Fischerhafen am Strand. Neben sich eine Karaffe süßen Weins und ab und zu ein Schlückchen trinkend, flickt er gemütlich, ein Zigarillo rauchend, seine Netze. Eines Tages kommt ein Fremder des Weges, sieht den Fischer und geht auf ihn zu. Er fragt ihn: „Wann fahren Sie denn wieder raus zum Fischen?“ Erwartungsvoll schaut er den Fischer an. Dieser lächelt und meint: „Morgen früh, das genügt. Für heute ist Feierabend“. Der Fremde läßt nicht locker und meint: „Aber fahren Sie doch ein zweites Mal raus aufs Wasser. Sie haben doch noch Zeit“. Der Fischer schaut erstaunt hoch, runzelt die Stirn und fragt: „Wozu soll ich denn ein zweites Mal rausfahren?“ Der Fremde, sich überlegen fühlend, antwortet: „Würden Sie ein zweites Mal rausfahren, würden Sie doch doppelt so viel verdienen. Sie könnten ein zweites Schiff kaufen, sich Angestellte leisten, die Ihre Netze flicken, und so viel schneller viel mehr Fische fangen“. Der Fischer hört den Ausführungen des Fremden sehr genau zu und antwortet: „Ja und was hätte ich dann davon?“ Der Fremde, jetzt sicher, daß es für den Fischer gut war, ihn kennengelernt zu haben, meint: „Sie würden soviel verdienen, daß Sie nur noch morgens arbeiten müßten. Dann könnten Sie den ganzen Nachmittag in der Sonne liegen und es sich gut gehen lassen“. „Ja, aber das habe ich doch heute schon, ich verstehe Sie immer noch nicht“. Da zuckte der Fremde mit den Schultern, beendete das Gespräch, verabschiedete sich und zog seines Weges. Diesem Fischer, so meinte er, sei nicht zu helfen.

Diese Geschichte hat einen wahren, wichtigen Kern: Sie allein entscheiden, welches Maß das richtige Maß ist, damit Sie sich wohl und glücklich fühlen. Vielleicht sind Sie mit der Hälfte dessen zufrieden, was Ihr Nachbar haben muß, um sich reich und glücklich zu fühlen. Wenn dem so ist, ist es gut so, denn es ist Ihr ganz persönliches Maß!

Achtung: *Bevor Sie blind den Versprechungen irgendwelcher Geldgurus folgen oder plötzlich einfach reich sein wollen, ohne zu wissen, wie reich und warum überhaupt, horchen Sie in sich hinein und finden Sie Ihr ganz persönliches Maß Ihres persönlichen und finanziellen Reichtums. Möglicherweise ist dieses Buch für Sie an dieser Stelle bereits zu Ende. Wenn Sie näm-*

lich bereits heute von sich behaupten, wunschlos reich und glücklich zu sein, gibt es nichts mehr, was ich Ihnen noch mitgeben könnte.

Für alle anderen, die noch nicht vollkommen wunschlos reich und glücklich sind und die immer wieder daran zweifeln, ob sie überhaupt zu den Reichen und Glücklichen gehören dürfen, fand ich vor einiger Zeit eine sehr zutreffende Formulierung. Sie stammt von Russel H. Conwell. Er hielt vor langer Zeit Vorträge unter dem Titel „Die Diamanten-Äcker".

„Ich sage, Ihr habt die Pflicht, reich zu sein; Ihr habt kein Recht dazu, arm zu leben. Zu leben und nicht reich zu sein ist ein Unglücksfall, und es ist doppeltes Unglück, denn Ihr könntet genauso gut reich wie arm sein... Wir haben die Pflicht, reich zu werden, wenn wir dies durch ehrenhafte Mittel können, und ehrenhafte Mittel sind die einzigen, die uns sehr rasch zum Ziel des Reichtums bringen".

Bedeutet Reichtum auch Glück?

Es steht außer Frage, daß Geld allein nicht glücklich macht. Ein gutes Beispiel hierzu ist die auf Seite 48 beschriebene Geschichte von König Midas. Reichtum und Glück sind zunächst völlig voneinander getrennt. Von John D. Rockefeller, dem legendären ersten Milliardär Amerikas, erzählt man sich, daß er mit fünfzig Jahren gesundheitlich so angeschlagen war, daß er nur noch von Brot und Milch leben konnte. Seine größten Ängste waren, Geld zu verlieren oder von seinen Partnern betrogen zu werden. Geld hatte er im Überfluß, aber sein Geld hatte Besitz von ihm genommen.

Ich werde nie vergessen, wie nach einem Geldseminar, in dem ich eine Stunde Vortrag übernommen hatte, meine Frau nach der Veranstaltung zu mir kam und meinte: „Was sind das hier für Leute. Ich werde angesprochen, weil einige völlig euphorisch nur noch davon schwärmen, wie sie nun aus ihren Millionen Milliarden machen können". Diese Menschen sind wie Rockefeller ein Beispiel dafür, daß sie niemals Glück mit Geld erkaufen können.

Bis heute gilt: Die wirklich großen Dinge, Ereignisse und Eindrücke im Leben sind unbezahlbar. Reichtum und Glück sind völlig voneinander getrennt! Das zeigen uns viele Beispiele glücklicher Menschen, die keineswegs reich sind. So beispielsweise die Menschen in Bangladesh. Bangladesh ist ein armes Land. Wirbelstürme und Überschwemmungen gehören in Bangladesh zum Alltag. Die Wohnverhältnisse sind teils erbärmlich. Als Zuhause gilt bereits eine Plastikplane oder in Einzelfällen sogar ein Regenschirm. Trotzdem leben laut einer Studie von Robert Worcester, Professor an der renommierten Londoner School of Economics, hier die glücklichsten Menschen von insgesamt 54 Ländern.

Von Geld, Erfolg, Bewußtsein und Geldarchitekten

Entweder Sie führen Ihr Leben, oder Ihr Leben führt Sie.
Ihre Geisteshaltung entscheidet darüber,
wer von beiden die Zügel in der Hand hält.
Napoleon Hill

In zahlreichen Büchern finden Sie Anregungen zur richtigen Einstellung zum Geld. Irgendwie klingt es auch logisch: Nur wer Geld gegenüber positiv eingestellt ist, der wird Spaß an Geld haben. Oder haben Sie beispielsweise schon einmal einen Sportler gesehen, der seinem Job negativ gegenübersteht und trotzdem Spaß haben will? Was aber ist die wirkliche Begründung, wieso Ihre richtige Einstellung zum Geld so wichtig ist?

Ihre Gedanken können Sie reich machen. Bewußtsein ist alles. Tatsache ist: Ihr Gehirn wartet den ganzen Tag auf Ihre Befehle. Anthony Robbins beschreibt sehr deutlich, wie Ihr Gehirn einem Netzwerk mit ca. 10 000 Kilometern Draht und Kabel entspricht. Nervenfasern, die über 160 000 Kilometer lang sind, warten nur darauf, aktiviert zu werden. Wenn Sie also denken: „Ich kann nicht", muß ich Sie enttäuschen. Sie wollen vielleicht nicht, das ist in Ordnung. Aber können tun Sie sehr wohl. Es gibt keine andere Antwort, außer, daß Sie es können. Sie müssen es nur tun. Ihr Gehirn, Ihre Phantasie sind bei diesem Prozeß wichtiger, als Sie bislang glaubten. Albert Einstein sagte: „Phantasie ist wichtiger als Wissen“.

Unser Gehirn kennt keinen wirklichen Unterschied zwischen Vorstellungen und Realität. Leistungssportler benutzen daher erfolgreich das sogenannte Imaginationstraining. Sie können mit Ihrem Geist alle künftigen Situationen und Gedanken so durchspielen, daß keine Situation überraschend kommt. Das Interessante: Durch diese Vorstellung beschäftigt sich Ihr Gehirn gleichzeitig mit Lösungen. Erleben Sie und empfinden Sie mit allen Ihren Sinnen sich selbst als reichen Menschen, und Sie werden sich wohl fühlen. Es macht nicht das geringste, wenn Sie dann auf dem Boden der vermeintlichen Realität landen.

In diesem Zusammenhang ist auch folgendes spannend: Der Mensch besteht aus nichts anderem als aus Atomkernen und Elektronen. Zwischen diesen beiden Bausteinen herrscht eine große Leere. Wenn Sie beispielsweise davon ausgehen, daß ein Atom der Größe eines Handballs entspricht, ist der Raum zwischen den Bausteinen einige Kilometer groß. Nochmals: Zwischen dem, was wir sind, besteht ein Vakuum, eine Leere. Und doch sind wir. Was also ist das Geheimnis? Grundlage unserer Lebenskräfte sind sogenannte quantenphysikalische Felder. Sie müssen sich vorstellen, daß diese Felder von Energiewellen getragen werden. Und genau da haben wir, was wir suchen: Energie.

Nun stellt sich die spannende Frage, inwieweit diese Vakuumenergie als wichtigstes Element unserer Lebenskräfte durch unsere Einstellung, also durch unseren Geist und damit durch unser Bewußtsein, durch unsere Gedanken beeinflußt werden kann. Ein Beispiel kennen viele von Ihnen: Wenn Sie jemals mit autogenem Training zu tun hatten, erinnern Sie sich, wie allein die Vorstellung einer wärmeren linken Hand zu einer wärmeren Hand führt. Sie können auch unterschiedliche Finger erwärmen, andere erkalten lassen. Spielen Sie also mit Ihren Fingern. Das Bewußtsein steuert also die Materie. Wir setzen uns Ziele mit unserem Bewußtsein und erreichen sie durch unseren Willen. Daraus folgen drei Grundsätze, die wir bereits mit anderen Worten an anderer Stelle beschrieben haben:

Grundsatz 1

Wer Reichtum oder finanzielle Freiheit herbeisehnt, muß sich bewußt mit Geld beschäftigen.

Grundsatz 2

Sehen Sie sich als reichen Menschen, und Sie werden reich. Denken Sie daran: Sie unterscheiden zwischen Realität und Traum, Ihr Gehirn tut es nicht.

Grundsatz 3

Wer Reichtum oder finanzielle Freiheit herbeisehnt, muß es wirklich wollen.

Sie müssen sich also bewußt sein, was und wohin Sie wollen. Ebenso wie die Vorstellung der warmen Hand, arbeiten Sie an den Vorstellungen von Reichtum und finanzieller Freiheit. Ebensowenig wie es Architekten gibt, die ohne Plan ein Haus bauen, können Sie auch nicht ohne klare Gedankenpläne reich werden. Ein ohne Plan gebautes Haus bedeutet Chaos. Ohne Plan ersehnter Reichtum bedeutet Geldchaos, und daß Sie Ihr Ziel nicht erreichen.

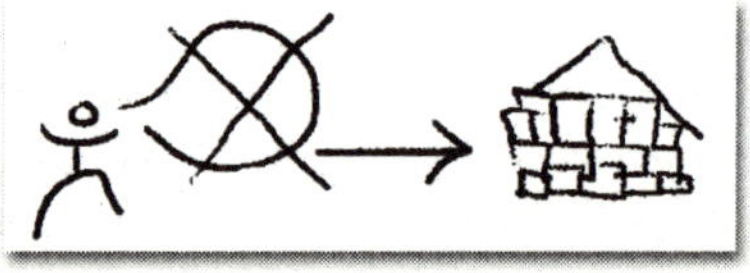

Falls Sie das nicht glauben oder sich gegen diese einfache Erkenntnis wehren, dann eine Frage: Wie groß ist Ihre Bereitschaft, in ein nicht in Gedanken und als Plan vorliegendes Haus Ihres Architekten in den nächsten Monaten 400000 DM zu investieren? Sehen Sie, jetzt spätestens zucken Sie zurück. Warum? Sie wollen doch lieber erst die Pläne sehen. Ohne Bauplan, das ist Ihnen klar, ist Ihr Geld weg und Ihr Haus aller Wahrscheinlichkeit nach ein Trümmerhaufen. Jeder Architekt muß zunächst ein Bild vor sich sehen, um ein Haus bauen zu können.

Ohne die klare Vorstellung eines solchen Bildes entsteht kein Haus. Das und nichts anderes ist es, wenn in Finanzbüchern steht: Nehmen Sie Ihr Geld ernst. Ohne ernsthafte Geldpläne reich werden zu wollen funktioniert nicht. Ohne ernsthafte Geldpläne ist Ihr Geld eines Tages auch weg, und Sie stehen mit großer Wahrscheinlichkeit vor einem Trümmerhaufen oder Schuldenberg. Das dem so ist, ist leicht zu beweisen: Rechnen Sie einmal zusammen, wieviel Sie in den letzten Jahren verdient und wieviel Sie durch Planen gespart haben? Mal ehrlich: Meinen Sie nicht auch, Sie wären heute – zum Teil erheblich – reicher, wenn Sie bereits vor Jahren mit (Geld-)Plan gespart und das gesparte Geld investiert hätten? Statt dessen ist von Ihrem Geld der letzten Jahre nur wenig übrig geblieben, einige von Ihnen haben es sogar geschafft, Schulden zu machen.

Übersetzt: Seien Sie sich Ihres Geldes bewußt. Geld ist eben nicht NICHTS, was sich zufällig am Monatsanfang, in der Monatsmitte oder am Monatsende in Ihr Vermögen verirrt. Geld ist kein Zufall, sondern ein Ergebnis Ihrer Arbeit, Einstellung und Gedanken. Geld will ernst genommen und geplant eingesetzt werden. Derart konsequent sich Gedanken zu machen, vorab in Bildern zu denken und bereits in Gedanken die Verantwortung für die eigene Planung zu übernehmen ist dabei offensichtlich eine der schwierigsten Übungen auf dem Weg zum Reichwerden. Die meisten von uns schrecken davor zurück, ständig eigene Gedanken aufrechtzuerhalten. Wer jedoch wirklich reich werden will, der kommt um seine eigenen Geldpläne genausowenig herum wie Architekten um ihre gedanklichen Hauspläne.

Achtung: *Reichtum ist das Ergebnis eines klaren Entwurfes, entschiedenen Handelns. Je klarer Ihre Entwürfe und Konstruktionen, desto eher erreichen Sie Ihr Ziel. Ohne Entwurf*

gibt es keinen dauerhaften Erfolg. Spielen Sie doch künftig einfach Geldarchitekt: Planen Sie Ihre Geldziele ebenso genau, wie Sie Ihren Hausbau planen (lassen) würden.

Systematisch REICH! - Wunsch, Absicht, Ziel

Ich kenne keine ermutigendere Tatsache als die fraglose Fähigkeit des Menschen, sein Leben durch bewußte Anstrengung weiterzuentwickeln.
Henry David Thoreau

Wir alle kennen es: Da nehmen wir uns Gutes vor, wünschen uns nichts sehnlicher als die Änderung zum Guten oder geben lauthals kund, was wir ändern wollen. In Bezug auf Geld gibt es ebenfalls diese drei Kategorien.

Ein Wunsch

Ein Familienvater, der stets an der Grenze zur Armut mit seiner Familie lebt, wünscht sich, daß er endlich reich wäre. Dabei weiß er genau, daß er nichts tut, sondern wartet.

Ergebnis: Geldwünsche ohne Taten bringen Sie nicht weiter.

Eine Absichtskundgabe

Herr Müller weiß es ganz genau: In diesem Jahr bekomme ich ab September meine Finanzen besser in den Griff.

Ergebnis: So sehr Müller auch bestätigt, daß er sich ändern will und seine Finanzen endlich im Griff halten will, es fehlt der wichtigste Teil: Müller sagt nicht, wie er es genau anstellen will und was genau er mit seinen Finanzen künftig erreichen will.

Ein (klares) Ziel

Susanna Clever sagt: „Ab diesem Monat spare ich regelmäßig 200 DM. Außerdem senke ich meine Telefonkosten um 50 DM monatlich und bei meinem Auto, das ich mir kaufen möchte, setze ich als Kaufpreis 5000 DM weniger an. Ich bekomme dann trotzdem noch einen sehr guten Wagen.

Lediglich die letzte Form der Zielsetzung ist gewinnbringend. Nur dann, wenn Sie bewußt und klar definiert Ziele nennen, nehmen Ihre Gedanken diese Botschaft auf und erleben bereits im Vorfeld die entsprechenden, mit dem Erreichen des Zieles verbundenen Bilder. Tatsache ist: Ein wirklich klares Ziel werden Sie stets dann formulieren können, wenn Sie sich bereits Gedanken über dieses Ziel gemacht haben und wenn Sie Ihre Absichten in Folge eindeutig bezeichnen. Formulieren Sie also Ihre Geldziele, indem Sie die folgenden Fragen beantworten:

1. **Wieviel will ich konkret erreichen?**
2. **Was will ich mit meinem Weg konkret erreichen?**
3. **Bis wann will ich beginnen und wann will ich fertig sein?**
4. **Warum möchte ich genau dieses Ziel erreichen?**

Wichtig ist es also, daß Sie aus Ihren Wünschen oder Absichten -klare Ziele machen. Dabei gilt: Ein Ziel, das Sie nicht schriftlich festhalten, ist kein Ziel, sondern bleibt ein Wunsch. Verpflichten Sie sich Ihren Wünschen, indem Sie sie aufschreiben und dadurch aus Ihren Wünschen Ziele machen. Schreiben Sie Ihre Wünsche auf, übernehmen Sie die Macht für Ihr Tun und setzen Sie Ihren Plan um. In jedem Fall: Tun Sie es!

Immer wieder sagen mir Seminarteilnehmer: „Ach, wäre ich doch noch mal einige Jahre jünger. Dann würde ich alles richtig machen". Eines Tages stand, während eine Seminarteilnehmerin ebenso klagte, eine andere Teilnehmerin unserer Diskusssionsrunde auf und meinte:

Man kann sich in der Vergangenheit nicht selbst überholen.

Diesen Satz finde ich bis heute hilfreich, tröstend und vor allem zutreffend. Es geht nicht darum zu klagen, sondern darum, es ab morgen anders zu tun. Von Friedrich von Schiller stammt der passende Spruch: „Dreifach ist der Schritt der Zeit: Zögernd kommt die Zukunft herangezogen, pfeilschnell ist das Jetzt verflogen, ewig still steht die Vergangenheit“.

Ändern Sie Ihr Leben, Ihre Einstellung sofort, am besten jetzt, spätestens ab morgen. Es liegt in Ihrer Macht. Wie heißt es in so manchem Trainerbuch zutreffend: Wem Du die Schuld gibst, dem gibst Du die Macht.

Achtung: *Verabschieden Sie sich von Wünschen und Absichtskundgaben in Bezug auf Ihr Geld. Setzen Sie sich vielmehr Ziele und beginnen Sie sofort, diese Ziele in die Tat umzusetzen. Übernehmen Sie damit Verantwortung und damit die Macht!*

Warum Ziele so wichtig sind

Um reich werden zu können, muß man es erst einmal werden wollen.

K. Walter

Das beste und einprägsamste Beispiel, warum ein Ziel notwendig ist, stellt ein aus dem Ruder gelaufenes Schiff dar. Fehlt das Ruder und fehlt damit der Kurs, das Ziel, dreht sich das Schiff solange im Kreis, bis letztlich der Treibstoff ausgeht. Die beste Maschine, die bestmögliche Energie verpufft sozusagen wirkungslos, wenn Sie kein(e) Ziel(e) haben. Nicht anders ist es, wenn Sie bezüglich Ihrer finanziellen Wünsche und Vorstellungen ohne Ziele leben. Irgendwann ist Ihre (Geld-)Energie zu Ende, Sie stampfen und stampfen zwar gegen die hohe See des Lebens an, aber letztlich reiben Sie sich ohne Ziel nur auf. Warum Ziele so wichtig sind, fand bereits vor einiger Zeit Napoleon Hill heraus. Eigentlich alle Bücher zum Thema Reichwerden gehen auf die Grundlagen seiner Studien zurück. Seine Geschichte ist bekannt und wird häufig erzählt: Er wurde 1883 im US-Staat Virginia geboren. Mit 18 Jahren arbeitete er als Journalist, und eines Tages begegnete er Andrew Carnegie, einem zu dieser Zeit sehr erfolgreichen

Industriellen. Carnegie gab ihm den Auftrag, die Gesetze der Erfolgreichen und Großen zu erforschen. In über 20 Jahren widmete sich Hill dieser Aufgabe. Mehr als 16000 Männer und Frauen interviewte er. Eines seiner wichtigsten Ergebnisse war unter anderem, daß 95 % der Menschen Mißerfolge hatten, weil sie kein definitives Lebensziel hatten. Die 5 % der 16000 interviewten Menschen, die erfolgreich und glücklich waren, hatten dagegen klare Zielvorstellungen und zudem klare Pläne, wie sie ihre Ziele erreichen wollten. Es stellte sich ebenfalls heraus, daß die 5 % Glücklichen und Erfolgreichen allesamt in ihrem Alltag etwas taten, was ihrer Lieblingsbeschäftigung entsprach, während die übrigen 95 % mit Arbeiten zu tun hatten, die ihnen überhaupt nicht zusagten. Besonders spannend: Die 5 % erfolgreichen Personen hatten noch ein weiteres Erfolgsgeheimnis: Alle sparten, legten systematisch Geld zurück.

***Achtung:** Denken Sie an die 5 % der Erfolgreichen und Glücklichen nach Napoleon Hill. Wählen Sie sich Ziele und konzentrieren Sie sich genau auf diese Ziele und auf nichts anderes. Aus der Physik wissen Sie: Druck ist gleich Kraft durch Fläche. Eine hohe Kraft (hohe Anstrengung) auf eine kleine Fläche (kleines Ziel) konzentriert, erzeugt einen riesigen Druck, der alles durchbricht. Dabei gilt auch: Setzen Sie sich Ihre eigenen Ziele, konzentrieren Sie sich auf Tätigkeiten, die Sie gern tun. Wenn Sie sich Ziele anderer zu Ihren eigenen Zielen machen, sind Sie zum Scheitern verurteilt. Ziele anderer, die wir uns zu eigen machen, erreichen wir nur selten. Sie kommen sicher vorwärts, wenn Sie Ihre eigenen Geldziele formen.*

Notieren Sie sich Ihre Ziele schriftlich

Wer sich entschieden hat, etwas zu tun, und an nichts anderes denkt, überwindet alle Hindernisse.

Giacomo Girolamo Casanova

Tod Barnhart in seinem Buch „Die 5 Schritte zum Reichtum“ und Thomas Zerlauth in „Sport in State of Excellence“ beschreiben beide, wie Konsequenz, ein eiserner Wille, Ausdauer und die Fähigkeit, bekannte Pfade zu verlassen, Voraussetzungen für künftige Spitzenleistungen sind. Beide Autoren berichten über eine im Jahr 1953 an einer Universität im Osten der USA geschriebene Diplomarbeit. Thema: Zielsetzung. Das hochinteressante Ergebnis des Verfassers: Er fand heraus, daß nur 3 % der Studenten seiner Klasse ihre Lebensziele niedergeschrieben hatten. Zwanzig Jahre später stand fest, daß exakt die 3 %, die ihre Lebensziele aufgeschrieben hatten, mehr Einkommen erzielten als der Rest der Klasse.

Ich habe selten ein besseres Beispiel gefunden, das unmißverständlich klar macht, daß eigene Ziele die eigenen Gedanken und das Verhalten steuern. Alles, was Sie riskieren, ist, sich in jungen Jahren oder wann auch immer, einige Minuten Zeit zu nehmen und Ihre Ziele aufzuschreiben. Denn: Sobald Sie ein Ziel fixiert haben und Sie sich nicht dagegen wehren, werden Ihre Gedanken versuchen, nach Lösungen und Möglichkeiten zu suchen, dieses Ziel auch wirklich zu erreichen. Jetzt kommt die typische Falle: Sie lesen begeistert ein Buch, ein in diesem Buch geschriebenes Ziel gefällt Ihnen, und Sie machen es zu Ihrem eigenen Ziel. Dabei vergessen Sie, sich zu vergewissern, ob Ihr neues Ziel von Aktivitäten und Bedingungen Dritter abhängt, oder ob Sie es ganz allein erreichen können.

Achtung: *Notieren Sie Ihre Geldziele schriftlich! Setzen Sie sich nur Ziele, die Sie selbst erreichen können. Alle anderen Ziele, die von Aktivitäten und Bedingungen Dritter abhängen, zerplatzen schneller, als Sie hinsehen können.*

Die Kunst des (Da)VOR Stellens

Geld ist ein wichtiges psychisches Symbol für Sicherheit, und jeder Gedanke, der Ihre Unsicherheit beschäftigt, beeinflußt Ihre Fähigkeit, zu Geld zu kommen. Geld fließt in Richtung Stabilität und fort von Instabilität.

Stuart Wilde

Sie kennen alle die folgende Situation, in jedem Fall aus Ihrer Kindheit: Sie standen vor einem Schaufenster eines Kaufhauses oder liefen gerade durch eine der vielen Abteilungen. Plötzlich blieb Ihr

Auge an einem Gegenstand, einem herrlichen Kleid, einem wunderschönen Spielzeug hängen. Sie schauten sich den Gegenstand an, spielten in Gedanken mit diesem Gegenstand. Sich etwas vorstellen hat also damit zu tun, daß Sie sich (Da)VOR stellen.

Sie erinnern sich sicherlich an die faszinierende Wirkung, und wie Sie manchen Gegenstand unbedingt besitzen wollten, nachdem Sie sich ihn einmal sprichwörtlich vorgestellt hatten. Tun Sie das gleiche mit Ihren Gedanken in Bezug auf Ihr Geld, wenn Sie sich mit Zielen beschäftigen: Stellen Sie sich in Gedanken vor ein wunderschönes, im Grünen gelegenes Haus. Stellen Sie sich vor, wie Sie abends müde aber glücklich von Ihrer Arbeit nach Hause kommen, durch eine Allee fahren, und in der Ferne taucht Ihr Haus auf. Es geht nicht darum, daß Sie eines Tages genau dieses Haus besitzen müssen, um dann wirklich glücklich zu sein. Es geht um die Kraft des (Da)VOR Stellens, des wirklich in Gedanken Vorwegnehmens und Erlebens von wunderschönen Zielen.

Achtung: *Nutzen Sie die Kraft des gedanklichen (Da)VOR Stellens. Stellen Sie sich vor Ihre Ziele, schauen Sie sie an, berühren Sie Ihre Ziele, spüren Sie sich selbst, wie Sie Ihr Ziel erreicht haben.*

Warum es wichtig ist, sich schriftlich mit Zahlen zu beschäftigen

Für viele Menschen ist der Umgang mit Geld etwas Beunruhigendes. Das ist auch der Grund, wieso viele sich mit ihren Kontoauszügen nicht auseinandersetzen, nicht planen. Dabei gilt insbesondere auch beim Thema Geld: Wer sich schriftlich mit seinen eigenen Zahlen ernsthaft auseinandersetzt und seine Zahlen analysiert, der sorgt für klare Gedanken und beseitigt Zweifel. Wie viele Menschen denken: „Ich habe gar kein Geld zum Sparen“, sie haben sich allerdings noch nie die Mühe gemacht, wirklich alle finanziellen Monatszahlen aufzuschreiben. Es ist ein Irrtum zu glauben, mangelnder persönlicher und finanzieller Reichtum seien das Ergebnis übler Zustände, die nur auf uns zutreffen. Mangelnder Reichtum ist die

Folge mangelnder Zielsetzung und eines mangelnden Überblicks, und den wiederum bekommt nur, wer sich nicht ernsthaft mit seinen Zahlen auseinandersetzt. Die meisten Ängste und Zweifel in Bezug auf Geld sind irrational und nur selten das Ergebnis eines kühl durchdachten Gedankenprozesses.

Zu interessanten Ergebnissen in diesem Zusammenhang kam der amerikanische Psychologe Joshua Smyth von der North Dakota State University. Smyth und seine Mitarbeiter fanden heraus, daß sich Menschen heilen lassen, indem sie Gedanken an traurige Erlebnisse oder traurige Gedanken zu Papier brachten. Dadurch, daß diese Patienten das emotionale Chaos im Kopf ordneten, wurden sie auf fast mysteriöse Weise therapiert.

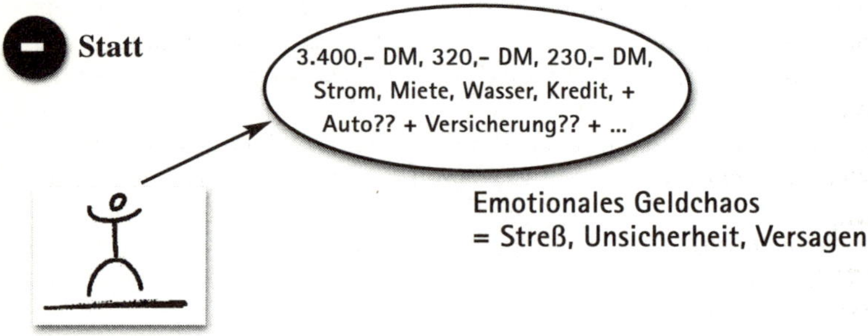

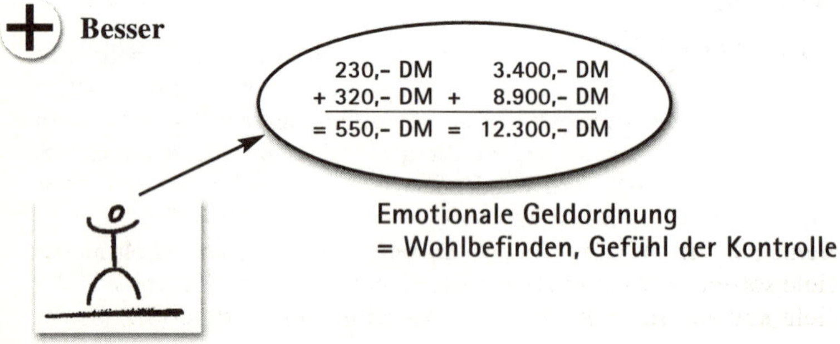

Smyth ist dabei nicht der erste Forscher, der diese mysteriöse Wirkung der heilenden Buchstaben beschrieb. Bis heute spekulieren die Wissenschaftler über die Erklärung zu diesem nachweisbaren Phänomen. Man vermutet, daß das Aufschreiben von ungeordneten Gedanken eine physiologische Antwort des Körpers hervorrufe. Ein Kollege von Smyth, James Pennebaker von der Uni Texas, meint, daß diese Schreibtherapie jedem Menschen hilft, ein emotionales Chaos im Kopf zu ordnen. Das wiederum führt zum Abbau von Streß, was sich letztlich fördernd auf den Allgemeinzustand auswirkt.

Eine weitere Erklärung ist die von Markus Soler, Wissenschaftler aus Basel: Nach seiner Auffassung könnte es sein, daß die Menschen durch das Aufschreiben traumatischer, ungeordneter Erlebnisse eigene Krankheiten endgültig akzeptieren und in Folge sehr regelmäßig die notwendigen Medikamente anwenden. Diese Meinung läßt sich problemlos auf den Umgang mit Geld übertragen: Jeder, der einmal Unordnung und emotionales Geldchaos kennengelernt hat, kennt dieses Gefühl, sich nur noch hinsetzen und Ordnung ins Chaos bringen zu wollen. Instinktiv spüren wir, daß Geldchaos gefährlich ist, während Geldordnung uns Sicherheit bietet.

Achtung: *Ordnen Sie Ihr Geld; gedanklich wie auch tatsächlich in der Praxis, im Alltag. Beschäftigen Sie sich schriftlich mit Zahlen und schaffen Sie sich damit gleichzeitig eine wichtige Voraussetzung, um systematisch reich zu werden: emotionale Geldordnung!*

Warum es wichtig ist, auf dem Weg zum Reichtum „Zu etwas hin" statt „Von etwas weg" zu denken

Sparen Sie niemals, um nicht mehr arm zu sein. Sparen Sie nur mit dem Gedanken, reich zu werden.
K. Walter

Wenn ich Sie nun überzeugen konnte, daß Ziele und sich selbst Ziele setzen, so wichtig ist, kommt es nun auf die Frage des Wie an. Ziele können Sie sich auf sehr unterschiedliche Art setzen, und je nach Ihrer Vorgehensweise unterstützen Sie Ihre Ziele, oder Sie erschweren es sich – meistens ohne es zu ahnen –, Ihre Ziele überhaupt zu erreichen.

Übung

Nehmen Sie sich nun etwa eine Minute Zeit, lösen Sie sich von Ihren Sorgen, lassen Sie Ihre Geldsorgen außen vor und denken Sie an alles Mögliche mit Reichtum und Geld Verbundene. Nur eine Bitte, die wichtig ist, um den Erfolg dieser Übung zu gewährleisten:

Denken Sie jetzt bei dieser Übung bitte nicht an Ihren Kontostand, nicht an Ihre Schulden, nicht daran, wie hoch Ihre Schulden von der Auto- oder Hausfinanzierung noch sind. Denken Sie jetzt bitte keineswegs daran, was Sie diesen Monat noch bezahlen müssen, und auch nicht daran, daß Sie doch unmöglich reich sein können. Nochmals: Denken Sie nicht an Ihre Schulden!

PAUSE!

Was passiert? Während Sie vor der Pause den letzten Satz gelesen haben und meine Bitte an Sie lautete, sich schöne Dinge und eben nicht Ihre Schulden oder Geldsorgen vorzustellen, werden Sie gerade deswegen nicht an schöne, mit Reichtum und Geld verbundene Dinge gedacht haben, sondern in den meisten Fällen ist vor Ihrem geistigen Auge der letzte Kontoauszug erschienen. Der Kontoauszug, der Ihnen mal wieder schwarz auf weiß zeigte, daß es mit dem Geld nicht so recht klappt. Vielleicht haben Sie auch an Ihre Schulden der letzten Autofinanzierung gedacht und wie lange Sie eigentlich Ihr Auto noch abbezahlen müssen.

Was möchte ich Ihnen mit dieser kleinen Übung beweisen? Das Ganze ist ein typisches Beispiel einer negativen Zielformulierung. Einer Zielformulierung, in der es um die Bewegung „von etwas weg" geht. In Bezug auf Geld sind typische „Von etwas weg"-Formulierungen trotz der Gedanken an Reichtum:

> Ich will nicht mehr arm sein!
> Ich möchte nicht nur 1000 DM Guthaben haben!
> Ich möchte weg von meinen Schulden!

Solange solche oder ähnliche Zielformulierungen in Ihrem Kopf auftauchen, haben Sie kaum eine Chance, Ihre Ziele „Zu etwas hin" zu denken. Eine kleine Frage hilft, eine negative Zielformulierung in eine positive „Zu etwas hin" zu verwandeln. Die Frage lautet:

Was wünschen Sie sich lieber?

Wenn Sie diese Frage beantworten, haben Kontostände und Schulden keinen Platz mehr in Ihren Gedanken. Jetzt tauchen andere Bilder auf, Bilder, was Sie erreichen möchten. Schöne Bilder Ihrer Ziele. Sie wünschen sich ein Haus, ein besseres Einkommen, eine Bonuszahlung am Ende des Jahres. Sie bewegen sich jetzt zu Ihren Zielen hin!

Achtung:

1. *Meiden Sie negative Zielformulierungen.*
2. *Verinnerlichen Sie positive Zielformulierungen.*

Bildlich läßt sich das Ganze sehr einfach darstellen:

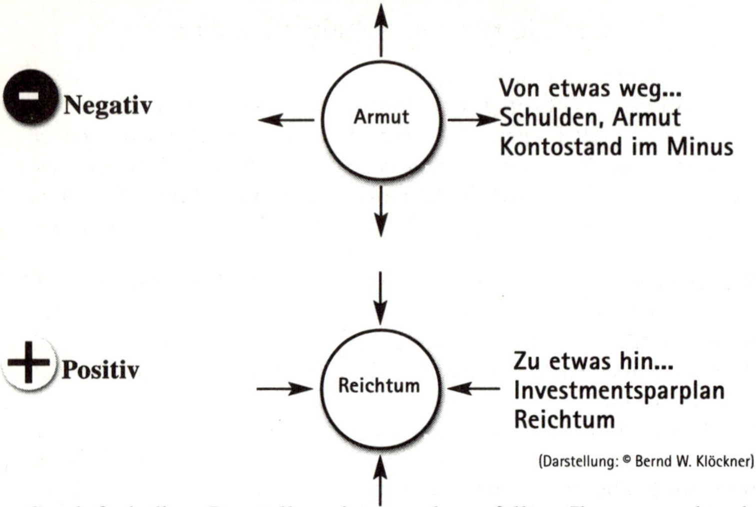

(Darstellung: © Bernd W. Klöckner)

So einfach diese Darstellung ist, so schwer fällt es Ihnen manchmal, entsprechend zu handeln. Sie können sich nicht auf persönlichen und finanziellen Reichtum konzentrieren, wenn Ihre Gedanken stets nur von Armut und Schulden weg wollen. Dann nämlich bleiben Armut und Schulden stets in Ihnen verankert.

Eine etwas abgewandelte Form zur richtigen Zielorientierung ist die folgende, in ähnlicher Form dargestellt von Walter Simon in seinem Buch „Rede nicht, handle!“. Als Kernsatz gilt dabei: Ein Geldproblem zu lösen bedeutet, sich von diesem Geldproblem wegzulösen und nicht, sich darauf zu konzentrieren. Sich zu lösen, eine Lösung in Form eines Zieles zu finden! Bildlich läßt sich das Ganze wie folgt darstellen:

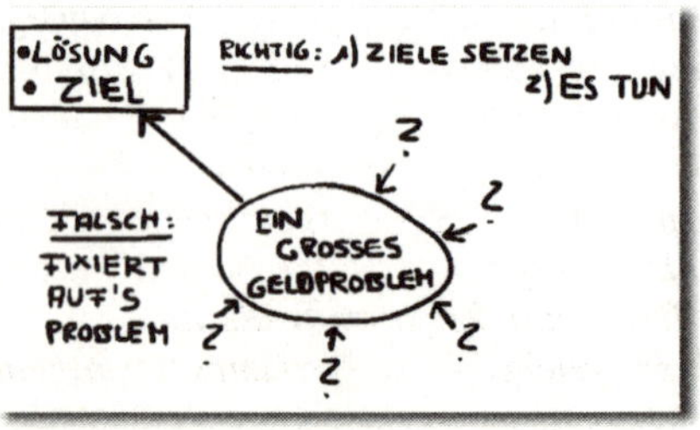

Warum es wichtig ist, sich die richtigen Ziele zu setzen

Nichts in der Welt gleicht Beharrlichkeit. Talente nicht – nichts ist häufiger anzutreffen als talentierte, erfolglose Menschen. Erziehung nicht – die Welt ist voll von wohlerzogenen Gescheiterten. Allein Zielstrebigkeit und Ausdauer sind allmächtig.
Calvin Coolidge

Was müssen Sie in jedem Fall noch zu Zielen wissen? Was ist wichtig, um Ziele wirklich zu erreichen? Wichtig ist, daß Ihre Ziele realistisch sind. Wenn Sie noch zu wenig verdienen und im Monat nur 2000 DM als Gehalt oder Lohn zur Verfügung haben, ist es offensichtlich unsinnig, daß Sie gern 1000 DM im Monat sparen möchten. Dabei darf Ihr Geldziel aber auch nicht so klein angesetzt sein, daß Sie es ohne große Anstrengung erreichen können. Es muß einfach nur realistisch, aber hoch genug sein.

Immer wieder mache ich die Erfahrung, daß sich Seminarteilnehmer, aufgeputscht durch großartige Versprechen in Motivationsseminaren, Ziele setzen wie „Ab morgen spare ich jeden Monat 600 DM". Nach zwei Monaten hört die Begeisterung und das konsequente Sparen bereits wieder auf, im dritten Monat sind es gerade noch 100 DM, und das war's schon. Besser wäre in solchen Fällen, einen realistischen Betrag von, sagen wir, 300 DM/Monat zu sparen und sich dann jeden Monat zu freuen, sein Ziel wieder einmal erreicht zu haben.

***Achtung:** Setzen Sie sich realistische, positive Ziele. Setzen Sie sich Ziele, zu denen Sie sich ausreichend Gedanken gemacht haben. Ziele, die Ihrer beruflichen oder familiären Situation entsprechen. Es bringt Ihnen nichts, wenn Sie sich ein Ziel setzen, Millionär zu werden, Sie jedoch nur 50 DM im Monat sparen können. Solche Ziele frustrieren und zerstören jeden Funken an Motivation. Besser ist in diesem Fall, Sie setzen sich als Ziel, 2 Jahre lang 100 DM im Monat zu sparen. Obwohl eigentlich nur 50 DM drin sind, ist es Ihr Ziel, 100 DM zu sparen und das zwei Jahre lang konsequent zu tun. Es bringt Ihnen nur Frust, sich als Ziel einen Porsche vorzustellen, wenn das Erreichen dieses Traumes nur mit unmöglichen Mit-*

teln, entweder mit extrem hohen Kosten oder enormem anderem Einsatz, wie beispielsweise zahlreichen Überstunden, verbunden ist.

Von erfolgreichen Zielsparern und frustrierten Traumsparern

Zu diesem Unterschied möchte ich zunächst nur wenig schreiben, sondern Ihnen die beiden Methoden und ihren (Miß-)Erfolg in Bildern beschreiben:

Richtig: „Methode Zielsparer“

Der Zielsparer setzt sich kurzfristige, realistische Ziele. Er tut alles, um diese Ziele zu erreichen. Bei jeder Zielerreichung fühlt er sich erfolgreich und ist motiviert, künftig noch mehr zu leisten. Er setzt sich das nächste Ziel. Jedes Ziel wird ein wenig größer als das letzte. Sein Erfolg und seine Motivation wachsen mit seinen Zielen. Er ist auf der Gewinnerstraße!

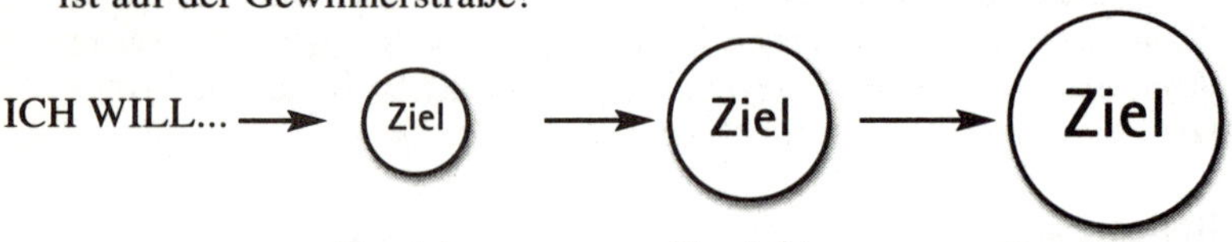

Erreicht	Erreicht	Erreicht
= ERFOLG	= **ERFOLG**	= **ERFOLG**
= Motivation	= Motivation	= Motivation

Ergebnis: Motivation, zielgerichtet, auf Erfolg programmiert, Sparen macht Spaß.

Falsch: „Methode Traumsparer“

Dieser Typ setzt sich große, zu große Ziele. Seine Ziele sind kaum zu erreichen. Kommt dann ein kleines Problem in den Weg, entsteht eine – von mir erstmals so genannte – Zielfinsternis: Das Ziel gerät aus den Augen, es wird dunkel. Schnell wird ein neues Ziel gesucht, natürlich wieder ein zu großes. Damit wächst unser Typ Traumsparer in der Zielsetzung über sich hinaus, er fühlt sich einen Augenblick groß und tatkräftig. Zack, rutscht wieder ein neues kleines Problem dazwischen, und die nächste Zielfinsternis ist da. Irgendwann gibt dieser Typ Traumsparer frustriert auf und gelangt – aus seiner Sicht sogar verständlich – zu der Überzeugung, alle seine Bemühungen seien zu nichts nütze.

...und so weiter...

Fazit: Der Traumsparer fühlt sich immer kleiner, jedes kleine Problem läßt seinen Traum zunächst verschwinden, es kommt zur Zielfinsternis. Unser Traumsparer setzt sich dadurch neue Traumziele, wird wieder enttäuscht. Das Ergebnis ist Frustration, Erfolglosigkeit.

Achtung: *Setzen Sie sich Geld-Ziele, die in Ihre Vorstellung passen, und setzen Sie sich konkret faßbare Ziele. Je konkreter Ihre kurzfristigen Ziele, desto eher werden Sie diese erfolgreich erreichen. Auch hierzu zwei ganz konkrete Beispiele:*

Beispiel 1: In 15 Jahren will ich irgendwie 250 000 DM angespart haben

Falsch → Wunsch, Traum, ohne Plan, „ich will aber...“

Beispiel 2: Ich werde ab heute 15 Jahre 500 DM im Monat zur Seite legen und das Geld nicht anrühren

Richtig → Konkretes Ziel, umsetzbar, planbar, Realität, „ich werde...“

Mit dem Beispiel 1 machen sich viele Menschen glücklich. Sie kennen es von sich selbst: Es gehört weniger dazu, ein unbestimmtes Ziel in die Welt zu setzen als ein bestimmtes. Beispiel 2 setzt ein ganz klares Ziel. Ein Ziel, das Ihre Gedanken aufnehmen und umsetzen kann.

Gewinnen Sie, indem Sie mit Ihren Zielen wachsen

Alles, was Du in Deinem Bewußtsein für Dich und andere wahr akzeptierst, drängt in die Verwirklichung; das ziehst Du an Dich, und es zieht sich an Dich heran.
Rosemarie Schneider

Konkrete Ziele zu setzen und sie nach und nach zu erreichen ist besonders für Ihre kurzfristigen Ziele wichtig. Sie können durchaus diese kurzfristigen Ziele so hoch stecken, daß Sie sich anstrengen müssen, um sie zu erreichen. Jedoch müssen Sie diese kurzfristigen Ziele erreichen können. Wenn Sie beispielsweise bei Ihren Sparzielen an 300 DM im Monat denken, die Sie ab sofort sparen wollen, sparen Sie doch 450 DM, die sie sich soeben noch zutrauen.

Der Vorteil dieser Methode: Dadurch, daß Sie sich strecken müssen, um diese Ziele zu erreichen, wachsen Sie. Sie werden stolz auf sich sein, wenn Sie diese Ziele erreichen. Setzen Sie sich langfristige Geldziele, dann dürfen Sie ruhig ein wenig träumen. Langfristige Ziele können Sie niemals hoch genug setzen, sie sind der Grundstein Ihrer Gedanken und Ihres motivierten Sparbewußtseins. Ein in vielen Büchern zitierter Spruch lautet:

Die meisten Menschen überschätzen, was sie in einem Jahr erreichen können, und sie unterschätzen, was sie in vielen Jahren erreichen können.

Bild 1

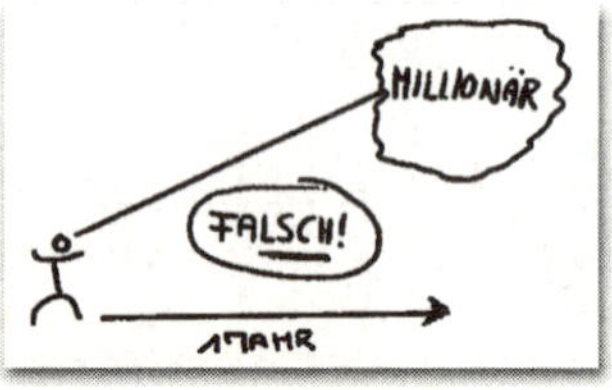

Bild 2

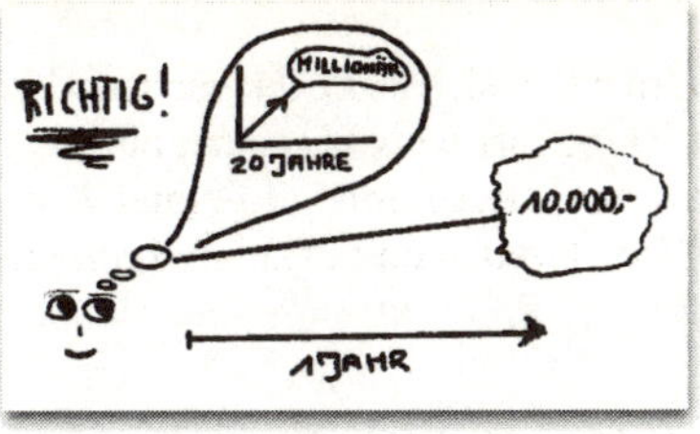

***Achtung:** Ihre langfristigen Ziele können niemals zu groß sein. Je länger die Vorstellungszeit Ihrer Ziele, desto größer können Sie die Ziele ansetzen. Schätzen Sie dagegen Ihre kurzfristigen Ziele realistisch ein. Nur so vermeiden Sie Sparfrust.*

Was GEWINNEN mit ÜBER-Blick zu tun hat

Man löst keine Probleme, indem man sie aufs Eis legt.
Winston Churchill

Daß Sie sich schriftlich mit Zahlen beschäftigen müssen, hat also auch damit zu tun, daß Sie nur dann einen Überblick behalten. Daß es ohne ÜBER-Blick nicht geht, wird logisch, wenn man sich vorstellt, wie bei NICHT-Blick das Ziel aus den Augen verschwindet:

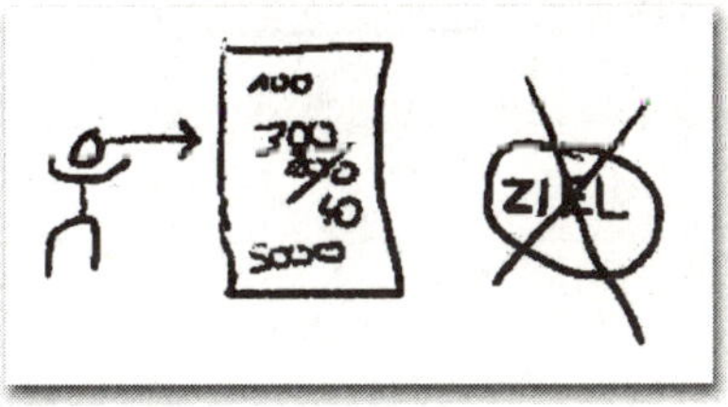

Besser ist der ÜBER-Blick:

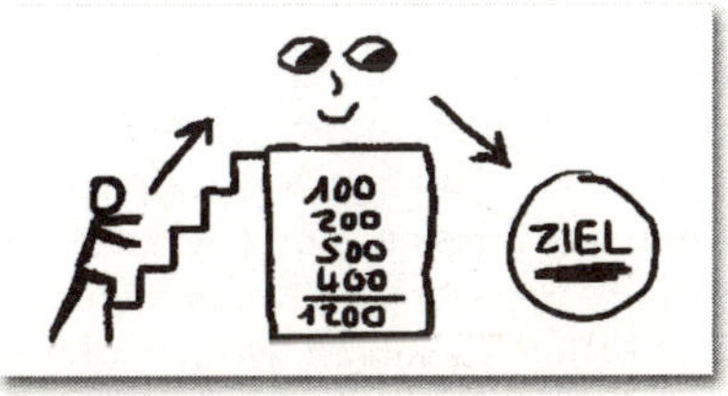

Achtung: *Emotionale Geldordnung, realistische kurzfristige Ziele bei hochgesteckten langfristigen Zielen und Überblick sind wichtige Voraussetzungen, um systematisch reich zu werden. Nur bei emotionaler Geldordnung und entsprechendem Überblick behalten Sie Ihre (wichtigen) Ziele im Auge und sind motiviert.*

Was ist ein SPAR-Plan wirklich ist

Den Begriff Sparplan kennen wir alle. Dennoch scheint es manchmal so zu sein, als wäre uns die Wichtigkeit eines Sparplans auf dem Weg zum Reichtum nicht so richtig bewußt. Daher möchte ich mit Ihnen ein kleines Spiel spielen. Unten auf der Seite sehen Sie eine Landkarte abgebildet. Den Standort habe ich mit dem schwarzen Punkt markiert.

Stellen Sie sich nun vor, Ihr Zielort ist „ZIEL". Wenn Sie genau hinschauen, dann finden Sie diesen Ort auf der Landkarte eingezeichnet. Wie auch bei jeder herkömmlichen Landkarte gibt es verschiedene Wege, die Sie zum Ziel führen können. Ich bitte Sie nun, mit einem Bleistift Ihren Weg einzuzeichnen, wie Sie am besten von Ihrem jetzigen Standort zum Ziel gelangen. Zeichnen Sie jetzt!

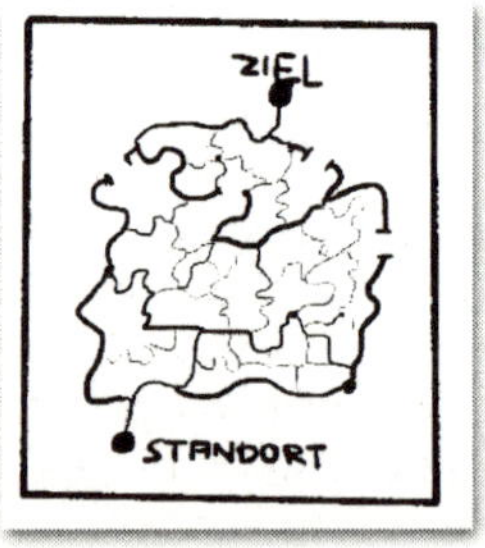

Ergebnis: Versuchen Sie sich einmal bewußt zu machen, was Sie genau getan haben. Sie haben sich Ihren Standort gesucht, dann Ihren Zielort. Anschließend haben Sie sich einen Überblick verschafft und anschließend den nach Ihrer Ansicht besten Weg eingezeichnet. Das bedeutet: Sie müssen Ihr Ziel kennen, Sie müssen zu Ihrem Ziel auch wirklich gelangen wollen und Sie müssen Ihre

Fahrtroute – einmal festgelegt – möglichst einhalten. Einfach losfahren bringt nichts. Übertragen wir nun gemeinsam auf dieser Seite diese Landkarte aufs Sparen, also auf einen SPAR-Plan:

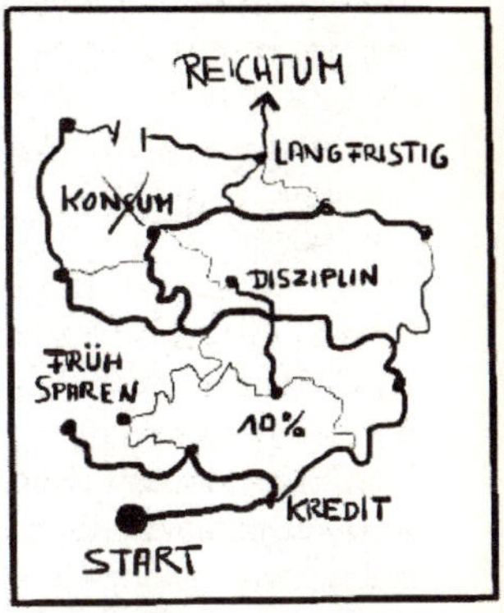

Auf dieser Sparkarte finden Sie Ihren Standort mit „START" gekennzeichnet. Dann Ihr Ziel mit „REICHTUM". Versuchen Sie nun, so sorgfältig wie auf der Landkarte, Ihren erfolgreichsten Weg zum Ziel einzuzeichnen. Beachten Sie genau die Städtenamen, an denen Sie vorbeifahren können.

Ergebnis: Ein SPAR-Plan ist Ihr persönlicher Weg zum Reichtum. Ebenso, wie Sie auf einer Landkarte sorgfältig Ihr Ziel und den besten Weg dorthin suchen, müssen Sie sich auch beim Sparen Ihr Ziel auswählen und dann den Weg einhalten. Ohne Ziel in der Umgebung herumzufahren in der Hoffnung, irgendwann anzukommen, funktioniert ebensowenig wie ohne Ziel die Jahre vergehen zu lassen in der Hoffnung, eines Tages reich zu sein.

Sie müssen Ihre persönliche Erfolgsroute festlegen. Es ist kein Problem, wenn Sie zwischenzeitlich einmal kurzfristig vom Weg abkommen. Das gehört dazu, und hin und wieder kommt es zu unvorhergesehenen Zwischenfällen. Alle diese Zwischenfälle ändern jedoch nichts daran, daß Sie – Ihr klar definiertes Ziel vor Augen – Ihren Weg einhalten müssen. Reichtum ist planbar, so wie es planbar ist, von einem Ort A nach dem Ort B zu gelangen. Sie benötigen nichts weiter als eine sorgfältige Vorbereitung und die richtige Route. Anschließend müssen Sie nur noch auf dieser, Ihrer ganz persönlichen Erfolgsroute, zum Reichtum fahren.

Übrigens: Manche von Ihnen werden nun aufschreien und sagen: „Wie kann man das alles so einfach darstellen? Wenn es so einfach wäre, dann wären doch viel mehr Menschen reich". Ich verspreche Ihnen: Es wird Ihnen schwer fallen, einen Menschen zu finden, der eine eigene Erfolgsroute plante und einhielt, ohne dabei reich geworden zu sein.

***Achtung:** Die meisten Menschen, die behaupten, dieser planbare Weg zu Reichtum hätte bei ihnen nicht funktioniert, haben es nie konsequent probiert. Machen Sie es besser: Planen Sie Ihre ganz persönliche Erfolgsroute.*

Gibt es denn kein Geheimnis zum Reichwerden?

Man kann nicht kämpfen, gewinnen und reich werden,
wenn die Hose voller ist als das Herz.
K. Walter

Nein! Es gibt kein Reichtumsgeheimnis und keine Zauberformel, die es Ihnen ermöglicht, in Ihrer Komfortzone zu bleiben und gleichzeitig reich zu werden. Reichtum, systematisches Reichwerden hängen weder von einer solchen Zauberformel ab noch von irgendwelchen besonderen Tricks. Im Gegenteil, es ist viel, viel einfacher: Das Maß Ihres persönlichen Reichtums hängt davon ab, in einer ganz bestimmten Art und Weise Dinge zu tun und nicht aufzugeben. Wenn Sie einen wirklich reichen Menschen kennen, dann werden Sie feststellen, daß dieser Mensch gewisse Dinge auf eine gewisse Art und Weise einfach nur getan und immer wiederholt hat (denken Sie an unseren SPAR-Plan). Das jedoch ist die Chance, die uns allen gegeben wird: Eben die Handlungen zu wiederholen, die unweigerlich zu Reichtum führen.

Häufig überbieten sich die Menschen mit den verschiedensten Argumenten, von denen Reichtum abhängig sein soll. So behaupten die einen, Reichtum sei eine Frage der richtigen Umgebung. Das kann jedoch offensichtlich nicht sein, sonst wären in Ihrem Ort möglicherweise alle Menschen reich und im Nachbarort alle Menschen arm. Andere Menschen behaupten, sie hätten den falschen Job oder betreiben das falsche Geschäft. Auch das kann nicht sein, gibt es doch zahlreiche Menschen im gleichen Job oder im gleichen Geschäftszweig, die trotzdem reich sind. Das einzige, wovon Reichwerden tatsächlich zum Teil abhängt, ist die Fähigkeit, über seinen eigenen Weg nachzudenken, Gesagtes oder Geschriebenes zu verstehen, die eigene Erfolgsroute zu planen und anschließend zu handeln.

Eine wichtige Rolle spielen natürlich der richtige Ort für das richtige Geschäft und die richtigen Mitmenschen. Sie würden garantiert scheitern, wenn Sie Eskimos, die eigentlich kein Geschäft mit Ihnen machen wollen (fehlender Bedarf), Kühlschränke verkaufen wollten.

Das bedeutet aber, daß der Ort keine größere Rolle erfüllen muß, als die Menschen in den Orten Ihrer Handlungen gewisse Bedürfnisse haben müssen, und daß Sie sich grundsätzlich an Menschen wenden, die mit Ihnen auch Geschäfte machen wollen. Es gilt also: Reichtum hängt ausschließlich davon ab, Dinge in einer ganz bestimmten Art und Weise zu tun und gewisse Dinge zu unterlassen. So wie ein Bauer jedes Jahr in der gleichen Art und Weise sät, um später zu ernten, müssen Sie ebenfalls in einer bestimmten Art und Weise Reichtum säen, um ihn später zu ernten.

Und: Wenn es wirklich so sein sollte, daß Sie die Geschäftsidee haben, jedoch kein Kapital, dann werden Sie einen anderen Menschen finden, der sich überzeugen läßt und Ihnen Kapital gibt. Liegt Ihr mangelnder Reichtum lediglich an Ihrer ungeliebten Tätigkeit und Sie bringen alle anderen Voraussetzungen zum Reichwerden mit, dann beginnen Sie eine andere Tätigkeit. Üben Sie die richtige Tätigkeit aus und haben Kapital, befinden sich jedoch am falschen Ort, wechseln Sie den Ort.

Es ist eine menschliche Eigenschaft, über die fehlenden Voraussetzungen für Reichtum zu klagen (dann sind es diese Voraussetzungen, die schuld an der eigenen Armut sind – eigentlich wäre man ja reich, wenn nicht...) statt alle Voraussetzungen für Reichtum zu schaffen und damit aber auch die Verantwortung zu übernehmen, es anschließend auch erreichen zu müssen. Würde es nämlich dann schiefgehen, gäbe es keinen anderen Schuldigen außer Ihnen selbst. Um dieser klaren Verantwortung zu entgehen, bleiben die meisten in der Komfortzone mit Komfortargumenten, wieso alles nicht so ist, wie sie es wünschen.

***Achtung:** Beginnen Sie noch heute mit dem Lesen dieses Buches, und damit, alle Dinge in einer ganz bestimmten Art und Weise zu tun. Versperren Sie sich selbst den Rückweg, indem Sie alle Voraussetzungen für Reichtum selbst erschaffen. Stimmt Ihr Tun, werden Sie reich. Zu Erfolg und Reichtum gibt es keinen Lift, Sie müssen die Treppe benutzen. Erfolg, Glück und Reichtum sind Überwindungsprämien!*

Verhindern den Gewinn: Gier & Liebe

Beginnen wir mit der Gier. Gier und Geld liegen ganz dicht beieinander. Das gefährliche dabei ist, daß die Gier den Verstand vernebelt. Aus der griechischen Mythologie ist uns das Beispiel von König Midas überliefert. Midas war ein unersättlicher Goldliebhaber. Sein größter Wunsch: Alles, was er berührte, solle zu Gold werden. Die Gier nach Gold und immer mehr Gold ließ Midas keine Ruhe. Gott Dionysos erfüllte Midas seinen Wunsch. Midas dachte sich am Ziel seiner gierigen Träume, bis er bemerkte, daß er nun auch nicht mehr essen konnt: Speisen und Getränke, die er berührte, wurden ebenso zu Gold wie alles andere. Aristoteles war es, der im Zusammenhang mit König Midas die Frage stellte „Wie kann es Reichtum sein, was ein Mann im großen Überfluß besitzen und deswegen doch vor Hunger vergehen kann?“ Diese Geschichte des König Midas übernahmen auch die Taoisten. In deren Lehre heißt es, daß ein Mensch, der nur noch nach Reichtum strebt, sich letztlich selbst sehr einschränkt und in Wirklichkeit eines Tages feststellen wird, daß er verarmt ist.

Ein wichtiger Satz im Zusammenhang mit Geldpsychologie und Gier lautet:

Das größte Risiko gehen häufig die Menschen ein, die nicht das kleinste Risiko eingehen wollen.

Diese Erfahrung bestätigt sich immer wieder. Da ist beispielsweise der konservative Anleger, der seit Jahren nichts weiter tut, als brav über Festgeld Geld anzulegen. Die Geldanlage in Aktien und

Aktienfonds weist er weit von sich, schließlich gibt es ja ein Kursrisiko. Daß dieses Risiko um so kleiner ist, je länger er sein Geld in Aktien oder Aktienfonds anlegen würde, interessiert ihn nicht. Eines Tages liest er eine Anzeige in einer großen Tageszeitung „Geldanlage 12 % garantiert durch Schweizer Bank". Das ist doch etwas, signalisiert ihm seine Gier, und er meldet sich beim Inserenten. Einige Tage später sitzt er bereits in der Schweiz und legt sein Geld an. Einige Monate später erfährt er, daß er einem Anlagebetrüger aufgesessen ist. Dieser Fall, der gar nicht so selten ist, ist typisch: Menschen, die nicht das kleinste Risiko eingehen wollen, gehen häufig das größte Risiko ein, weil ihre Gier ihnen einen Streich spielt.

Ein anderer Fall aus der Praxis: Ein Ingenieur, seit Jahren leitend in einer großen Firma im Norden Deutschlands tätig, wendet sich an uns. Er erzählt von einem Investmentfonds, der in den letzten 12 Monaten 90 % Gewinn erzielt haben soll. Allen Ernstes fragt uns dieser gierige Mensch, ob dies der richtige Fonds für seine anzulegenden Millionen sei. Er wolle zwar sein Geld nur für ein halbes Jahr anlegen, aber damit würde er (das war seine famose Rechnung) doch 45 % Gewinn erzielen. Seine Art zu rechnen hatte es in sich: Er teilte einfach den Kursgewinn der 12 Monate durch 2 und kam so auf seine Wunschrendite von 45 %. Diese Fälle wiederholen sich immer wieder.

Über einen nahezu identischen Fall berichtete so auch das Handelsblatt. Hier war es ein Arzt aus Norddeutschland, der seine Millionen in einem Fonds anlegen wollte, der in den vergangenen 12 Monaten 130 % Gewinn gebracht hatte. Auch dieser Arzt war der Meinung, er müsse lediglich seine Millionen ein halbes Jahr anlegen um dann eine Rendite von 130 dividiert durch 2 = 65 % zu erzielen. Das interessante an der Gier ist, daß es bei vielen Anlegern immer nach dem gleichen Schema abläuft:

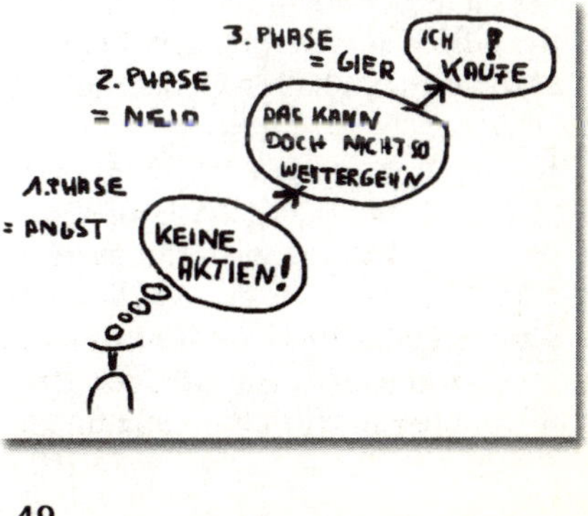

1. Phase
Aktien und Aktienfonds sind tabu. Die Kurse an den Börsen steigen, aber die meisten Anleger sparen lieber in Versicherungen oder legen ihr Geld niedrig verzinst bei Banken an.

2. Phase
Dummerweise steigen die Kurse an den Börsen trotz zwischenzeitlicher Kursrückgänge weiter. Typisch die Reaktion derjenigen, die weiter auf Versicherungen und Bankanlagen schwören: „Das kann ja nicht immer so weitergehen", „Irgendwann muß ja mal Schluß sein", „Das ist noch nie gut gegangen".

3. Phase
Jetzt wird es spannend: Jegliche Vernunft der vergangenen „Gegen Aktien und Aktienfonds"-Entscheidungen wird über Bord geworfen. Schnell wird ausgerechnet, was man verdient hätte, wenn man bereits vor Monaten eingestiegen wäre (GIER), und schon fällt die Entscheidung, jetzt auch schnell noch einzusteigen. Man möchte in dieser dritten Phase eben nicht mehr nur noch zusehen, wie der Nachbar mit seinen Börsengeschäften reich wird. Schließlich ist man ja clever und steigt (nicht selten zu Höchstkursen) jetzt auch ein!

Sie meinen, dieses Beispiel sei unrealistisch. Ist es nicht. Im Juni/Juli 1999 stiegen die Kurse von Medienaktien am Neuen Markt jeden Tag in Riesensprüngen. Wann glauben Sie, bekamen wir die meisten Anrufe von unseren Kunden, um dabei zu sein? Am ersten Tag? Am zweiten Tag? Oder erst, nachdem die Kurse schon tagelang gestiegen waren? Die meisten Anrufe bekamen wir, nachdem die Kurse bereits seit Tagen einen Höchststand nach dem anderen erreicht hatten. Jetzt wollte plötzlich jeder dabei sein.

Kommen wir jetzt zur Liebe: Jeder von uns kennt das Gefühl des Verliebtseins. Und nichts fällt schwerer, als sich in dieser Phase des Verliebtseins zu trennen. Am liebsten möchte man Tag und Nacht zusammensein. Auch bei der Geldanlage gibt es so etwas wie Verliebtsein. Das sind die Äußerungen wie „Bayer halte ich nun schon seit 1 Jahr und ich glaube einfach an diese Firma". So oder ähnlich beginnen viele Sätze von Menschen, die ein Aktiendepot besitzen, aber gar nicht wissen, wieso sie die eine Aktie gekauft und die andere nicht gekauft haben. Es gibt nur einen einfachen Rat: Hüten Sie sich davor, sich bei der Geldanlage zu verlieben.

Achtung: *Es gibt kaum etwas Schlimmeres, als mit Emotionenn ohne Verstand Geld zu investieren und reich werden zu wollen. Das hat entweder mit Zockerei oder hochgradiger Spekulation zu tun, jedoch nichts mit systematischem Reichwerden. Vermeiden Sie in jedem Fall Geldentscheidungen, bei denen Sie Gier oder Liebe empfinden.*

Werden Sie doch einfach aus Gewohnheit reich

Der Beginn einer Gewohnheit ist wie ein unsichtbarer Faden. Aber jedesmal, wenn wir die Verhaltensweise wiederholen, stärken wir den Strang, fügen ihm ein weiteres Fädchen hinzu, bis er zu einem dicken Kabel wird, das uns – unser Denken und Handeln – unabänderlich fesselt.

Orison Sweet Marden

Viele der mir bekannten Menschen, die irgendwann zu sparen begonnen haben, bestätigten mir nach einiger Zeit ein sich immer wiederholendes Phänomen: Wir sind es gewohnt, Geld auszugeben. Daß es sich hierbei nahezu um eine reflexartige Gewohnheit handelt, kann jeder bestätigen, der über einige Zeit nicht in einem Kaufhaus war, dann jedoch durch Zufall mal wieder in der Stadt ist. Obwohl er über Wochen ohne jeglichen Kaufrausch auskam, verleitet die Gewohnheit dazu, zu kaufen, sobald ein Kaufhaus betreten ist. Es einfach zu tun. Gewohnheitsmäßig in irgendein Regal zu greifen und zumindest ein oder zwei Sachen einzukaufen. Wir leben mit der ständigen Geldausgabe, unser Leben ist davon geprägt, zu bezahlen und weniger von dem Gedanken, selbst bezahlt zu werden.

Der psychologische Hintergrund ist einfach: Alle Dinge, die wir wiederholen, erhalten im Laufe der Wiederholungen unsere stillschweigende Zustimmung und werden zu einem Teil unseres

Selbst. Sobald jedoch die Menschen, die ich kenne, aus Sparen und Investieren eine Gewohnheit machten, begann etwas, daß sie zuvor nicht für möglich gehalten haben: Sparen und Investieren begann sie zu faszinieren. Sparen begann zu einem inneren Zwang zu werden wie zuvor das Geldausgeben.

Achtung: *Nutzen Sie die Macht der Gewohnheit. Machen Sie es sich zur Pflicht, wie Geldausgeben auch „Geldnichtausgeben" zur Gewohnheit werden zu lassen. Nutzen Sie damit die Kraft der Wiederholung. Je mehr es Ihnen gelingt, aus Gewohnheit zu sparen und Geld nicht auszugeben, desto schneller wird diese Verhaltensweise zu einem Teil Ihrer selbst!*

Träume, so oft es geht, und lebe nach der „Warum nicht"-Methode

Die beste Methode, systematisch reich zu werden, ist, erfolgreiche Menschen nachzuahmen, statt sie zu beneiden.
K. Walter

Ich erinnere mich noch genau: Als junger Mensch träumte ich davon, vor vielen hundert und vielen tausend Menschen Vorträge zu halten. Ich stellte mir in Gedanken vor, wie ich immer wieder durch einen großen Saal schritt und mich die Menschen begeistert empfingen. Irgendwann hörte ich von Autosuggestion und startete einen Selbstversuch. Ich nahm eine Endloskassette auf, auf der ich mir selbst von meinem künftigen Erfolg erzählte. Mit dieser Kassette schlief ich viele Abende ein. Ich träumte meinen Traum.

Meine Frage an Sie lautet: Was würden Sie tun, wenn Sie frei wären, über ausreichend Geld verfügten und tun und lassen könnten, was Sie wollten? Warum setzen Sie sich die gleichen Ziele nicht auch so; also wenn Sie noch nicht frei sind, noch nicht über genügend Geld verfügen und noch nicht tun und lassen können, was Sie wollen?

Es ist eigenartig mit den Menschen. Kaum erzählt ein zielstrebiger Mensch einem anderen weniger zielstrebigen Menschen seine Träume, bekommt er zu hören „Warum denn gerade das?“, „Das gibt es doch nicht“, „Das hat noch keiner geschafft“, „Warum gerade Du?“ Von Robert Kennedy wird folgendes Beispiel in verschiedenen Büchern immer wieder gebracht. Robert Kennedey sagte: „Andere Menschen sehen die Dinge, die da sind, und fragen ‘Warum’? Ich sehe Dinge, die es noch nicht gibt, und sage ‘Warum nicht?’”

Achtung: *Setzen Sie jeden Tag die Gedanken von Kennedy in Ihrem Leben um und fragen Sie sich so oft wie möglich bei allen sich bietenden Gelegenheiten „Warum nicht“? Vielleicht sind Sie (finanziell) noch nicht reich. Aber warum sehen Sie sich nicht als in jeder Hinsicht reichen Menschen und sagen dann zu sich selbst „Warum nicht?“*

Wie Sie Ihr Denken automatisch von Mangel auf Reichtum umstellen

Durch positive Gedanken kommt das, was Du Dir wünschst, unweigerlich zu Dir. Um es in Empfang zu nehmen, mußt Du anschließend nur noch handeln. Das Prinzip Gewinnen lautet: Tu es!

K. Walter

Die folgende Technik entdeckte ich vor einiger Zeit in einem Klassiker der amerikanischen Erfolgsautorin Catherine Ponder. Sie beschäftigt sich seit langem mit dem Wissen um die Macht des reich werdenden Denkens. In einem Ihrer Bücher „Die dynamischen Gesetze des Reichtums“ beschreibt sie eine ganz besondere Technik, mit deren Hilfe Sie wirkungsvoll Ihr Denken auf Reichtum umstellen und sich mit großen Zahlen vertraut machen. Ich möchte Ihnen diese Technik von Catherine Ponder im Folgenden beschreiben:

Die Zahl zehn, so sagen es die Alten, habe magische Vermehrungskraft. Sie können die Magie dieser Zahl in Ihrem Alltag hervorragend einsetzen. Fangen Sie ab heute bei jedem Gedanken an, Geldbeträge, seien es Ausgaben oder Einnahmen, mit der Zahl zehn zu multiplizieren. Erhalten Sie Ihre Lohnabrechnung, so multiplizieren Sie in Gedanken den dort genannten Betrag mit zehn. Erhalten Sie eine Bonuszahlung oder ein Honorar für eine bestimmte Tätigkeit, stellen Sie sich den zehnfachen Betrag vor.

Die Konsequenz dieser kleinen (Vermehrungs-)Strategie ist: Sie vermehren ab sofort die Geldbeträge, mit denen Sie umgehen, auf eine faszinierende und reichtumfördernde Art und Weise. Wenn Sie beispielsweise in Ihren Geldbeutel schauen und Sie finden dort noch 80 Euro, stellen Sie sich 800 Euro vor. Multiplizieren Sie jede Zahl(ung), mit der Sie zu tun haben, mit zehn und leben Sie in der Erwartung, daß dieser Betrag zu Ihnen kommt. Erhalten Sie eine Rechnung über 100 Euro, stellen Sie sich den zehnfachen Betrag vor, der längst zu Ihnen unterwegs ist. Wenn Sie sich diese Technik angewöhnen, passiert zweierlei:

Erstens beschäftigen Sie sich mit dem, was Sie heute haben und was Sie künftig haben werden. Zweitens beschäftigen Sie sich ab sofort mit großen Zahlen, Ihr Denken hat somit gar keine Zeit mehr, sich mit Gedanken an Armut zu beschäftigen, sondern Sie leben in einer reichen Gedankenwelt. Indem Sie Ihr Bewußtsein so auf Reichtum ausrichten, werden Sie Veränderungen spüren. Bitte beachten Sie: Diese Technik wirkt nur in Verbindung mit allen anderen in diesem Buch beschriebenen Methoden.

Achtung: *Gewöhnen Sie Ihre Gedanken an große Zahlen. Wenden Sie diese Zehnermethode an: Multiplizieren Sie jede Zahl(ung) mit zehn und stellen Sie sich diese Beträge als Ihre Einnahmen vor. Ihre Gedanken und Ihr Bewußtsein beschäftigen sich auf diese Weise immer mehr mit Reichtum.*

Der HIP-Grundsatz zum Reichtum

An anderer Stelle haben wir darüber gesprochen, wie wichtig es ist, das Prinzip des „Tun" zu berücksichtigen. Kommen wir jetzt zu einer ganz bestimmten, einfachen, jedoch wirkungsvollen Zauberformel. Sie klingt einfach, ist aber gar nicht so einfach zu berücksichtigen. Es ist der HIP-Grundsatz:

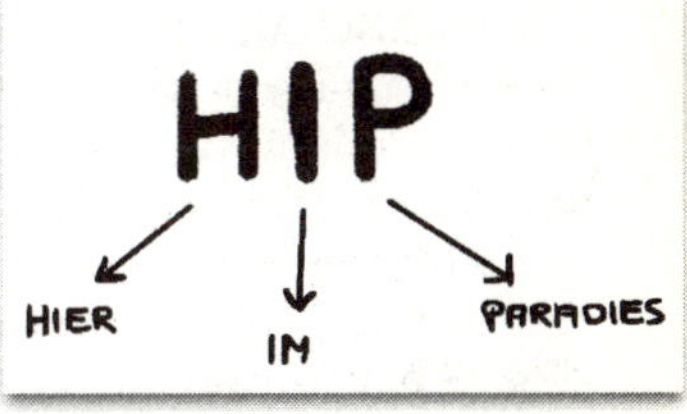

Wozu erzähle ich Ihnen das, und wie hilft Ihnen dieser Grundsatz auf Ihrem Weg zum persönlichen Reichtum? „Hier im Paradies" bedeutet soviel wie jetzt zu leben, heute anzufangen mit Ihren Plänen. Alle Erklärungen und Entschuldigungen der Vergangenheit wegzulassen und loszulegen. Hier und heute sich Ihr eigenes Paradies schaffen. Haben Sie sich schon einmal gefragt, wo das Leben spielt? Nicht im Gestern, in der Vergangenheit. Das Leben spielt heute. Alle verfügbare Energie aller Menschen ist trotz aller Zukunft auf das Hier und Jetzt ausgerichtet. Was machen wir: Wir sprechen davon, was wir gestern hätten alles machen können und damit morgen alles wären, wenn es vorgestern ein wenig glücklicher gelaufen wäre. Ein bekannter lateinischer Spruch lautet: „Carpe diem – nutze den Tag". Er lautet eben nicht „Nutze den morgigen Tag" oder „Hättest Du den gestrigen Tag doch besser genutzt". Er lautet einfach: Carpe diem – nutze den Tag. Eine kleine Wette an dieser Stelle: Stellen Sie den nächsten 20 Menschen, die Sie treffen, folgende Frage:

Erzähle mir einmal, warum es bei Dir nicht so läuft, wie Du möchtest.

Warten Sie die Antwort ab. Die meisten dieser Menschen werden Ihnen, ohne großartig zu zögern, lang und breit erzählen können, wieso sie nicht sind, was sie sein möchten, wieso ihre Träume nie realisiert wurden, wer alles Schuld an allem Übel hat, und daß sie hoffen, morgen aus allem draußen zu sein. Nun der zweite Teil dieses Tests: Fragen Sie 20 weitere Menschen, warum sie erfolgreich sind, und sie werden Ihnen in vielen Fällen von sich und ihren vermeintlich tollen Leistungen erzählen.

Merken Sie etwas? Geht es um Erfolg, fühlen die meisten Menschen sich selbst als die Verantwortlichen. Geht es um Mißerfolge, so schieben die meisten Menschen sie weit, weit weg. Wobei die wirklich Erfolgreichen in nahezu allen Fällen nach dem HIP-Grundsatz leben. Erfolgreiche Menschen warten nicht auf die ungewisse Zukunft. Rene Egli schreibt zu diesem Punkt in seinem Büchlein „Das Lol^{2}a-Prinzip“: „Warten ist Zukunft, ist reine Spekulation, ist ein Flirt mit einer Illusion“. Er hat einfach recht. Erfolgreiche Menschen tun nach dem HIP-Grundsatz heute(!!) alles; geben alles, bewirken alles, säen alles. Jeden Tag aufs Neue.

Achtung: *Handeln Sie nach der HIP-Formel. Hier und jetzt können Sie selbst beginnen, Ihr eigenes Paradies zu schaffen. Tun Sie es!Es liegt ausschließlich an Ihnen ganz allein. Begrenzen Sie nicht Ihr Potential, indem Sie sich danach richten, was gestern (an Schwierigkeiten) war oder morgen (an Schwierigkeiten) sein könnte. Alles das spielt keine Rolle.*

Gewinnen Sie mit Ihrer persönlichen Zauberformel

Im folgenden Kapitel wage ich einen spannenden Versuch. Ich weiß, während ich diese Zeilen schreibe, daß einige von Ihnen nach diesem Kapitel mich für leicht verrückt und vielleicht für unzurechnungsfähig halten. Eine Bitte daher vorab: Bevor Sie später, nach diesen folgenden, wenigen Zeilen über mich urteilen, tun Sie 30 Tage lang, was ich Ihnen empfehle. Wenn Sie nach diesen 30 Tagen immer noch der Meinung sind, ich hätte Ihnen – scharlatanartig – einen üblen, miesen Trick verraten, dann ist es O.K. Doch urteilen Sie nicht über diese Empfehlung, bevor Sie es nicht selbst – 30 Tage lang – gelebt haben.

Entwickeln Sie Ihre eigene Erfolgsformel. Eine Formel, die Sie jeden Tag einige Dutzend Male wiederholen. Manche Autoren empfehlen, solche Erfolgsformeln täglich so oft wie möglich – bis zu fünfzigmal – zu sprechen. Meine persönliche Meinung ist: Es genügt, wenn Sie Ihre persönliche Erfolgsformel einige Dutzend Male am Tag wiederholen. Ob Sie im Zug sitzen und Ihre Erfolgsformel in Gedanken sprechen, ob Sie im Auto sitzen und laut vor sich hinreden, tun Sie es einfach irgendwie mehrfach am Tag. Meine persönliche Erfolgsformel lautet seit Jahren:

Jeden Tag geht es mir in jeder Hinsicht besser und besser, ich bin gesund, reich und erfolgreich und ich lebe die Liebe.

Der bewiesene und wissenschaftlich begründbare Einsatz unseres Denkens besteht darin, daß wir eine klare und deutlich definierte Vorstellung von unserem künftigen Leben haben müssen. Alles das, was wir uns mit Entschlossenheit und in herrlichen Farben ausgemalt wünschen, kommt, wenn wir mit Entschlossenheit trotz aller Hindernisse daran festhalten, eines Tages auf uns zu.

***Achtung:** Je deutlicher und bestimmter Sie sich eine eigene Erfolgsformel aufstellen und sie sich in Gedanken in herrlichen Bildern vorstellen, je länger Sie bei Ihren Bildern verweilen können und je genauer alle Einzelheiten sind, die Sie sich ausmalen, je stärker gleichzeitig Ihr Verlangen ist, sich Ihre Vorstellung wirklich zu wünschen, desto eher werden Sie erreichen, was Sie sich vorstellen. Leben Sie eine Vision. (Erinnern Sie sich an das Kapitel „Warum nicht!!“)*

Das Geheimnis, wie Sie in Sekunden reich werden – versprochen!

Im Folgenden möchte ich Ihnen einen kleinen Test anbieten. Ich bitte Sie, diesen einfachen Test sehr ernst zu nehmen und die Frage sehr gewissenhaft zu beantworten. Bitte nennen Sie mir als Antwort auf die folgende Frage die Zahl, die Ihnen als erstes (wirklich als ERSTES!!) in den Sinn kommt. Es handelt sich hierbei um eine Zahl, die Ihnen zur Verfügung stehen soll. Zögern und überlegen Sie nicht, lesen Sie die folgende Frage und antworten Sie – spontan, schnell, optimistisch: Wieviel möchten Sie bis zum Ende des nächsten Jahres verdienen?

____

(Bitte eine Gesamtzahl eintragen!)

PAUSE!

***Achtung:** Erst weiterlesen, wenn Sie mitgespielt haben. Also bitte nicht erst nachschauen, worauf dieser Test hinausläuft und dann mitspielen. Ich muß mich bei diesem Spiel auf Sie verlassen können! Haben Sie Ihre Zahl? Gut, dann geht's weiter...*

Warum ist dieser Test so wichtig?

Er ist so wichtig, weil sich alle Menschen, die reich wurden, an irgendeinem Tag ihres Lebens ein Ziel gesetzt haben und dieses Ziel auch dann erreichten. Überzeugen Sie sich selbst und fragen Sie Menschen, die Sie kennen, danach, was sie bis zum Ende des nächsten Jahres verdienen wollen. Erfolgreiche Menschen nennen Ihnen einen Betrag, sie überlegen kurz und sagen dann klar und deutlich, wieviel sie verdienen wollen. Das hat nichts mit der richtigen Einstellung zu tun, sondern damit, daß ihr Geld Ziele braucht. Sie und Ihr Geld, Sie brauchen Ziele, um reich zu werden. Diese einfache Regel beherrschen nur wenige Menschen, und daher werden auch 90 % der Menschen, denen Sie die o. g. Frage stellen, keine Antwort geben. Doch nun zu einer zweiten, vielleicht sogar der weitaus wichtigeren Frage. Ich setze voraus, daß Sie reich werden möchten. Stellen Sie sich vor, wie es ist, reich zu sein, stellen Sie sich schönste Bilder vor. Denken Sie an ein Erlebnis, wo Sie sich REICH gefühlt haben. Sie haben das Ziel, reich zu werden, und wollen dieses Ziel in jedem Fall erreichen. Stellen Sie sich diesen Weg in Gedanken vor, und ergänzen Sie nun den folgenden Satz:

Ich will reich werden. Bis Ende des nächsten Jahres

werde ich ________________________ verdienen.

Was haben Sie eingetragen? Vergleichen Sie diese Zahl einmal mit Ihrer ersten Zahl, die Sie nur kurze Zeit zuvor genannt haben. Bis auf wenige Ausnahmen liegt die zweite Zahl bei allen Testpersonen höher als die erste. Woran es liegt? Es liegt an Ihren Bildern und an Ihren Gedanken. Typisch ist folgende Denkweise:

Hand aufs Herz, wie war das bei Ihnen? Als Sie die erste Zahl niedergeschrieben haben, war es wirklich die erste Zahl, die Ihnen einfiel? Mit großer Wahrscheinlichkeit ging es Ihnen, wie oben dargestellt: Sie hatten eine größere Zahl vor Ihrem geistigen Auge, aber diese Zahl erschien Ihnen nahezu unerreichbar. Also haben Sie die Zahl reduziert. Das war's dann immer noch nicht, und Sie machten nochmals Abstriche. Es geht auch anders:

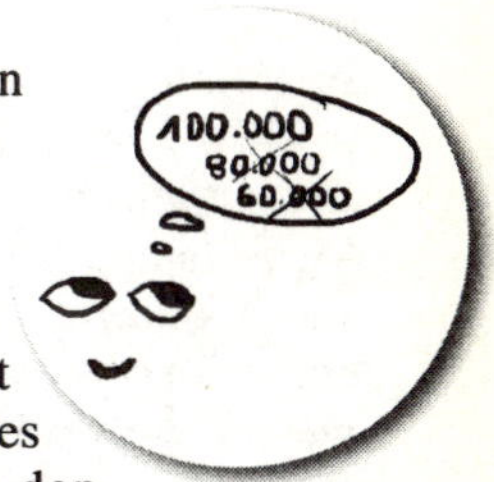

Und wissen Sie, was das Faszinierende ist? Zwischen der ersten (in der Regel) niedrigeren und der zweiten höheren Zahl haben Sie innerhalb weniger Sekunden dazu verdient. Sie sind in wenigen Sekunden reicher geworden, nur weil Sie einfach Ihr Selbstbild erweitert haben. Sie haben für sich selbst mutig einen höheren Wert für Ihren Lohn bis Ende des kommenden Jahres eingetragen. Damit sind Sie den wichtigsten Schritt gegangen, nämlich den Schritt, sich selbst etwas oder noch viel mehr zuzutrauen.

Dieser Test, den wir nun zusammen durchgeführt haben, ist eigentlich ein kleines Spiel. Nämlich schriftlich zu etwas zu stehen, schriftlich zu Ihrem eigenen Wert und zu Ihren Zielen zu stehen. Ich darf Ihnen an dieser Stelle, bevor ich Ihnen einen weiteren Trick verrate, ein ganz wichtiges Buch empfehlen: „Das innere Geheimnis des Reichtums" von Mark Fisher, erschienen im Bauer Verlag. Dieses Buch bietet viele Geheimnisse und ist ein ganz besonders wichtiges Buch. Fisher ist es auch, der ein faszinierendes Spiel empfiehlt: Das Spiel, sich an große Zahlen zu gewöhnen, indem Sie sich mit großen Zahlen schriftlich befassen. Es ist dabei völlig gleich, ob Sie heute viel oder wenig verdienen. Dieses Spiel bringt Sie in jedem Fall weiter.

Im Folgenden finden Sie ein leeres Rechteck. Nehmen Sie sich einen Stift und spielen Sie einmal mit großen Zahlen. Es mag verrückt klingen, ist jedoch wichtig. Versuchen Sie, in sich hineinzuhorchen, wenn Sie eine kleine Zahl durchstreichen und mutig eine größere Zahl hinschreiben. Es kann sich um alle möglichen Zahlen handeln: Zahlen, die ausdrücken, was Sie bis Ende kommenden Jahres verdienen möchten, Zahlen, die sagen, wieviel Sie monatlich sparen wollen. Zahlen, bei denen Sie sich vorstellen oder von ganzem Herzen wünschen, diese erschienen auf Ihrem Kontoauszug.

hier bitte GROSSE Zahlen notieren

~~50.000~~ 300.000 ~~400.000~~ ~~500.000~~ 750.000

Achtung: *Ob Sie reich sind oder nicht, hängt in jedem Fall mit Ihren eigenen (Wert-)Vorstellungen zusammen. Achten Sie darauf, daß Sie gute Leistung bringen, und handeln Sie nach dem Gesetz der großen Zahlen! Lassen Sie ab heute bei jeder Gelegenheit zu, daß Sie sich nach der „Warum-Nicht"-Methode große Zahlen vorstellen können.*

Vom Eierkauf-Test und einem „Brötchen-Kaufvertrag"

Sie wundern sich, was Eier kaufen mit Ihrem Geld zu tun hat? Der Zusammenhang ist ganz einfach, und ich möchte ihn Ihnen mit einem Beispiel erklären. Diesen von mir so „erfundenen" Eierkauf-Test habe ich erstmals auch in dem 1999 von mir erschienenen Buch Altersvorsorge für Einsteiger beschrieben und seitdem regelmäßig mit be-EINDRUCK-endem Erfolg auf fast allen Seminaren angewandt.

Haben Sie schon einmal darüber nachgedacht, welchen Aufwand wir betreiben, um zehn Eier für rund 50 Pfennig (Luxusausführung!) auszusuchen? Wir prüfen die Schale, nehmen jedes einzelne Ei heraus, drehen es. Manche schütteln es sogar oder klopfen dagegen. Wenn wir einen kleinen Riss entdecken – schwups – tauschen wir schnell das kaputte Ei gegen ein heiles Ei aus. Wir würden sogar akzeptieren, daß der nächste Käufer möglicherweise die Schachtel nimmt, in der sich bereits alle lädierten Eier sammeln.
Das ganze für einige wenige Mark Gesamtpreis.

Der Eierkauf-Test

Was tun wir instinktiv bei diesem Eiertest? Wir nehmen unser Geld ernst. Es wäre einfach ärgerlich, beispielsweise zehn Eier zu bezahlen, um, zu Hause angekommen, festzustellen, daß alle zehn Eier oder auch nur einige kaputt sind. Wir wollen für unser Geld eine gute Ware. Wir geben unser Geld nur dann, wenn wir zehn ganze Eier erhalten. Also betrachten wir jedes Ei ganz genau und nehmen die heilen Eier; die kaputten oder irgendwie eigenartig aussehenden Eier lassen wir zurück.

Die gleiche Einstellung gilt es beim Thema Geld, Sparen und Investieren beizubehalten. Geben Sie nur dann Ihr Geld her, wenn Sie sicher sind, daß Sie eine gute Ware (also ein gutes Finanzprodukt) erhalten. Und das wiederum können Sie nur beurteilen, wenn Sie von einem Finanzprodukt nahezu alles verstanden haben.

Neben diesem Eierkauf-Beispiel liegt mir eine weitere Geschichte am Herzen: Die Geschichte vom Brötchen-Kaufvertrag.

Sicherlich gehören Sie auch zu den Menschen, die sich mindestens einmal in der Woche, meist samstags oder sonntags, auf ihre Brötchen beim Frühstück freuen. Wenn Sie wirklich zur Spezies derer gehören, die keine Brötchen essen (Vorsicht: Weißbrot ohne Nährstoffe), stellen Sie sich vor, es seien leckere Vollkornbrötchen.

Was würden Sie sagen, wenn ich Ihnen hier und jetzt ein einmaliges Angebot mache? Sie verpflichten sich, in den nächsten 20 Jahren Ihre

Brötchen, gehen wir einmal von 10 Brötchen in der Woche aus, ausschließlich von mir zu beziehen. Einverstanden! Was würden Sie sagen? Kosten je Brötchenlieferung zusammen rund 4 DM, macht bei 52 Wochen im Jahr und 20 Jahren immerhin 4160 DM. Also: Unterschreiben Sie? Nein! – Sie haben natürlich völlig recht. Wer weiß, was ich Ihnen morgen nach Unterschrift für Brötchen andrehe. Die sind vielleicht nur noch halb so groß, dafür doppelt so teuer. Oder ich verkaufe Ihnen jede Woche die Brötchen der letzten Woche. Wer weiß, auf was Sie sich einlassen.

Sie haben also völlig recht: Unterzeichnen Sie niemals einen solchen derart langfristigen Vertrag. Warum auch: Schließlich können Sie so in der nächsten Woche völlig frei entscheiden, wo Sie Ihre Brötchen kaufen. Wo wohl? Beim besten Bäcker in Ihrer Umgebung, ist doch klar! Merken Sie etwas: Bei solchen alltäglichen Geschäften, die uns vertraut sind, übernehmen wir die Verantwortung und würden niemals einen langfristigen Vertrag unterzeichnen. Wir wollen selbst entscheiden, für welche Leistung wir welchem Bäcker welchen Preis zu zahlen bereit sind. Erhöht ein Bäcker unverschämt teuer seine Preise, kaufen wir eben woanders ein. Dieses Prinzip des Brötchen-Einkaufs vergessen die meisten bei ihren Geldgeschäften. Da verpflichen sich einige, zehn Jahre lang einer bestimmten Versicherung die Versicherungsprämie für irgendwelche Sachversicherungen zu zahlen. Andere schließen Lebensversicherungsverträge über 30, 40 Jahre oder länger ab.

Achtung: *Gewinnbringendes Sparen & Investieren setzt voraus, daß Sie – bevor Sie Ihr Geld einsetzen – genauestens prüfen, in welche Sache Sie investieren oder welcher Person Sie Geld anvertrauen. Ist die Sache/die Person in Ordnung? Denken Sie auch daran: Binden Sie sich nur in seltenen Fällen und niemals ohne Grund langfristig an Versicherungen irgendwelcher Art.*

Geld und die Gefahr der Sonnenscheinmethode

Hierbei handelt es sich um einen der in Zusammenhang mit Geld am meisten begangenen Fehler. Man könnte dieses Kapitel auch mit „Wie belüge ich mich selbst“ oder „Wie ich mich selbst glücklich rede" beschreiben. Die Gefahr der Sonnenscheinmethode habe ich so genannt, weil es immer wieder Situationen gibt, in denen Sie selbst in Versuchung geraten, sich glücklich zu reden.

Typisch ist das Verhalten übrigens beim Kauf einer Immobilie, weswegen ich auch – was ich gleich noch erkläre – von Sonnenscheinmethode spreche. Immer wieder habe ich beobachtet, daß Menschen auf sehr eigenartige Weise an den Hauskauf herangehen und dadurch oftmals viel Geld verlieren. Mir selbst sind – zugegeben – in dieser Hinsicht sehr teure Fehler unterlaufen, vor denen ich Sie bewahren möchte.

Meist spielt sich der Vorgang wie folgt ab: Man besichtigt eine Immobilie, und diese Immobilie gefällt einem grundsätzlich sehr gut. Sie hat nur einen Nachteil: Die Terrasse und der gesamte Wohnbereich liegen in Richtung Norden. Das bedeutet: Kaum Sonne am Tag. Jetzt passiert nicht selten in der Verliebtheit in diese Immobilie Folgendes: Man betritt die Terrasse, prüft den Himmel und den Sonnenstand und überzeugt sich anschließend selbst, daß alles gar nicht so schlimm sei, schließlich würde die Sonne, wenn sie mittags am höchsten steht, auch auf die Terrasse scheinen.

Was ich damit sagen möchte ist: In diesen Situationen beim Hauskauf und in vielen anderen Situationen, in denen es ums Geld geht, wollen wir häufig das, was schlecht ist, nicht sehen und das, was gerade noch gut ist, stellen wir als famos dar.

Achtung: *Achten Sie darauf, daß Sie beim Geld niemals beginnen, sich selbst zu überzeugen. Sie dürfen niemals das Gefühl des „Das will ich haben..." verspüren. Meistens sind Sie dann auf der Verliererstraße. Geld hat in erster Linie statt mit Emotionen mit Zahlen und mit Fakten zu tun. Sprechen Zahlen (zu teuer) oder die Fakten (nach Norden raus) gegen eine Geldanlage, dann trennen Sie sich sofort von jeglichem Kaufgedanken. Das gleiche Prinzip gilt übrigens für jede andere Form der Kapitalanlage. Wenn Sie spüren, daß Sie beginnen, sich selbst eine Geldanlage, eine Immobilie oder ein anderes Investment schön zu reden, heißt es: Finger weg und mindestens eine Nacht lang die endgültige Entscheidung überdenken.*

Die richtige Einstellung gegenüber GELD ist die einer begehrlichen Verachtung

Geld verdirbt nur den Charakter der Menschen,
die zuvor schon keinen hatten.
K. Walter

Passend zur Gier, die oftmals zu finanziellen Fehlentscheidungen führt, noch die folgenden Anmerkungen. Bitte verstehen Sie diese Bemerkungen nicht so, daß ich Ihnen mit hoch erhobenem Zeigefinger Verhaltensweisen nahelegen möchte. Mir geht es ausschließlich darum, Ihnen aus zahlreichen intensiven Einzelgesprächen mit vielen hundert Seminarteilnehmern das zu erzählen, was ich für sehr wichtig erachte.

Da gibt es zum Beispiel die ganzen Anlage- und Konsumverlockungen. Kaum winkt einer mit dem neuesten Roulette-Garantie-Gewinn-System mit unsterblicher Wiedergutmachungsgarantie im Falle des Mißerfolges, schon beginnen gierige Menschen zu grübeln, ob nicht doch was an diesem Supergewinnsystem dran sein könnte, und kommen zum Ergebnis: Eigentlich könnte es doch wirklich ein gutes System sein. Schwups, wird Geld investiert. Kurz darauf heißt es seitens des Anlageanbieters: Das Geld ist dummerweise weg. Die Strategien sind bislang immer aufgegangen, nur jetzt – als Sie das erste Mal investiert haben – gab es Sonderfaktoren, und das Geld ist weg. Warum ist es eigentlich weg? Weil Sie Ihr Geld nicht ernst genommen haben.

Ein anderer Fall. Am Autohimmel leuchtet – mal wieder – ein neuer Stern: Die neue BBB-Klasse mit Überlebenstechnik, ferngesteuerter Minibar und gewärmter Plastikpuppe als Stewardeß wird eingeführt. Oder besser: eingetrichtert!! Bei wem wohl? Sie bekommen es eingetrichtert. Sie, ich, Ihr Nachbar, wir alle! Und da sitzen wir dann: Bekommen glasige Augen und sagen zu unserer Frau: „Du, Schatz, mein nächstes Auto wird eine BBB-Klasse“. Klar kriegen Sie als nächstes eine BBB-Klasse. Was soll Ihre Frau auch anderes sagen. Sie sieht es doch Ihren Augen an, daß Sie die Gier gepackt hat. Fazit: Sie arbeiten sich krumm für einen Wagen der BBB-Klasse. Sie packen das Geld irgendwann aus und dem Händler auf den Tisch. Sie kaufen, was das Bankkonto hergibt. Irgendwo muß die Verschuldung ja herkommen, und es ist schließlich kein Wunder, daß rund 70 % der Nobelkarossen draußen geleast sind. Leasen bedeutet: Die Leute haben eigentlich nichts, wollen aber alles.

Irgendwie kann das nicht funktionieren. Auf der anderen Seite soll es ruhig so weitergehen. Denn diejenigen, die das mit der begehrlichen Verachtung kapiert haben, lehnen sich lächelnd zurück und warten. Jeder Tag warten ist bei solchen Autokäufen bares Geld. Sie können gewissermaßen jeden Tag ein siebengängiges Menü mit Ihrer Frau essen gehen, warten einige Monate, kaufen dann die im Preis reduzierte Nobelkarosse und haben unterm Strich Geld verdient, ein gutes Auto gekauft und monatelang gut gegessen. Kleiner Nebeneffekt: Ihrer Ehe hats vermutlich auch gutgetan. Schließlich waren Sie bislang, bis Ihnen dieses Buch in die Hände fiel, möglicherweise auch einer von denen, die 30 Tage im Monat arbeiten, damit Sie nie über Geld nachdenken.

Bitte verzeihen Sie die ein wenig flapsigen Worte. Aber ist es nicht so? Wir begehren Geld, wir wollen mit Geld gelten. Haben wir das kleinere Auto als der Nachbar, haben wir ein großes Problem. Befreien Sie sich von dieser Gier, die Sie a) Geld kostet, das Sie nicht in allen Fällen haben, und die Ihnen b) auf Dauer nicht das geringste bringt. Wie heißt es so schön: Ihr Geld ist nicht weg, es hat nur ein anderer.

Achtung: *Übernehmen Sie gegenüber Geld die Einstellung einer begehrlichen Verachtung. Egotrips rund ums Geld machen unglücklich, arm und häßlich. Nach Geld und über Konsum nach Achtung zu gieren zerstört auf Dauer jede Freude und jedes Glück.*

Vorsicht Falle: Wenn Geld zur Droge wird

Wenn ein Mensch behauptet, mit Geld ließe sich alles erreichen, darf man sicher sein, daß er nie welches gehabt hat.
Aristoteles Onassis

Geld kann wahrlich süchtig machen. Und wer einmal mit süchtigen Menschen zu tun hatte, der erlebt in den meisten Fällen immer wieder vier gleiche Verhaltensweisen:

Suchtfaktor 1
Geldsüchtige Menschen leben in einer sehnsüchtigen Illusion und sind nahezu von dieser Illusion besessen. Geld ist für sie alles, ohne Geld ist für sie alles nichts. Mit Geld verbinden sie bunte Bilder und Phantasien, wobei die Realität nun einmal völlig anders aussieht.

Suchtfaktor 2
Geldsüchtige Menschen haben keine wirkliche Kontrolle über ihr Geld. Ihr Geld verrinnt in undurchsichtige, kaum noch nachzuvollziehende Ausgaben, sobald sie es in den Händen haben.

Suchtfaktor 3
Sie wiederholen immer wieder die gleichen Fehler. Obwohl sie genau wissen, was ihnen schadet, wiederholen geldsüchtige Menschen, für die Geld zur Droge geworden ist, stets die gleichen Fehler.

Suchtfaktor 4
Dieses ist ein typisches Suchtphänomen: Bei (selbst offensichtlichen) Schwierigkeiten leugnen wirklich geldsüchtige Menschen bis zum Schluß, daß es Schwierigkeiten gibt. Sie finden zahlreiche Begründungen für ihre Verhaltensweisen und sträuben sich mit aller Macht gegen die Erkenntnis, daß das Geld sie im Griff hat.

Geldsüchtige Menschen gibt es zahlreich. Diese Menschen leben entweder besessenen Reichtum oder besessene Armut. In beiden Fällen werden sie behaupten, daß Geld nicht alles ist, klammheimlich aber wissen sie, daß Geld bereits von ihnen Besitz genommen hat. Typisch ist die unter Punkt 2 genannte fehlende Kontrolle. Für Menschen, die diese Kontrolle über Geld verloren haben, ist Geld etwas Verführerisches. Das Geld kontrolliert diese Menschen, obwohl sie der felsenfesten Ansicht sind, daß sie ihr Geld kontrollieren.

Dazu kommt als eigenartiges Element, daß geldsüchtige Menschen stets die gleichen Fehler wiederholen. Das kann in zweierlei Richtung erfolgen: Die einen machen immer weiter und immer wieder von neuem Schulden, die anderen häufen immer weiter Geld an, horten und horten in der Meinung, sie hätten längst nicht alles erreicht, was möglich ist.

Das sicherste Zeichen ist, wenn Menschen beginnen, ihre Geldsucht zu leugnen. Wenn Sie einem Menschen sagen, er sei geldsüchtig oder schuldsüchtig, und er beginnt mit unzähligen Argumenten zu belegen, daß Sie nur Unrecht haben können, dann seien Sie sicher: Vor Ihnen sitzt ein geldsüchtiger Mensch. Der Grund fürs Leugnen liegt auf der Hand: Die Betroffenen können nur leugnen, weil sie sonst gezwungen wären, etwas zu ändern. Und da sie das nicht können, leugnen sie.
Achtung: Möglicherweise erinnern Sie sich, während Sie dieses Kapitel lesen, selbst an eigene geldsüchtige Verhaltensweisen. Vielleicht erinnern Sie sich an Zeiten, in denen Sie mit aller Heftigkeit geleugnet haben, daß Sie eigentlich kein Geld mehr zum Ausgeben haben, obwohl Sie de facto fast pleite waren. Oder Sie erinnern sich an Momente, in denen Sie mit aller Heftigkeit betonten, Geld sei nicht alles für Sie, in denen Sie Ihre Sucht heftigst leugneten, wohlwissend, daß Ihr Geld längst von Ihnen Besitz ergriffen hatte. Mir ist dieses Kapitel besonders wichtig, da es mir darum geht zu belegen, daß Geld nicht die Voraussetzung für Reichtum und Glück ist. Persönliche und finanzielle Freiheit ist etwas anderes, als geldsüchtig (in Richtung ständigen Schuldenmachens oder in Richtung der Gier nach Reichtum) zu sein.

Achtung: *Wenn Sie nun ehrlicherweise sich in diesem Kapitel (teilweise) wiedererkannt haben, beginnen Sie noch heute, an sich zu arbeiten und die Mißstände abzuschaffen, die sich möglicherweise bei Ihrem Umgang mit Geld eingeschlichen haben. Lassen Sie nicht zu, daß Geld in Ihrem Leben zur Droge wird.*

Kredite, Konsum und Ihr Unterbewußtsein

Viele Menschen geben mehr Geld aus als sie verdienen, damit die anderen Leute glauben, daß sie mehr verdienen als sie ausgeben.

K. Walter, amerikanischer Erfolgspsychologe

Was bedeutet eigentlich, einen Kredit zu bekommen? Streng genommen bedeutet es, Geld auszugeben, was man heute noch nicht hat in der Hoffnung, daß künftig soviel Geld da ist, um sich die neuen Wünsche und die alten Schulden leisten zu können. Das bedeutet aber, daß Sie in der nächsten Periode immer noch gleich wenig Geld haben, dafür immer noch Kaufwünsche, jedoch zwischenzeitlich auch Schulden, die Sie zurückbezahlen müssen. Meine Frage an Sie lautet:

Wenn Sie heute nicht das Geld haben, um sich alle Ihre Wünsche zu leisten, wie wollen Sie dann künftig ausreichend Geld haben, um sich neben Ihren nicht erfüllten Wünschen auch noch die Schulden leisten zu können? Merken Sie etwas: Auf Kredit zu leben ist eine Illusion, ein Wunschtraum. Kredit ist nichts anderes als Zwangssparen zugunsten eines Dritten (der Bank), die Ihnen zu allem Übel noch das Leben schwer machen kann und lächelnd schwer machen wird, wenn Sie mit Ihren Raten in Verzug geraten.

Nicht selten machen Menschen die Erfahrung, daß sie, wenn es ihnen schlecht geht, auf Kredit(karte) kaufen, um nach dem kurzen Kaufrausch festzustellen, daß es ihnen nun noch schlechter geht als vorher. In der Regel handelt es sich hierbei um Luxusschulden. Luxusschulden, von denen nach Kauf kaum ein Wert übrig bleibt.

Danny Kaye prägte zum Thema Kredit und zuviel ausgeben einen nachdenkenswerten Spruch:

Manche Leute geben Geld aus, das sie nicht haben, für Dinge, die sie nicht brauchen, um damit Leuten zu imponieren, die sie nicht mögen

Vielleicht hilft es Ihnen, künftig Ihre Ausgaben im Griff zu halten, wenn Sie im Folgenden erfahren, daß Kaufimpulse auf ganz subtile Weise gefördert werden. Kaufwünsche entstehen im Unterbewußtsein. Es ist eben nicht so, daß Sie eine Sache, einen Gegenstand wirklich brauchen, sondern daß Sie mit einer Sache, einem Gegenstand positive Empfindungen verknüpfen und dieses Gefühl sozusagen mitkaufen, ohne es zu wissen. Wissenschaftler der Harvard Business School haben nachgewiesen, daß bestimmte Gehirnströmungen entstehen, wenn bestimmte visuelle Signale empfangen werden. Kaufsignale entstehen, wenn durch besondere optische Reize der Blutfluß und elektrische Impulse sich in Richtung der linken präfrontalen und der visuellen Hirnrinde bewegen. Beide Gehirnteile sind bekannt als Zentren für positives Empfinden. Folge: Sie fühlen sich gut und wollen „Gut fühlen" kaufen.

Umgekehrt reagieren Sie unbewußt bei einer wenig ansprechenden Umgebung: Jetzt fließt das Blut stärker in Richtung der rechten präfrontalen Hirnrinde, des Hippocampus und der Insula. Das sind interessanterweise die Zentren für Flucht- und Kampfreaktionen. Folge: Sie fühlen sich unwohl.

Welche Lehren ziehen Sie daraus? Denken Sie bei künftigen Kaufwünschen einmal daran, daß Sie äußerst geschickt beeinflußt werden. Das ist natürlich das legitime Recht der Hersteller. Aber der klare Gedanke, daß Sie manipuliert werden, hilft Ihnen womöglich, künftig bei der einen oder anderen Kaufverlockung ein klares NEIN zu sprechen.

Achtung: *Überlegen Sie künftig sehr genau, ob Sie sich heute verschulden wollen, um dann in Zukunft für Ihre Vergangenheit zu arbeiten. Besser ist: Sie sparen heute für die Ziele Ihrer Zukunft und verzichten damit auf Dinge, die Sie auf Kredit erwerben. Dinge, die Ihnen letztlich nur zum Schein gehören. Im richtigen Licht betrachtet, gehören Ihnen die gekauften Gegenstände, und ein Teil Ihrer Zukunft gehört Ihrer Bank. Ein wirklich schlechtes Geschäft. Etwas anderes ist es selbstverständlich mit gut kalkulierten Schulden, die Sie aus beruflichen oder geschäftlichen Gründen aufnehmen. Vergewissern Sie sich jedoch in diesen Fällen, das ausreichend im Vorfeld überlegt zu haben und eine Schuldenhöhe zu wählen, die nicht über geschäftliche oder berufliche Verhältnisse hinausgeht. Und denken Sie daran: Ihre Kaufwünsche werden subtil gesteuert. Durchschauen Sie dieses Spiel des Unterbewußtseins und gewöhnen Sie sich daran, auch mal NEIN zu sagen.*

Psychologische Spar-Blockaden

Zahlreiche Menschen sind stets kurz davor, zu sparen und sinnvoll Geld zu investieren, tun es dann aber doch nie. Hinter dieser fehlenden Entscheidung stehen häufig von mir so genannte psychologische Sparblockaden. Es kann sein, daß Sie persönlich längst solche

Sparblockaden hinter sich gelassen haben. Vielleicht aber eben auch nicht. Dann sollen Ihnen zum Schluß dieses ersten Kapitels „Reichtum & Geldpsychologie" die folgenden, kurz gehaltenen Ausführungen zu typischen Sparblockaden helfen, entscheidende Schritte nach vorn zu kommen.

• Sie suchen nach der absolut richtigen Geldanlage

Diese Einstellung ist häufig vertreten. Am liebsten soll es eine Anlage mit hohen Zinsen, hoher Sicherheit sein, über die Sie selbstverständlich auch jeden Tag verfügen können. Da es – dummerweise – diese Anlage außer bei betrügerischen Anlageofferten nicht gibt, setzen Sie also vermeintlich auf Nummer Sicher (festverzinsliche Wertpapiere/Banksparpläne), suchen eben über Jahrzehnte weiter und verlieren so über lange Zeit richtig Geld.

Tip: *Vergessen Sie diese Suche nach der absolut richtigen Geldanlage. Sie müssen lernen, für verschiedene Bedürfnisse (Sparen, Risikoschutz, kurzfristiges Sparen, langfristiges Sparen) Entscheidungen zu treffen.*

• Sie haben zu wenig Vertrauen in Ihre eigenen Geldfähigkeiten

Dieses Problem ist häufig anzutreffen: Sie verspüren gegenüber Entscheidungen in Sachen Geld eine ständige Unsicherheit. Schließlich kennen Sie sich kaum aus, und wer weiß, was da so alles passieren kann. Und Finanzberater sind – das lesen Sie jeden Tag – ohnehin alles Betrüger. Was bleibt dann anderes übrig, als eben keine Entscheidungen zu treffen.

Tip: *Wenn Sie kein Vertrauen in Ihre Geldfähigkeiten haben, können Sie es innerhalb kurzer Zeit aufbauen. Geld ist einfach und Geldgeschäfte sind im Grunde genommen auch einfach. An anderer Stelle haben Sie darüber gelesen, daß Sie Ihr Geld ernst nehmen müssen.*

Nehmen Sie Ihre Verantwortung für Geld ernst, lesen Sie einige wenige gute Bücher und sehen Sie sich das eine oder andere Wirtschaftsmagazin im Fernsehen an. Geben Sie sich einen Ruck und ein wenig Mühe: Es lohnt sich!

- **Sie bilden sich ohne richtige Geldkenntnisse zu schnell eine Meinung**

Das ist eine der gefährlichsten Sparblockaden: zu wissen, daß man nichts weiß aber bei allen Gesprächen rund ums Geld mitreden (wollen). Typische Meinungsbildungen ohne richtige Geldkenntnisse sind „Aktien sind gefährlich“ oder „Ich kenne auch einen, der hat mit Aktienspekulation sein Haus verloren“.

Tip: *Seien Sie ehrlich sich selbst gegenüber. Alle Ihre (vor)schnell geäußerten Meinungen ohne richtige Geldkenntnisse versperren Ihnen den Weg zu Ihrem eigenen Reichtum. Sie zahlen so einen hohen Preis in Form entgangenen Gewinns. Besser ist: Geben Sie offen zu, daß Sie nichts wissen, und nehmen Sie alles auf, was Ihnen in Medien oder von Freunden an wirklichem Geldwissen geboten wird.*

- **Sie neigen dazu, auf andere zu hören, die es vermeintlich besser wissen (z. B. „Vorsicht bei Aktienfonds, das kann auch schief gehen“)**

Eine spannende und sich immer wiederholende Geschichte: Auf fachlich nachweislich versierte Berater hören manche Menschen in Sachen Geld nur ungern, viel wichtiger ist der Erfahrungsaustausch unter Freunden. Das ist so, als würden Sie sich vor einer schweren Operation von Ihren Freunden beraten lassen, welche Instrumente der Arzt benutzen soll, um Sie letztlich erfolgreich zu operieren.

Tip: *Wenn Sie zu den Menschen mit dieser Sparblockade gehören, akzeptieren Sie, daß Geld und Geldentscheidungen keine Sachen sind, die Sie mit nebenberuflichlichen Finanzberatern oder Freunden entscheiden können. Ebenso, wie Sie bei einer schweren Operation einen ausgebildeten Arzt verlangen, sprechen Sie in Sachen Geld regelmäßig mit Ihrem persönlichen Finanzberater.*

- **Sie haben Hemmungen, sich zur eigenen Geld- und Sparsituation offen zu äußern**

Einer der gravierendsten Fehler: Eigentlich müßten viele Menschen laut und deutlich um Hilfe schreien. Sie müßten deutlich kundtun „So und so sieht es bei mir aus, kann mir jemand in meinen Geldangelegenheiten helfen“. Statt dessen begehen einige dieser so denkenden Menschen den Fehler, verschämt erst einmal nichts zu sagen. Dann fällt es keinem auf, daß die eigene Geld- und Sparsituation nicht so ganz in Ordnung ist. Schließlich will man sich nicht blamieren.

Tip: *Sie müssen, wenn Sie von dieser Sparblockade betroffen sind, alles in Ihrer Macht stehende tun und beginnen, über Geld zu reden. Tun Sie das nicht, führen Ihre Hemmungen dazu, daß man Ihnen eines Tages zwar sicherlich helfen will, aber nicht mehr helfen kann: Es ist möglicherweise zu spät.*

- **Sie sind zu geizig, gute Berater gut zu bezahlen**

Dieser Punkt liegt mir ganz persönlich am Herzen: In über 10 Jahren praktischer Beratungstätigkeit kam es immer wieder zur folgenden Situation: Menschen, die eigentlich sparen wollten, sprachen mich oder die Experten unseres Instituts an, wie sie denn nun richtig sparen sollten und welche Finanzprodukte in Frage kommen würden. Wie in unserem Institut üblich, nannten wir unser sicherlich gutes Honorar, verwiesen jedoch darauf, daß wir keine weiteren Provisionen nehmen und unsere Kunden gegenüber einem provisionsorientierten Berater unterm Strich nur selten mehr bezahlen. Das Ergebnis in zahlreichen Gesprächen: Manche Menschen sind zu geizig, um für einen guten Rat zu zahlen. Statt dessen fallen diese Menschen anschließend auf ausschließlich auf Höchtsprovision orientierte Finanzberater herein, zahlen unterm Strich weit mehr als bei einem offen verlangten Honorar. Sie merken nur nichts davon.

Tip: *Gute Finanzberater erkennen Sie daran (das ist meine persönliche Überzeugung), daß diese Berater Ihnen den Preis ihrer Dienstleistung offen nennen. Das tun gute Berater, weil sie der sicheren Überzeugung sind, gute Arbeit zu leisten. Versuchen Sie niemals, an der Beratung zu sparen. Sonst bekommen Sie genau die Leistung, die dem Wert der Beratung entspricht: Nämlich nichts. Im schlimmsten Fall verlieren Sie sogar Geld.*

2. Kapitel

REICHTUM & PERSÖNLICHKEIT

Machen Sie nicht die Sterne für Ihren Mißerfolg verantwortlich.
Machen Sie sich lieber an die Arbeit.
Napoleon Hill

Lange habe ich danach gesucht, was ich Ihnen in diesem Kapitel erzählen möchte. Viele von Ihnen werden schon so manchen guten Gedanken gehabt und dann zu sich selbst gesagt haben: „Das schaffst Du nie", „Dafür bist Du nicht gut genug", „Dafür bist Du nicht schnell genug". Sie kennen Ihre eigenen Ausreden am besten.

Verzeihen Sie, wenn ich so respektlos von „Ausreden" spreche und Sie damit möglicherweise verletze. Tatsache ist, die meisten von Ihnen haben es noch nie versucht, mit Konzentration, Ausdauer, Selbstdisziplin eine Sache zu beginnen und durchzuhalten. Wie viele von Ihnen haben eine Sache bereits einmal begonnen und haben später aufgegeben? Wie oft sind Sie wirklich gescheitert?

Hand aufs Herz: In den meisten Fällen haben Sie aufgegeben, wirklich gescheitert sind Sie nur selten, möglicherweise noch nie. Irgendwann war eben in den meisten Fällen Ihre Disziplin am Ende, Ihre Konzentration ließ nach und Ausdauer – na, ja – die ließ auch zu wünschen übrig.

Lassen Sie mich im folgenden daher sieben Kurzgeschichten erzählen. Sieben Geschichten, mit denen ich Ihnen ein für allemal Ihre Ausreden nehmen möchte, etwas nicht zu tun, und die Ihnen zeigen sollen, daß finanzieller und persönlicher Reichtum nicht an anderen Menschen, sondern an uns selbst liegt. Geschichten, die Ihnen zeigen sollen, daß es an jedem von uns selber liegt, was wir aus unserem Leben machen, welche Ziele wir verfolgen und welche Ziele wir erreichen. Daß wir Ziele und traumhafte Ergebnisse erreichen können, ohne daß wir in Glück gebadet sind.

Warum jeder (auf seine Art) Erfolg haben kann: Lehrreiche Kurzgeschichten

Aus der sorgfältigen Analyse des Werdegangs von 178 erfolgreichen Menschen geht hervor, daß sie viele Rückschläge erleiden mußten, bevor sie ihr Ziel erreichten.

Napoleon Hill

Der Milliardenmann

„John, Du mußt ruhiger werden", ermahnt ihn ein Lehrer. Doch John interessiert sich nicht für die Ermahnungen seines Lehrers. John lacht nur. Als John D. Rockefeller seine erste Milliarde verdient, korrigiert sein Lehrer immer noch die Schulhefte.

Paavo, die Schnecke

„Paavo die Schnecke", so rufen seine Mitschüler dem dicken Paavo hinterher. Er kann sich gegen seine Mitschüler kaum wehren. Jeden Tag wird er aufs Neue verspottet. Paavo weint und ist traurig. Doch dann trainiert Paavo, Tag für Tag, Monat für Monat, Jahr für Jahr. Bei den olympischen Sommerspielen in Paris ist es endlich soweit. Paavo Nurmi gewinnt fünf Goldmedaillen. Die Medien und seine Fans nennen ihn nur noch „Wunderläufer". Seine ehemaligen Mitschüler, die ihn über Jahre verspotteten, sitzen zu Hause vor dem Fernseher und schämen sich.

Die wichtigste Gleichung Einsteins

Konzentration und Ausdauer finden sich manchmal auch in ganz menschlichen Angelegenheiten. So auch bei Albert Einstein. Seine wichtigste Gleichung stellt er sieben Jahre vor seiner weltberühmten Relativitätstheorie auf: 38 Liebesbriefe + 32 Rosensträuße + 24 Schachteln Konfekt + 18 Gedichte + 2 Geigenständchen = 1 Rendezvous mit Mileva. Einsteins Welt verändert sich mit dieser Gleichung erheblich: Mileva gibt ihm endlich das langersehnte Ja-Wort.

Der Phantast

Viele halten ihn für einen Hochstapler und Betrüger. Nur wenige nehmen ihn richtig ernst. Er kämpft gegen Vorurteile, Sturheit und Unwissenheit. Dreizehn Jahre lang träumt und redet er von seinem großen Vorhaben. Er hört selbst dann nicht auf, als er mit seinem Glauben fast allein steht. Sie kennen den Mann, der dreizehn Jahre lang davon träumte, den Seeweg nach Indien zu entdecken. Als er endlich, endlich eine Chance bekommt, nutzt er sie. Und das Schönste ist: Kolumbus segelt weiter, als er es jemals in seinen Träumen gehofft hat. Der Wind und die Kraft seines Willens, seine Ausdauer und seine Konzentration auf ein Ziel tragen ihn bis nach Amerika.

Der Unbeirrbare

Haben Sie schon einmal den Namen „Herbert Kelleher" gehört? Nein! Dann den Namen „Southwest Airlines"? Ja! Die Geschichte dazu ist folgende: Herbert Kelleher versuchte eines Tages, eine Luftfahrtgesellschaft zu gründen. Das Problem: Die etablierten Luftfahrtgesellschaften hielten mit aller Macht dagegen. Kelleher wurde in immer wieder neue Prozesse hineingezogen, sein ganzes Geld ging für Anwalts- und Prozeßkosten drauf. Es schien, als sei sein Ziel, jemals auch nur ein Flugzeug in die Luft zu bringen, zum Scheitern verurteilt. Obwohl Kelleher seine finanziellen Mittel völlig erschöpfte und er mittellos wurde, hielt er an seiner Vision fest – mit Erfolg: Jahre später besaß er eine der lukrativsten Fluggesellschaften der Erde. Der Name: Southwest Airlines.

Der Gewinner

Zu den legendären Reichen gehört Warren Buffett. Sein Vermögen machte er mit Aktien. Schon mit 13 Jahren begann er mit 50 Dollar. Diese 50 Dollar investierte er in zwei Automaten, um diese beim Friseur aufzustellen. Der Grund lag auf der Hand: In dieser Zeit, es war um 1943, war der Friseursalon der Ort, an dem die meisten Menschen zusammentrafen. Nachdem dieses Geschäft prima anlief und Buffett zwischenzeitlich weitere Automaten dazugekauft hatte, erwarb er gemeinsam mit einem Freund einen Rolls Royce. Sie bezahlten 350 Dollar und vermieteten den Wagen zu einem Tagessatz von 35 Dollar. Das Ergebnis konnte sich sehen lassen: Mit rund 6000 gesparten Dollar schloß Buffett mit 16 Jahren die High-School ab. Anschließend besuchte er die Business School.

Mit 25 Jahren gründete er seine erste Firma gemeinsam mit sieben Partnern. Seinen Partnern versprach er eine feste Rendite und eine Gewinnbeteiligung bei weiterem Profit. Mit 35 Jahren hatte Buffett eine höchst erfolgreiche Performance mit seinen Geldanlagen erzielt, seine Firma war bereits 26 Millionen wert. Bis zum Ende der 90er Jahre steigerte Buffett durch sorgfältige Auswahl vielversprechender Investments sein Vermögen auf rund 20 Milliarden US-Dollar.

Der Leidenschaftliche

Die folgende Geschichte ist – wie alle übrigen – nicht frei erfunden. Sie ist jedoch ein Beispiel für alle diejenigen unter Ihnen, die behaupten, es sei zu spät, jetzt noch etwas zu ändern. Es ist eine authentische Geschichte für alle diejenigen, die stets behaupten, sie hätten keine Talente und keine Fähigkeiten. Zur Geschichte:

Im April 1983 dirigierte Gilbert Kaplan Mahlers zweite Symphonie in der Carnegie Hall. Die Aufführung unter Kaplans Leitung wurde von den New Yorker Kritikern als eine der besten gefeiert, die man jemals gehört hatte. Was kaum jemand dieser Kritiker und bis auf seine Freunde keiner der Zuhörer wußte: Kaplan konnte nur diese eine Symphonie dirigieren, und drei Jahre vor dieser Aufführung konnte er überhaupt noch nicht dirigieren. Selbst zum Zeitpunkt seiner von den Kritikern über alle Maßen gelobten Aufführung konnte er keine Orchester-Partitur lesen.

Was war geschehen? Als Kaplan fast vierzig Jahre alt war, beschloß er, für ein Jahr von seinem Hauptberuf Abschied zu nehmen. Kaplan hatte sich gewissermaßen derart in Mahlers zweite Symphonie verliebt, daß es ihn nicht mehr los ließ, dieses Stück zu studieren und zu beherrschen. Ein Jahr lang lernte und lernte er, jede Note, die gesamte Orchester-Notation. Er hatte genug zu tun, immerhin dauert Mahlers zweite Symphonie über 80 Minuten. Freunde und Fachleute rieten Kaplan von seinem Vorhaben ab, er jedoch verwirklichte seinen Plan, sein Ziel. Besessen von seiner Idee gelang es ihm; das Ergebnis war der oben beschriebene Auftritt in der Carnegie Hall.

Einige von Ihnen höre ich nun sagen: „Der hat ja einfach reden. Tolle Beispiele kann ich auch genug erzählen. Aber ich glaube nicht, daß so etwas heute noch möglich ist“. Wenn Sie solche Gedanken schon einmal hatten, dann verrate ich Ihnen ein wichtiges Geheimnis, über das es sich lohnt, einmal in aller Ruhe nachzudenken. Dieses Geheimnis ist einfach und schlicht und leicht umzusetzen:

Ob Du glaubst, daß Du etwas kannst,
Oder glaubst, etwas nicht zu können,
Du hast immer recht!!

Achtung: *So einfach es sich anhört: Sie haben immer recht, ganz gleich, was Sie glauben, zu können oder nicht zu können. Niemand kann Ihnen helfen, außer Sie selbst. Sie müssen einsehen, daß Sie Ihren Weg selbst steuern, niemand sonst!*

Persönliche Voraussetzungen für Erfolg – Können

Ein erfolgreicher Mensch begrüßt freudig jede sich bietende Gelegenheit. Ein Versager beklagt sich über sie. Er hat beschlossen, sie Problem zu nennen, oder fühlt sich in seiner Komfortzone belästigt.

K. Walter (abgewandelt von J. Sig. Paulson)

Viele Menschen haben große Träume, aber nur kleines Können und kleines Wissen. Dabei gibt es nichts, was mehr zählt als exaktes Wissen. Das trifft übrigens mehr denn je auch im vielgelobten Informationszeitalter zu: Information ist nicht gleich Wissen. Was zählt und was wertvoll ist, ist exaktes Wissen, um aus diesem Wissen das persönliche Können zu entwickeln, um anschließend auf dieser Basis Träume zu verwirklichen. In Bezug auf das Verhältnis von exaktem Wissen und Können zu Träumen gibt es zwei unterschiedliche Typen, auf die mich der unternehmerisch sehr erfolgreiche Vater eines

Freundes vor einiger Zeit hinwies. Die einen verfügen kaum über Wissen und Können, alles, was damit zu tun hat, ist zu schwierig und zu anstrengend. Diese Menschen sind jedoch häufig Meister im Träumen und Phantasieren. Jedoch gilt: Träume und Phantasien ohne exaktes Wissen und Können bringen Sie nicht weiter.

Falsch

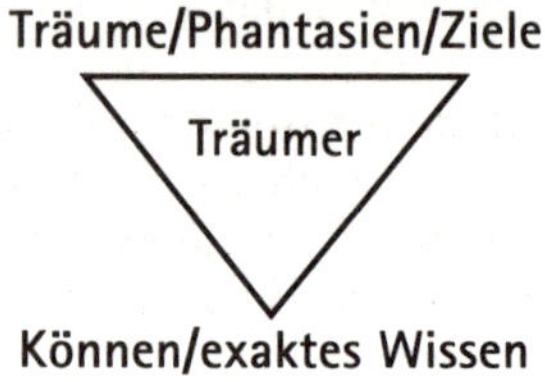

Richtig

Achtung: *Erfolgreiche Menschen kombinieren enormen Fleiß mit enormer Sachkenntnis. Erfolgreiche Menschen beherrschen ihre Domäne vollständig, also den Tätigkeitsbereich, der ihnen am meisten liegt. Kopieren Sie diese Erfolgsstrategie: Steigern Sie Ihr Können und Ihr exaktes Wissen zu enormer Sachkenntnis und konzentrieren Sie sich dann mit all diesem Können, Wissen und Ihrer Sachkenntnis auf ein Ziel.*

Verantwortung übernehmen

Wer sagt „Ich kann nicht“, der will nicht.

Alle bekannten Geldtrainer schreiben in ihren Büchern zu Recht davon, daß es als Voraussetzung für Reichtum wichtig für sie ist, Verantwortung zu übernehmen. Man erzählt, daß Warren Buffett, der legendäre milliardenschwere amerikanische Investor, ein eigenes Buch für seine Mißerfolge und Fehler führt. In dieses Buch schreibt er alle seine Mißerfolge und Fehler auf und schiebt sie niemals anderen in die Schuhe. Warren Buffett übernimmt Verantwortung. Das Interessante ist, daß Sie und ich nur selten folgenden Satz oder ähnliche Sätze ausgesprochen haben:

„Ich habe 100 000 DM an der Börse verdient, weil mein Berater so gut ist, er den richtigen Riecher beim Kauf und Verkauf hatte, er mich zum genau richtigen Zeitpunkt anrief und zudem zum richtigen Zeitpunkt zweimal nachgekauft hat. Meinem Berater sei Dank.“

Wir alle kennen jedoch zur Genüge Sätze wie:

„Ich habe 100 000 DM an der Börse verloren, weil mein Anlageberater zum falschen Zeitpunkt zum Ausstieg geraten hat, er mich nicht rechtzeitig anrief und er außerdem noch zweimal zu teuer nachkaufte.“

Diese beiden Beispiele zeigen eines der häufigsten, menschlichen Phänomene: Wir alle haben nur geringste Schwierigkeiten damit, uns für Situationen, Geschehnisse und Dinge verantwortlich zu erklären, wenn es gut geht. Hierin sind wir Meister. Ist uns etwas geglückt, etwas Besonderes gelungen, dann kennen wir wie selbstverständlich nur einen einzigen Verantwortlichen: uns selbst. Schlagartig werden jedoch vom verantwortungsvollen und erfolgreichen Täter zum ach so erbärmlichen und armseligen Opfer, sobald irgendeine Sache schief geht. Dann finden wir wie aus dem Nichts unzählige Gründe, zu erklären, wieso wir in diesem Fall wirklich keine Verantwortung für die eingetretenen Umstände tragen.

Hierzu gibt es einige lustige Anekdoten aus dem Finanzbereich, die ich gern in meinen Seminaren verwende und die stets erheblich zur allgemeinen Belustigung beitragen. In allen diesen folgenden Zitaten geht es auf fast humorvolle Weise darum, was wir uns alles einfallen lassen, wenn wir die Verantwortung für einzelne Geschehnisse wegschieben wollen. Es handelt sich um Unfallprotokolle von

Versicherungsnehmern. In allen Beispielen waren es eigenartigerweise nie die Fahrer, die verantwortlich waren. Manchmal war es das Auto. Oder es war ein unachtsamer Fußgänger. Niemals war es aber der Fahrer:

„Mein Auto fuhr geradeaus, was in einer Kurve gemeinhin zum Verlassen der Straße führt."

„Ein Fußgänger kam plötzlich vom Bürgersteig und verschwand dann wortlos unter meinem Wagen."

„Ein unsichtbares Fahrzeug kam aus dem Nichts, stieß mit mir zusammen und verschwand dann spurlos."

„Beim Heimkommen fuhr ich versehentlich in eine falsche Grundstücksauffahrt und rammte einen Baum, der bei mir dort nicht stand."

Soweit einige amüsante Anekdoten, was sich Menschen alles so einfallen lassen, um keine Verantwortung übernehmen zu müssen. In diesem Zusammenhang möchte ich mit Ihnen noch ein interessantes Wortspiel zu „Ver**ANTWORT**ung" spielen. Richtig, es geht darum, daß Sie Antworten geben können. Antworten geben zu können bedeutet in der Regel, im Bild zu sein, zu wissen, um was es geht:

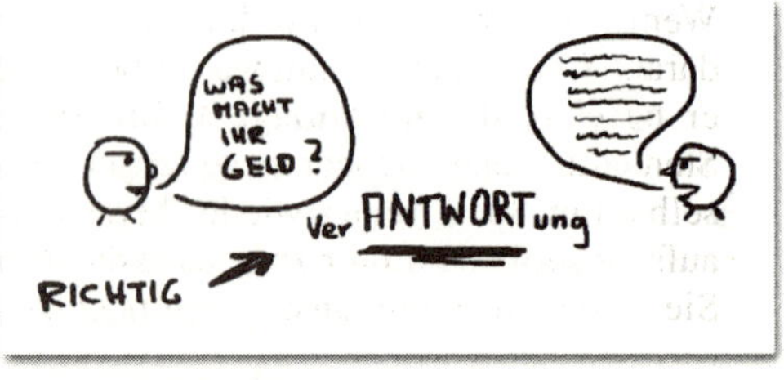

***Achtung:** Übernehmen Sie die Verantwortung, stehen Sie zu allen Fehlern und Mißerfolgen. Verstehen Sie Ver-**ANTWORT**ung als Ihre jeden Tag zu verbessernde Fähigkeit, konkrete Antworten zu geben, Stellung beziehen zu können statt ahnungslos mit den Schultern zu zucken. Indem Sie beginnen, ab sofort für Ihr Leben die Verantwortung zu übernehmen, Antworten zu geben, haben Sie auch die Macht, alles zu ändern.*

Um reich zu werden, müssen Sie Ihre Komfortzone verlassen – und zwar schnellstmöglich!

Gut die Hälfte all unserer Sorgenlast rührt von der eigenen Dummheit und Faulheit her. Wir unternehmen nichts dagegen. Ich weiß, daß das hart klingt, und trotzdem sind die Menschen so.

W. A. Hofmann

Von Jil Sander erzählt man, sie habe einen Standard an Leistungsbereitschaft und Einsatzbereitschaft definiert, den nur noch sie selbst überbieten kann. Zu Recht beschreibt sie folgenden Effekt in dem Buch „Die Magie der Erfolgreichen“: „Wir alle haben irgendwann einmal mit Hanteln gearbeitet, um zum Beispiel unseren Bizeps zu trainieren. Die größte Wirkung erzielte beim Training jeweils die letzte Wiederholung. Die letzte Wiederholung, von der Sie glauben, Sie würden sie nicht schaffen, diese letzte Wiederholung bringt den größten Trainingseffekt.“ Und dann kommt das Wesentliche von Jil Sanders Erkenntnissen: „Viele Menschen hören jedoch nicht nur beim Sport, sondern auch im Beruf, im Kundenkontakt, beim entscheidenden Verkauf vor dieser Grenze auf und ziehen sich in ihre Komfortzone zurück“.

Wenn Sie selbst zu sehr in Ihrer Komfortzone ausharren, denken Sie daran: Wer immer nur tut, was er bereits kann, bleibt immer das, was er bereits ist. Die einzige Lehre für Sie ist: Erhöhen Sie Ihre Standards, seien Sie jeden Tag besser als gestern und fordern Sie sich selbst mit Spaß immer wieder heraus. Verlassen Sie immer wieder aufs Neue Ihre Komfortzone, also die Zone, in der Sie Dinge tun, die Sie weder so richtig anstrengen noch so richtig fordern. Setzen Sie sich Ziele, die Sie mit großer Anstrengung erreichen können. In diesem Zusammenhang ist es manchmal auch ganz gut, über die eigene Faulheit nachzudenken. Vermeiden Sie jegliche Form der Faulheit. Faulheit und der Wunsch nach Reichtum lassen sich nur selten vereinbaren oder erst dann, wenn Sie es geschafft haben. Was ist aber nun Faulheit? Hier gibt es die schönsten Definitionen, die einen ziehen über die anderen her. Da gibt es Menschen, die selbst kaum etwas anderes tun, als mit sturer Regelmäßigkeit ihrem Beruf nachzugehen, die jedoch über andere Menschen urteilen, diese seien faul. Sokrates definierte Faulheit auf wunderbare Weise:

Ich nenne den Menschen faul,
der Besseres leisten könnte.

Diese Definition ist goldrichtig: Wenn Sie es sich leisten können, auf einem schönen Schiff zu leben, sich eine ganze Schiffsmannschaft zu leisten und ansonsten nur wenig tun, dann sind Sie eben nicht faul, wenn Sie nichts Besseres mehr leisten können. Faul dagegen sind Sie – entschuldigen Sie bitte diese offene Meinung –, wenn Sie Freitag mittag nach Hause kommen, die Tage bis Montag morgen völlig nutzlos verstreichen lassen, um sich dann eines Tages darüber zu beschweren, wie schwer und ungerecht das Leben doch ist/war und von welchen Erfolgen Sie zwar immer geträumt, sie jedoch nie umgesetzt haben.

Kennen Sie in diesem Zusammenhang das Lottoratorium? Viele Menschen verfügen über ein solches Lottoratorium. Es ist das heimische Wohnzimmer, und jeden Samstag, je nach Teilnahme an mehreren Lottoveranstaltungen mehrmals in der Woche, verwandelt sich genau dieses heimische Wohnzimmer bei vielen Menschen zum Lottoratorium. Tag für Tag der großen Auslosungen wird gefiebert, gehofft und geflucht. Das ist (leider in vielen Fällen) fast alles, was viele Menschen auf ihrem Weg zum finanziellen und persönlichen Reichtum beitragen. Mit ein bißchen Glück, es steht ja nur X-Millionen zu eins, kommt der große Gewinn, und mit noch ein bißchen mehr Glück müssen Sie diesen Gewinn dann nicht mit 100 anderen Gewinnern teilen (dann war's das nämlich mit den Millionen, es sind dann nur Milliönchen in Form einiger zehntausend DM). Mit ein bißchen weniger Glück, was im Lottoratorium die Regel ist, warten

Sie jedoch vergeblich Jahr um Jahr, Jahrzehnt um Jahrzehnt, daß von außen der Reichtum kommt, den Sie selbst nicht bewirken wollen, obwohl Sie es könnten. Und wie beruhigend ist es dann für uns alle, hin und wieder in der bekannten, bunten Tageszeitung mit dem blutroten Schriftzug zu lesen: „65jähriger Witwer freut sich über Millionengewinn“ oder: „80jährige gewinnt den Jackpott, acht Enkelkinder freuen sich“.

Bitte verstehen Sie mich nicht falsch. Es liegt mir fern, jemanden zu beleidigen. Viele dieser Gewinner sind zu Recht stolz, etwas vermachen zu dürfen, ihren Kindern oder Enkelkindern etwas Gutes tun zu können. Und viele dieser Menschen messen Reichtum keine Bedeutung bei, sind glücklich und hatten ein glückliches Leben, ohne jemals Reichtümer gehortet zu haben. Darum geht es nicht.

Aber: Hands aufs Herz. Stellen Sie sich so Ihren persönlichen Weg zu finanziellem und persönlichem Reichtum vor? Ein Leben lang auf einen Zufallstreffer mit einer Chance X-Millionen zu eins warten, Samstag für Samstag fiebern, um dann immer wieder auf der Wohnzimmercouch ins Nichts zurückzusinken? Fazit: Das Leben hält für Sie ganz andere Chancen für persönlichen und finanziellen Reichtum bereit. Achten Sie darauf, daß Sie nicht plötzlich Jahre gewartet haben, währenddessen Sie jeden Tag dieser Jahre Ihr Glück aufs Spiel gesetzt haben.

Achtung: *Nutzen Sie den Tag und denken Sie immer wieder an den in diesem Buch mehrfach wiederholten Satz: Heute ist der erste Tag vom Rest Ihres Lebens. Verlassen Sie das Lottoratorium, verlassen Sie jegliche Komfortzone. Machen Sie sich besser an die Arbeit! Und denken Sie daran: Wer immer nur tut, was er schon kann, bleibt immer, was er schon ist.*

Gewinnerfaktoren

Betrachten Sie einmal die erfolgreichen Menschen in Ihrer Umgebung. Wer verdient viel Geld? Wer verdient eher wenig Geld? Menschen, die viel Geld verdienen, bringen meist die folgenden

Gewinnerfaktoren mit. Ein Teil dieser Gewinnerfaktoren ist Ihnen nun schon bekannt, ein Teil ist neu.

1. Sie haben ein Ziel.
2. Sie sind die Ersten.
3. Sie sind anders, das bedeutet: Sie sind eine Marke.
4. Sie besetzen ganz klar Positionen in der Wahrnehmung Ihrer Kunden.
5. Sie halten Druck aus.
6. Sie vermeiden die Wohnzimmercouch-Mentalität.
7. Sie haben eine hervorragende Beobachtungsgabe und gute Zuhörereigenschaft.

Ziele setzen

Von Seneca stammt der Satz: „Wer nicht weiß, welchen Hafen er ansteuert, für den ist kein Wind der richtige". Bei solchen und ähnlichen weisen Sätzen lächeln die meisten Leser, nicken freudig und stimmen solch klugen Sätzen selbstverständlich zu. Geht es jedoch darum, daß sie selbst Ziele setzen, schweigen sie.

Ich möchte Sie heute wachrütteln und Ihnen ehrlich sagen, daß jede Schule, jede Ausbildung für Sie zwecklos ist, wenn Sie nicht ein Ziel, einen Traum, eine Vision verfolgen. Füllen Sie die folgenden leeren Zeilen:

Meine Ziele für die nächsten 12 Monate:

1. ______________________________

2. ______________________________

3. ______________________________

4. ______________________________

5. ______________________________

Sie sind die Ersten

Wahre Gewinner schaffen sich einen neuen Markt, schaffen sich eigene Märkte, eine gewisse Art Alleinstellung. Vor einiger Zeit traf ich einen sehr erfolgreichen amerikanischen Geschäftsmann und mehrfachen Milliardär. Er ist der Vater eines ehemaligen Kommilitonen. Ich bat ihn, mir das Geheimnis seines Erfolges mit einem Satz zu verraten. Darauf lächelte er, überlegte nur wenige Sekunden und sagte:

Um Kaviar zu essen, mußt Du Heringe verkaufen.

H. Hoenig in „Der große Bellheim"

Ein einziger Satz, der Grundlage für sein Milliardenvermögen geworden war. Heringe verkaufen statt Kaviar zu essen und nach Möglichkeit einer der Ersten sein.

Sie sind anders

Viele Menschen denken daran, daß mit einer guten Idee gleichzeitig das Rad neu erfunden werden muß. Ich möchte Ihnen ein wichtiges Geheimnis verraten: Ihre Dienstleistung, Ihr Produkt muß nicht besser sein, es muß anders sein.

Auch hier möchte ich noch einmal auf Bodo Schäfer zurückkommen. Sein Produkt, seine Dienstleistung war lediglich auf eine in gewisser Hinsicht excellente Weise anders, jedoch keineswegs neu. Dutzende anderer Bücher trugen vorher Titel wie „Spar Dich reich" und anderes mehr.

Bodo Schäfer schuf nichts Neues, sondern er nahm aus allen ihm bekannten Büchern das gleiche Thema anders auf und bearbeitete es so, wie es noch nie jemand bearbeitet hatte. Genau so erzählte er es seinen Seminarteilnehmern. In zahlreichen Finanzbüchern übertrumpfen sich die Autoren damit, mit Fachausdrücken Verständliches unverständlich zu machen. Bodo Schäfer gelang es, anders zu sein, das Thema Geld faszinierend und verständlich zugleich zu beschreiben. Er landete damit einen Bestseller!

Sie besetzen ganz klar Positionen in der Wahrnehmung Ihrer Kunden

Sie müssen sich immer wieder fragen, wie bekannt anderen Menschen ist, daß Sie (in einem bestimmten Fach) gut sind. Sie müssen Positionen in der Wahrnehmung Ihrer Kunden besetzen. Ihr Name muß für etwas stehen. Für besondere Zuverlässigkeit, Genauigkeit, Arbeitsqualität, Arbeitsquantität (vgl. die 3K-Erfolgsformel).

Sie halten Druck aus

„Ausruhen ist für Verlierer", so steht es in dem phantastischen Taschenbuch von Al Ries und Jack Trout, „Marketing fängt beim Kunden an." Gewinner halten Druck aus. Sie bleiben am Ball. Sie kämpfen sich ständig gegen den Strom langsam, aber sicher, an die Quelle(n) heran. Sie kämpfen dabei gegen den Druck des Wassers, übertragen: den Druck der Vorgesetzten, den Druck der Mitarbeiter. Gewinner halten Druck aus, geben nie auf, sondern scheitern höchstens.

Sie vermeiden die Wohnzimmercouch-Mentalität

Das ist die Mentalität derjenigen, die jeden Abend von neuem vom Wohnzimmer aus, vor dem Fernseher sitzend, ihre Karriere planen. Doch statt etwas zu tun, zieht das Leben Tag für Tag vorbei. Ich möchte mit Ihnen ein Spiel spielen.

Sie haben eine hervorragende Beobachtungsgabe und gute Zuhörereigenschaft

Eine Frage: Wann lernen Sie in einem Gespräch am meisten?

- Sie reden die ganze Zeit über sich und Ihre Situation, Ihre Fehler, Erfolge und Mißerfolge sowie Ihre geschäftlichen Geheimnisse.
- Ihr Gesprächspartner redet die ganze Zeit über sich und seine Situation, seine Fehler, Erfolge und Mißerfolge sowie seine geschäftlichen Geheimnisse. Sie hören nur aufmerksam und auffordernd zu.

Die zweite Vorgehensweise ist die bessere. So erfahren Sie ständig Neues, sammeln ständig neue Eindrücke.

Das Lebenslineal-Spiel

7	14	21	28	35	42	49	56	63	70	77	84	91

Lebenslineal, © Bernd W. Klöckner, 1999

Manch einer von Ihnen erinnert sich an die Zeit bei der Bundeswehr. Entweder waren Sie selbst dabei oder ein Freund von Ihnen. Viele werden sich an das Metermaß erinnern, an dem mit Begeisterung jeden Tag ein Zentimeter abgeschnitten wurde, um die letzten Tage schneller kürzer werden zu lassen.

Betrachten Sie nun einmal das oben dargestellte, von mir entworfene Lebenslineal. Ich habe eine Lebensspanne von 91 Jahren in 13 Felder, in dreizehn Lebensabschnitte eingeteilt. Die Frage an Sie lautet nun : Wieviele Felder Ihres ganz persönlichen Lebenslineals liegen bereits hinter Ihnen? Was haben Sie aus diesen Feldern gemacht? Die ersten drei Lebensfelder bis 21 Jahre dienen gewiß der Entwicklung. Das ist die Zeit des Wachsens und des Reifens. Dann jedoch sind Sie reif für Ihre persönliche Entwicklung. Also: Was haben Sie in den Lebensphasen danach gemacht? Betrachten Sie dieses Lebenslineal ohne Furcht, jedoch hellwach. Die Ihnen in diesem Leben geschenkte Spanne ist begrenzt. Ganz rechts irgendwo ist das Ende. Stellen Sie sich einmal vor, Sie sind alt geworden. Sie schauen auf Ihr persönliches Lebenslineal zurück und stellen fest, daß Sie viele Lebensphasen haben ungenutzt verstreichen lassen. Keine dieser vergangenen Zeiten wird jemals zurückkehren. Für alles Geld dieser Welt werden Sie keine zweite Chance erhalten. Manchmal hilft es, sich das eigene Lebenslineal persönlich einzufärben. Also beispielsweise so:

7	14	21	28	35	42	49	56	63	70	77	84	91

Lebenslineal, © Bernd W. Klöckner, 1999

Oder vielleicht so:

7	14	21	28	35	42	49	56	63	70	77	84	91

Lebenslineal, © Bernd W. Klöckner, 1999

Das Lebenslineal zeigt Ihnen so deutlich wie keine andere Darstellung, Ihre Chancen und Ihre Vergangenheit. Sie sind beispielsweise 49 Jahre und denken, Sie könnten nichts mehr ändern. Schauen Sie auf das Lebenslineal. Vor Ihnen liegen bei guter Gesundheit noch sechs ganze Lebensphasen mit jeweils sieben Jahren. Und Sie meinen ernsthaft, Sie könnten nichts mehr ändern?

Oder aber Sie sind 35 Jahre jung. Bis heute war Ihr Leben – so zumindest denken Sie – nicht besonders berauschend. Sie sind verheiratet, haben zwei Kinder und ein Häuschen. Von 8:00 bis 17:00 Uhr gehen Sie arbeiten, Freitag abends mit Freunden in die Stadt und sonntags zum Fußball. Vielleicht sind Sie glücklich, vielleicht aber auch nicht. Betrachten Sie genau Ihr Lebenslineal, schauen Sie ganz genau hin: Sie haben alle Chancen dieser Welt. Seit Abschluß Ihrer Lern- und Ausbildungsphase sind gerade zwei Lebensphasen vergangen. Vor Ihnen liegen acht künftige Lebensphasen. Anders ausgedrückt: Noch 4/5 Ihrer aktiven Gestaltungszeit liegen vor Ihnen. Wenn Sie nun wirklich unglücklich sind, dann gilt der folgende Ratschlag von Richard Bandler: Wenn Sie etwas tun und es funktioniert nicht, dann tun Sie doch einfach etwas anderes. Und denken Sie stets daran:

Heute ist der erste Tag vom Rest Ihres Lebens!

Jetzt wissen Sie, warum ich so sehr gegen die Wohnzimmercouch-Mentalität kämpfe. Lassen Sie nicht zu, daß einfachste Serien, Daily Soaps, Traumhochzeiten und stundenlange 08/15-Krimis Ihr Leben bestimmen. Es gibt nichts dagegen einzuwenden, und letztlich ist jeder seines eigenen Glückes Schmied. Aber leben Sie nicht die Traumhochzeit der anderen, wenn Ihr eigenes Leben so vor sich hindümpelt und nicht mehr das geringste mit Träumen zu tun hat. Fragen Sie sich jeden Tag, ob Sie Ihre Chancen wahrgenommen haben, die sich Ihnen an jedem Tag wieder neu bieten.

Durchschnittlich, so heißt es, schauen die Deutschen am Tag rund zwei Stunden fern. Andere Studien sprechen von über drei Stunden täglich. In Amerika liegt diese Zahl weitaus höher. Lassen Sie uns einmal gemeinsam rechnen unter der Annahme, daß es zwei Stunden täglich sind:

2 mal 7 Tage/Woche	=	14 Stunden
mal 52 Wochen im Jahr	=	728 Stunden
mal 7 Jahre/Lebensphase	=	5096 Stunden

Teilen Sie diese Zahl durch 16 Stunden aktive Wachzeit am Tag, so ergeben sich

318 Tage pro Lebensphase von jeweils sieben Jahren

verschenkter Lebensenergie und Lebenszeit. 318 Tage in sieben Jahren. An denen Sie für sich selbst an Ihrem persönlichen Fortkommen arbeiten könnten. Sie glauben das nicht? Dann biete ich Ihnen eine Wette an. Lassen Sie uns sieben Jahre später wieder treffen und erlauben Sie mir 10 Fragen zu den Fernsehprogrammen und Filmen, die Sie bis dahin in den sieben Jahren gesehen haben werden. Wie groß ist die Wahrscheinlichkeit, daß Sie mehr als die Hälfte dieser Fragen beantworten können? Was könnte man statt dessen mit 318 Tagen pro Lebensphase von sieben Jahren machen:

- eine Zusatzausbildung?
- ein Buch schreiben?
- beruflich weiterkommen?
- usw.

Ein letztes Mal zurück zu meinem Lebenslineal. In diesem vor Ihnen liegenden Lebensbuch gibt es auch das Prinzip „Tue es“. Tun Sie alles am besten jetzt sofort. Gehören Sie zu der zögerlichen Sorte Mensch, die immer denken „Nächstes Jahr ist auch noch genug Zeit“, dann möchte ich Ihnen eine harte, aber sehr herzlich gemeinte Hilfe geben.

Kaufen Sie sich einfach ein Metermaß, wie man es zum Schneidern verwendet. Schneiden Sie das Metermaß dort ab, wo Ihre Jahre eines Tages bei einer eigenen positiven Einschätzung enden werden. Meinen Sie, Sie werden 90 Jahre, schneiden Sie das Metermaß bei 90 ab. Geben Sie sich nur 70 Jahre, dann schneiden Sie eben bei 70. Jetzt liegt dieses Band vor Ihnen von 1 bis 90 oder 1 bis 70. Betrachten Sie es gut – ein letztes Mal. Dann nehmen Sie erneut die Schere und schneiden vom Anfang weg die Zahl Ihrer Lebensjahre. Zum Schluß halten Sie in der einen Hand genau das Stückchen Zeit, was Ihnen für Ihr Leben bleibt. In der anderen Hand halten Sie das Stückchen Lebenszeit, was unwiderruflich hinter Ihnen liegt. Diese Methode ist hart, aber sehr herzlich und unterstützend gemeint. Versprochen.

Achtung: *Spätestens dann, wenn Sie zum Schluß aufgrund des nur noch kurzen Metermaßes erschrecken, ist es höchste Zeit zu handeln. Es gilt in jedem Fall: Heute ist der erste Tag vom Rest Ihres Lebens.*

Sie wollen reich sein – was haben Sie eigentlich dafür getan?

Leiste mehr als das, wofür Du bezahlt wirst, und Du wirst bald mehr zurückbezahlt bekommen, als Du leistest. Dafür sorgt das Gesetz vom „zunehmenden Gewinn".

Napoleon Hill

Diese Frage löst bei den meisten Menschen Kopfschütteln aus. So haben Sie das womöglich noch nie gesehen. Sie wollten doch nur reich sein, aber was dafür tun, davon war keine Rede. Haben Sie sich schon einmal gefragt, ob Sie es überhaupt verdienen, reich zu sein? Wie kommen Sie darauf, daß Ihnen Millionen zustehen? Verdienen kommt von dienen. Oder: Sie können nicht etwas für nichts erhalten. Säen Sie, bevor Sie die Hände aufhalten und ernten wollen. Das wiederum bedeutet: Wie haben Sie persönlich wem gedient, um reich zu werden? Was haben Sie im letzten Jahr, was in den Jahren zuvor dazugelernt, welche Fähigkeiten haben Sie entwickelt, um wirklich reich zu sein? Was haben Sie – außer mit Freunden darüber zu diskutieren, daß alles immer schlechter wird – dafür getan, daß es Ihnen besser geht? Zwei Fragen an dieser Stelle:

1. Was haben Sie im letzten Jahr getan, um besser zu werden?
2. Haben Sie im letzten Jahr von sich aus was getan oder haben Sie nur gewartet, bis Ihnen gesagt wurde, was zu tun ist?

Achtung: *Siegertypen und alle Menschen, die reich sind oder reich wurden, haben langsam und bedächtig an ihrer Karriere gearbeitet. Sie haben bestimmte Leistungen immer wieder wiederholt und sich ständig verbessert, ihre Leistungen ge-*

steigert. Siegertypen sind erfolgreich, weil sie die Voraussetzungen schaffen, auf die Reichtum erfolgt. Reichtum entsteht nicht plötzlich, sondern ist die Folge einer klaren Zielorientierung, eines klaren und disziplinierten Handelns.

Persönlicher Freiraum als wichtigste Voraussetzung für Erfolg und Reichtum

Wenn Sie sich ernsthaft damit beschäftigen, erfolgreich(er), glücklich(er) und reich(er) zu werden, bedeutet das, daß Sie lernen müssen, NEIN zu sagen:

Um Ihre persönlichen Ziele zu erreichen, müssen Sie hin und wieder ein deutliches, klares Nein sagen. Nicht zu Unrecht heißt es: Ein klares Ja oder Nein erfordert das meiste Nachdenken. Nein zu sagen bedeutet, auch einmal von Bekanntem oder Bekannten Abstand zu nehmen, die nicht Ihre Wellenlänge sind. Nein zu sagen zu Menschen, die Ihre Pläne und Träume nicht verstehen wollen. Damit meine ich nicht, Nein zu Menschen zu sagen, die Sie nicht verstehen können. Es geht lediglich um das Nein zu den destruktiven, neidischen Menschen, die nichts Besseres zu tun haben, als Ihre Träume möglichst schnell zu zerstören. Nein zu sagen bedeutet jedoch auch, zu bestimmten Aufgaben oder Tätigkeiten Nein zu sagen. Nein, das bedeutet in allen Fällen kein zögerliches, leise ausgesprochenes Nein, das kaum einer hört – mit dem Ergebnis, daß Sie kurze Zeit später doch wieder tun, was Sie nicht tun wollten. Sprechen Sie künftig ein Nein klar und deutlich aus.

***Achtung:** Um das tun zu können, was Sie tun müssen, um reich zu werden, müssen Sie lernen, Nein zu sagen. Nur dann entledigen Sie sich der Dinge, die Sie nicht weiterbringen, und schaffen Freiraum und Platz für das, was Sie sich wünschen und was Sie tun wollen.*

Wirklich reiche Menschen lieben Konkurrenz und kennen keinen Neid

Dieses Kapitel liegt mir besonders am Herzen. Immer wieder begegnen Sie reichen Menschen, die keine Konkurrenz zulassen wollen. Darunter sind auch zahlreiche Menschen, die selbst als Trainer anderen Menschen vermeintlich Erfolgsgeheimnisse vermitteln wollen. Diese Menschen, gleich was sie verdienen und wie reich sie sind, sind im Grunde genommen in ihrem Herzen armselige Menschen. Wir leben in einer Welt voller Wachstum und ständig neuen Chancen. Um etwas Geschaffenes zu streiten ist also ebenso unsinnig wie anderen Menschen etwas wegzunehmen, um selbst vermeintlich mehr zu haben.

Wenn Sie wirklich reich werden wollen, dann erschaffen Sie Neues. Reiche Menschen, die konkurrierend denken, sind in Wahrheit arme Menschen. Denn nur ein Mensch, der von einem begrenzten Vorrat ausgeht, wird sich vor Konkurrenz fürchten. Dabei sind die Vorräte, aus denen Reichtum entstehen kann, auf dieser Erde nicht begrenzt. Sie persönlich sind auf einem guten Weg zum Reichtum, wenn Sie niemals ängstlich sind, etwas nicht zu erreichen, nur weil ein anderer, ein Konkurrent Ihnen zuvorgekommen ist.

Geben Sie, wenn Sie reich und reicher werden, Ihr Wissen ohne Wenn oder Aber weiter. Lassen Sie andere Menschen an Ihrem Wissen teilhaben, statt, wenn Sie selbst hoch gestiegen sind, hinter sich alle Erfolgsstufen zu vernichten, damit niemand Sie überholen kann. Das übrigens ist einer der Gründe, weshalb Sie als Seminarteilnehmer in meinen Tagesseminaren alles von mir erfahren. Was hätten Sie davon, wenn ich Ihnen in meinen Trainings nur die Hälfte meines Wissens verrate in der Angst, mein Wissen könnte zu Ende sein oder Sie könnten schließlich mein Konkurrent werden. Ich möchte mich selbst nicht als reichen Menschen rühmen, aber in vielen Jahren der Trainingspraxis habe ich immer wieder festgestellt: Wirklich reiche Menschen zeigen offen und ohne Geheimniskrämerei Tausenden anderen den richtigen Weg.

Achtung: *Gönnen Sie anderen Menschen den Erfolg, freuen Sie sich mit ihnen. Es wäre fatal zu glauben, Sie hätten mehr Erfolg, wenn Sie Ihre Energie darauf richten, neidisch Konkurrenten zu bekämpfen. Ob Sie Erfolg haben oder nicht, liegt ausschließlich an Ihrer persönlichen, guten Leistung.*

Die „Wenn-Falle" auf dem Weg zum Reichtum

Der Gewohnheitsaufschieber ist immer ein Meister im Erfinden von Entschuldigungen.
Napoleon Hill

Eine weitere Falle auf dem Weg zum Reichtum möchte ich Ihnen hiermit beschreiben. Es ist die Wenn-Falle. Sie alle kennen diese Falle aus eigener Erfahrung oder aus Gesprächen mit anderen Menschen. Einige dieser Fallen haben wir bereits angesprochen. Beispiele für die Wenn-Falle sind:

„... ich mit meinem Chef gesprochen habe, dann..."
„... ich endlich mehr verdiene, werde ich..."
„... ich nur bessere Kollegen hätte, würde..."
„... mein Vorgesetzter in Ruhestand geht, dann..."
„... ich mein Auto abbezahlt habe, ..."

Alle diese Gedanken sind Gedanken an zukünftige Ereignisse und blocken Sie und Ihren Erfolg im Hier und Jetzt. Es ist wie mit dem bereits beschriebenen Satz, Sie können sich in der Vergangenheit nicht überholen. So geht es eben auch mit den Zukunftsgedanken und -wünschen.

Achtung: *Mit dieser „Wenn-Einstellung" machen Sie sich unglücklich. Sie verbauen sich mit dieser Einstellung selbst den Weg zu Reichtum und Glück. Achten Sie auf diese Wenn-Falle und vermeiden Sie sie so oft wie möglich. Das einzige Wenn hat Gültigkeit in dem Satz: Wenn es einen Weg gibt, etwas besser zu machen, finde ihn!*

Was der richtige Umgang mit dem Kontoauszug mit Reichwerden zu tun hat

Wirklicher Reichtum basiert auf einem ganz einfachen Gesetz: Die Einnahmen müssen über den Ausgaben liegen.

Einnahmen > Ausgaben

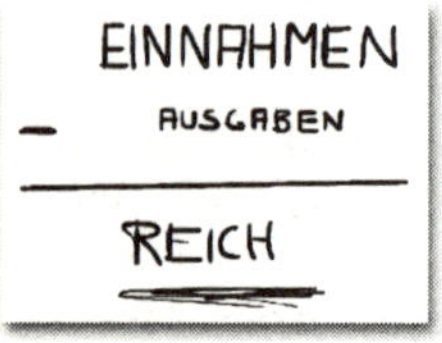

Das bedeutet: Sie müssen Ihre Ausgaben im Griff haben. Ohne Ihre Ausgaben im Griff zu haben, ist es unsinnig, von Reichtum, vom Reichwerden zu träumen oder schlaue Bücher übers Reichwerden zu lesen. Ohne Ihre Ausgaben im Griff zu haben, ist es auch unsinnig, teure Geldseminare in der Hoffnung auf das Zaubermittel zu besuchen. Im Gegenteil: Sie sollten in diesen Fällen besser das Geld für solche Seminare sparen, um dazu beizutragen, daß Sie Ihre Ausgaben im Griff halten. Das Interessante daran ist: 8 von 10 Menschen scheuen sich davor, regelmäßig den Kontoauszug anzuschauen. Der Grund ist einfach: Meist bringt der Blick auf den Kontoauszug Unerfreuliches. Man ärgert sich und beschließt, die Sache einfach so laufen zu lassen und beim nächsten Mal nicht mehr zu schauen. Vom englischen Schriftsteller und Philosophen Aldous Huxley paßt hierzu der Satz „Fakten hören nicht auf zu existieren, wenn man sie absichtlich übersieht".

Wenn Sie sich nun ertappt fühlen, dann bedenken Sie zwei Dinge: Erstens verletzen Sie das wichtige Gesetz, Geld ernst zu nehmen. Zweitens kann in Ihnen keine Freude am Geld wachsen (Voraussetzung für Reichtum), wenn Sie stets mit unangenehmen Zahlen umgehen müssen. Hinzu kommt die am meisten gebrauchte Lüge in diesem Zusammenhang: Die meisten Menschen behaupten, sie wären dann reich, wenn sie mehr verdienen würden. Doch mal Hand aufs Herz: Wie war das mit 15 Jahren und dem ersten Taschengeld? Damals sparten Sie möglicherweise im Verhältnis mehr als heute. Erinnern Sie sich, wie Sie von, sagen wir, einem Zehner zwei Markstücke gespart haben? Immerhin stolze 20 %. Dann kam die Ausbildung oder das Studium. In dieser Zeit war es womöglich schon ein Tausender im Monat, zum Sparen reichte es allerdings kaum noch. Dann der erste, der zweite Job. Heute verdienen Sie einige Tausend im Monat und sparen Null bis wenig.

Achtung: *Mehr verdienen allein reicht nicht, um reich zu werden. Dann wären Sie im Laufe der Jahre, ohne etwas zu tun, reich geworden. Es liegt einzig und allein an Ihrem Umgang mit Ihrem Geld. Sie gewinnen, wenn Sie mehr Geld behalten, als Sie ausgeben, und nicht, wenn Sie mehr verdienen!*

Übrigens: Das mit dem Kontoauszug gilt auch für den Depotauszug. Also für alle diejenigen unter Ihnen, die bereits mit Aktien handeln und daher ein Wertpapierdepot führen. Immer wieder wurde mir bestätigt, daß diejenigen, die regelmäßig ihren Depotauszug kontrollieren, auch wirklich die Kontrolle über ihre Spekulationen und Aktiengeschäfte haben. Diejenigen, die sich nicht mehr um ihre Depotauszüge kümmern, haben oft bereits die Macht weggegeben, belügen sich selbst mit vermeintlichen Gewinnen aus der Vergangenheit, aber schauen nur deswegen nicht auf den Depotauszug, weil sie die momentanen, erheblichen Verluste nicht sehen wollen. Zwar sind es nur Verluste auf dem Papier, aber dennoch ist diese Verhaltensweise ein Zeichen für mangelnde Geldkontrolle.

Achtung: *Chaos kann für einzelne Menschen durchaus produktiv sein. Jede Form von Unordnung mindert jedoch die Lebensqualität, und das merken Sie besonders stark im Umgang mit Geld. Jeder von uns kennt das Bauchweh, das einen begleitet, wenn man Rechnungen nicht bezahlt oder nicht nachweisen kann, daß man Rechnungen bereits bezahlt hat. Jeder kennt das unruhige Gefühl, wenn man aufgefordert wird, zu dokumentieren, daß man etwas bezahlt hat, aber keine Nachweise mehr hat, diese nicht findet oder erst mühevoll über seine Hausbank Kontoauszüge nachfordern muß. Organisieren Sie Ihre Geldunterlagen, und Sie stellen fest, daß Ordnung, insbesondere bei Gelddingen, eine ganz besondere Form von Luxus ist. Gönnen Sie sich diesen besonderen Luxus und erleben Sie, wie Sie so ganz nebenbei damit Ihre Finanzen im Griff halten.*

Die persönliche 3K-Erfolgsbilanz©Bernd W. Klöckner

Im Folgenden geht es um eine einfache Bilanzanalyse. Sozusagen Ihre eigene Privat-Analyse. Ich selbst habe diese Analyse in Anlehnung an einen Beitrag in der bekannten Zeitschrift Harvard Business vor einiger Zeit entwickelt. Seitdem war es mein Ziel zu erfahren, wieso manche Menschen Erfolg haben und manche Menschen nicht. Manche Gurus behaupten, es läge an der richtigen Einstellung. Also beobachtete ich die Menschen mit der richtigen Einstellung und stellte fest, daß sie trotzdem oft zu den Verlierern zählten. Positives Denken allein konnte es also auch nicht sein.

Richtig ist sicher, daß es ohne positives Denken nicht geht, aber nur mit positivem Denken geht es auch nicht vorwärts. Sie können sich das wie folgt vorstellen: Nur mit positivem Denken allein Erfolg haben zu wollen ist so, als stünden Sie neben einem Fahrrad am Straßenrand und vor Ihnen liegt der herrlichste Bergweg in Serpentinen, hoch zu einem Gipfel mit einem kilometerlangen Weitblick.

Möglichkeit A: Sie schließen die Augen und mit positivem Denken stellen Sie sich vor, wie Sie auf dem Fahrrad sitzen, die Serpentinen scheinbar mühelos hinaufradeln und ganz oben den herrlichen Ausblick genießen. Sie öffnen Ihre Augen und stehen noch immer neben dem Rad am Fuße des Berges.

Möglichkeit B: Sie setzen sich aufs Fahrrad, sehen in Gedanken vor sich den herrlichen Ausblick vom noch weit entfernten Gipfel und radeln motiviert, mit einem Bild vor Augen, mit einem Ziel los. Nach zwei Stunden ist es geschafft, Sie stehen schweißnaß und mit zitternden Beinen auf dem Gipfel. Ihre Gedanken haben Sie Meter für Meter vorwärtsgetragen. Sie sind wirklich am Ziel.

Merken Sie den Unterschied? Wieviele Menschen gibt es, die Ihnen mit den optimistischsten Prognosen und Einstellungen von ihren Zielen erzählen, aber nichts tun, um auf dieses Ziel loszugehen? Das Beispiel läßt sich mühelos auf Ihren Wunsch nach glücklichem Reichtum übertragen. Positives Denken ist ein wichtiges Schmiermittel auf dem Weg zu diesem Ziel. Aber neben dem positiven Denken muß es ja noch was anderes geben. Im Laufe der Zeit stieß ich dann auf die im Rahmen meiner 3K-Erfolgsanalyse beschriebenen wichtigen Geheimnisse. Und was mich faszinierte: Alle wirklich erfolgreichen und glücklichen Menschen kannten diese Geheimnisse oder hatten sie in ihrem Leben erfolgreich umgesetzt. Immer und immer wieder machte ich diesen Test, und immer wieder bestätigte sich: Glückliche, reiche Menschen hatten – manchmal ohne es bewußt zu wissen – die drei Geheimnisse berücksichtigt und dannach gelebt.

Die drei Geheimnisse sind nichts weiter als drei Fragen:

Was ***K***annst Du?

Wen ***K***ennst Du?

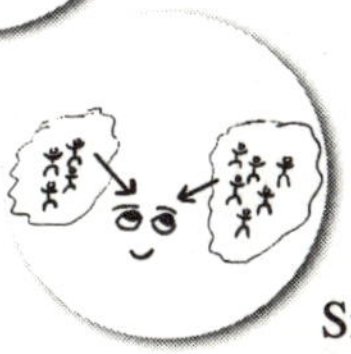

Wie gut bist Du anderen be***K***annt?

Sie werden feststellen, daß diese drei Fragen zum Teil in den vorhergegangenen Kapiteln behandelt wurden. Wichtig ist mir: Für jeden Personalchef, für jeden Arbeitnehmer, für jede Angestellte und jeden Selbständigen sind diese drei Fragen die härteste persönliche Bilanzanalyse, die es gibt. In unsererer seit vielen Jahren aufgebauten Firma werden diejenigen am besten bezahlt, die viel können, viele kennen und die vielen Geschäftspartnern bekannt sind. Regelmäßig finden Mitarbeiterbeurteilungen stillschweigend statt, anhand der genannten drei Fragen.

Was können Sie?

Hier haben wir im Kapitel „Können“ bearbeitet, daß Sie etwas ganz Besonderes oder etwas Normales ganz besonders gut können müssen. Wir haben eben davon gesprochen, daß Sie nicht nur eine positive Einstellung zum Geld haben müssen und ach-so-gerne reich werden würden, sondern daß Sie selbst etwas können müssen.

Wen kennen Sie?

Eine spannende Frage, finde ich. Haben Sie schon einmal darüber nachgedacht, wen Sie eigentlich so alles kennen? Was sind wichtige Menschen in Ihrem persönlichen und privaten Umfeld? Was sind es für Leute, warum sind Sie mit ihnen zusammen? Bringen diese Menschen Sie weiter?

Wie gut sind Sie anderen bekannt?

Dieses ist die spannendste Frage und auch die Frage, die fast mehr als die beiden anderen darüber entscheidet, wie glücklich und erfolgreich, wie reich Sie sind oder werden können. Im Laufe der Jahre lernte ich zahlreiche Menschen kennen, die hervorragende Fähigkeiten auf ganz bestimmten Gebieten hatten, die wahnsinnig viele Leute kannten und dennoch irgendwie keinen beruflichen Durchbruch erzielten. Lange Zeit suchte ich nach der in diesen Fällen passenden Lösung, und es war letztlich diese 3. Frage: „Wie gut sind Sie anderen bekannt?“ Durch eine kleine Wortstellung können Sie diesen Satz so verändern, daß er fast die gleiche Bedeutung hat, jedoch noch klarer formuliert, woran mangelnder beruflicher wie finanzieller Erfolg möglicherweise hängt:

Wie bekannt ist anderen, daß Sie gut sind?

Wenn Sie sich in Ruhe mit diesen drei auf den Punkt gebrachten Fragen beschäftigen, werden Sie feststellen, daß es ohne eine zufriedenstellende Antwort auf diese drei Fragen nicht geht. Wenn Sie ein hervorragender Fachmann oder eine hervorragende Fachfrau in Ihrem Fach sind, Sie jedoch mit Ihrem Wissen nicht herauskommen, in Fachsitzungen bei Ihrer Firma Ihren Mund halten, kennt Sie letztlich keiner, und Sie selbst werden nur mit wenigen in Kontakt kommen. Oder: Wenn Sie der Kontakter schlechthin sind, mit jedem rumlabern, aber letztlich nichts richtig können, werden Sie Schwierigkeiten haben, systematisch reich zu werden. Selbst wenn Sie viele kennen, aber Sie selbst für diese Vielen ein Unbekannter sind, werden Sie nicht den Erfolg haben, wie wenn viele auch Sie kennen würden.

Ein Beispiel aus der Praxis: Frau Sönge (Name frei erfunden, Verwechslung mit gleichnamigen Personen rein zufällig) ist Mitarbeiterin eines großen deutschen Versicherungskonzerns, der seit vielen Jahren Kunde unseres Finanz-Instituts ist. Frau Sönge ist 47 Jahre jung und nach ihrer eigenen Einschätzung absolut fit. Sie managt die gesamte Organisation im Zentralbüro, nimmt alle Kundenanfragen entgegen und ist einfach die gute Seele. Am Telefon hat Frau Sönge eine nahezu unnachahmliche Art und Weise. Wer diese Deutsche Versicherungsgesellschaft kennt, kennt Frau Sönge. Wer Frau Sönge kennt, kennt diese Deutsche Versicherungsgesellschaft. Noch einfacher: Frau Sönge kennt jeder, und Frau Sönge selbst kennt fast jeden. Stellen Sie sich nun vor, Sie wären Frau Sönges Vorgesetzte/r, Chefin oder Chef. Wie groß ist die Chance für das jährliche Gehaltsgespräch von Frau Sönge? Würden Sie Frau Sönge mit einem guten Gefühl Jahr für Jahr mehr zahlen oder sich lieber eine andere Kraft besorgen?

Spielen Sie doch einmal Marktschreier – verkaufen Sie sich!

Sicherlich kennen Sie die Szenen auf dem Hamburger Fischmarkt, oder zumindest haben Sie bereits davon gehört. Wie die Fischverkäufer ihre Ware anpreisen, jeder hat den besten Fisch und die günstigsten Preise. Jeder kämpft um den höchstmöglichen Umsatz. Ich möchte mit Ihnen ein kleines Spiel spielen. Sie haben dafür, nachdem Sie die folgende Aufgabe gelesen haben, fünf Minuten Zeit.

Also: Stellen Sie sich einmal vor, Sie wollten einem großen Publikum verkaufen, wie gut Sie sind oder was Sie besonders gut können. Stellen Sie sich einen großen Platz mit Menschen vor. Alle hasten an Ihnen vorbei, niemand will sich so richtig aufhalten lassen. Sie müssen sich schon besonders anpreisen, damit die anderen auf Sie aufmerksam werden. Versuchen Sie nun, in wenigen Zeilen Ihren Werbespruch zu formulieren, mit dem Sie auf dem Markt um Kunden schreien. Denken Sie daran: Sie haben keine Zeit zum Erklären, sondern müssen mit knackigen, markanten, wenigen Worten beschreiben, warum Sie gut sind.

Mein persönlicher Werbespruch

Ich bin ....______________________________________

Ich biete ...______________________________________

____

____

Wenn Sie merken, daß Ihnen diese Übung leicht gefallen ist, dann kennen Sie genau Ihre Talente und wissen bereits, wie Sie sich verkaufen können. Also: Verkaufen Sie sich ab heute, tun Sie es! Wenn Ihnen nur wenig einfiel, arbeiten Sie daran, Stärken zu entwickeln, die Sie künftig anpreisen können.

Die 2^{10}-Erfolgsformel – Warum Sie Erfolg haben müssen, wenn Sie etwas können

Du kannst alles in Deinem Leben erreichen, wenn Du nur einer genügend großen Anzahl von Menschen dazu verhilfst, was sie haben wollen.

K. Walter

„Klappern gehört zum Handwerk" – manch einer von Ihnen wird diesen Satz kennen. Manch einer wird sich aus der Kindheit an den Eismann in seinem Eiswagen erinnern. Häufig handelte es sich um klapprige VW-Busse. Irgendwann tagsüber, häufig erst sonntags, kam der Eismann und „klapperte", indem er schrill seine Glocke läuten ließ. Klappern gehört eben zum Handwerk. Wir wissen nun, daß Reichtum mit Können zu tun hat.

Wer etwas kann und davon erzählt (klappert), von dem erzählen seine „Kunden" wieder weiter. Hält dann der, der etwas kann, seine Versprechen, werden immer mehr Leute begeistert von ihm erzählen. Haben Sie sich einmal Gedanken gemacht, wie schnell Ihre Fangemeinde wachsen kann? Ich möchte Ihnen im Folgenden ein einfaches Bild zeigen. Dieses Bild zeigt Ihnen, welches riesige Potential Sie selbst entfalten können, wie immer mehr Menschen Sie und Ihren Rat suchen. Voraussetzung: Sie können etwas (ganz Besonderes); tun es und sind gut.

Das 2^{10}-Erfolgsgeheimnis ©Bernd W. Klöckner

und so weiter...

Ergebnis: Nach sieben Stationen, in denen Sie immer wieder ein Kunde an jeweils zwei neue Kunden empfiehlt, kennen insgesamt über 120 Menschen Sie und Ihre Leistung, Ihr Können. Bereits eine Stufe zuvor sind es 64 Menschen. Können Sie was, dann erzählen Sie es. Bringen Sie sich und Ihre Leistungen unters Volk, knüpfen Sie Kontakte. Über jeden Kunden, über jeden Menschen, der bei Ihnen Rat und Tat sucht, werden Sie besser und besser.

Und was passiert, wenn Sie nach zehn Stationen sage und schreibe über 1000 zufriedene Kunden kennen? Dann sollten Sie sehr gut überlegen, ob Sie Ihr eigenes Geschäft aufmachen. Ob Sie sich selbständig machen. Das Schöne an dieser Erfolgsregel: Sie müssen lediglich etwas können und dann nur damit beginnen, es zu tun. Dann müssen Sie lediglich weiterhin gute Arbeit leisten, die Menschen in Ihrer Umgebung müssen spüren, erleben, daß man sich auf Sie verlassen kann. Alles weitere geschieht von selbst. Sie können dann Ihre ganz persönliche Erfolgsgeschichte nicht aufhalten. Sie werden mehr verdienen als jemals zuvor.

Wichtig: Verstehen Sie meinen Rat nicht als die einfache Regel „Mache Dich selbständig – werde reich“. Sich selbstständig zu machen bedeutet, mit vielen neuen Risiken leben zu müssen. Meine 2^{10}-Erfolgsregel können Sie jedoch auch in Ihrer Firma anwenden, ohne sich selbstständig machen zu müssen. Beginnen Sie ab heute damit, einen Menschen nach dem anderen mit Ihren Fähigkeiten, Ihren wirklichen Kernkompetenzen zu begeistern, strengen Sie sich an. In einer Untersuchung meines Trainingsinstituts haben wir festgestellt, daß wir keinen Menschen fanden, der sich sinnvoll und beharrlich anstrengte, ohne dauerhaft erfolgreich zu sein.

***Achtung:** Erfolgreich zu sein liegt an jedem einzelnen Menschen persönlich. Jeder von uns kann seine eigene Erfolgslawine in Gang bringen, wenn er nach dem 2^{10}-Erfolgsgeheimnis handelt.*

Das Geheimnis des Erfolges: Ihre persönliche 3K-Erfolgsbilanz©Bernd W. Klöckner

Im Folgenden finden Sie eine spannende, von mir hiermit erstmals präsentierte Erfolgsbilanz. Diese persönliche Erfolgsbilanz wurde bereits in zahlreichen Gesprächen mit Freunden und Kunden angewandt. Es ist eigentlich eine ganz simple persönliche Erfolgsanalyse. Sie dient dazu, daß Sie selbst Ihr Potential zu Reichtum, Glück und Erfolg einschätzen. Bevor es losgeht, sind Sie gefragt. Vergeben Sie sich selbst Ihre persönliche Punktzahl auf die drei oben genannten Fragen.

Ihren aktuellen persönlichen Erfolgsfaktor können Sie nun ganz einfach ausrechnen. Dividieren Sie Ihre eigene Gesamtpunktzahl durch die mögliche Höchstpunktzahl. Zum Beispiel:

$$\frac{53}{100} = 53\,\%$$

Das Ergebnis in unserem Beispielfall bedeutet: Sie haben bislang in etwa einen Stand von 53 % Ihres persönlichen Erfolges und Ihres

Was kann ich?	
Beurteilung	***Bewertung***
Sehr gut, optimal! Es könnte nicht besser sein	25 Punkte
Sehr gut, es könnte noch ein bißchen besser sein	20-24 Punkte
Gut, es könnte noch einiges besser sein	15-19 Punkte
Befriedigend	10-14 Punkte
Nicht zufriedenstellend	unter 10 Punkten
Meine Punktzahl:	....

Wen kenne ich?	
Beurteilung	***Bewertung***
Sehr gut, optimal! Es könnte nicht besser sein	25 Punkte
Sehr gut, es könnte noch ein bißchen besser sein	20-24 Punkte
Gut, es könnte noch einiges besser sein	15-19 Punkte
Befriedigend	10-14 Punkte
Nicht zufriedenstellend	unter 10 Punkten
Meine Punktzahl:	....

Wie gut bin ich anderen bekannt, und wie bekannt ist anderen, daß ich gut bin?	
Beurteilung	***Bewertung***
Sehr gut, optimal! Es könnte nicht besser sein	50 Punkte
Sehr gut, es könnte noch ein bißchen besser sein	40-49 Punkte
Gut, es könnte noch einiges besser sein	30-39 Punkte
Befriedigend	20-29 Punkte
Nicht zufriedenstellend	unter 20 Punkten
Meine Punktzahl:	....

Maximale Punktzahl: 100	Meine Gesamtpunktzahl: ....

möglichen beruflichen und persönlichen Reichtums erreicht. Ihr Gehalt, Ihr Honorar, das, was Sie bis heute verdienen, ist das Ergebnis Ihres persönlichen Erfolgsfaktors. Je mehr Sie können, je mehr Menschen Sie kennen und je mehr Menschen Sie kennen beziehungsweise wissen, daß Sie gut sind (Experte!!!), desto größer ist Ihre Wirkung. Ja, Sie haben richtig gehört. Nicht: Desto größer ist Ihre Leistung, sondern desto größer ist Ihre Wirkung.

Und: Je größer Ihre Wirkung, desto größer wird Ihr finanzieller Erfolg. Dieser Zusammenhang erklärt nochmals, was zu Anfang dieses Kapitels gesagt wurde: Wichtig ist, nicht nur viel zu leisten, sondern eine möglichst große Wirkung zu erzielen. Etwas flapsiger läßt es sich mit dem Spruch ausdrücken: Wer ständig fleißig ist wie eine Biene, schuftet wie ein Ochse und ackert wie ein Gaul, sollte einmal überlegen, ob er nicht ein Kamel ist. Fazit: Sie müssen mehr (be)wirken, um mehr zu verdienen und erfolgreicher zu sein.

Als nächstes heißt es, daß Sie sich auf Ihre Schwachstellen konzentrieren müssen. Profis und manche Trainer nennen das auch „engpaßkonzentrierte Strategie“. Ein Beispiel für die im Sinne der engpaßkonzentrierten Strategie beschriebene Wirkung ist der Nothammereffekt. Jeder hat sich schon einmal gewundert, wieso es mit einem Nothammer gelingen soll, eine Fensterscheibe einzuschlagen, wenn es mit der bloßen Faust nicht gelingt. Die Kunst des Nothammers liegt darin, daß sich die gesamte Kraft eines Schwunges in einer einzelnen Stelle, der Spitze des Nothammers bündelt. Bei der engpaßkonzentrierten Strategie konzentrieren Sie sich auf Ihren Engpaß oder mit anderen Worten: auf Ihre größte Schwachstelle.

Gleichzeitig konzentrieren Sie Ihre Kräfte auf Ihre Kernkompetenz, auf das Gebiet, in dem Sie Experte werden können. Das bedeutet im Zusammenhang mit der 3K-Analyse: Stellen Sie fest, daß Sie sowohl Fachwissen haben und einige Leute kennen, jedoch zu wenige Leute Sie kennen und zudem noch weniger wissen, wie gut Sie sind, müssen Sie sich bekannter machen. In diesem Fall würde es nichts nutzen, daß Sie weiterhin ausschließlich in Ausbildungen und Fachwissen investieren, sondern es fehlt schlicht an Ihrem persönlichen Bekanntheitsgrad. Sorgen Sie dafür, daß Sie empfohlen werden! Stellen Sie fest, daß Sie viele Leute kennen und viele Sie kennen, Sie jedoch kein Fachgebiet beherrschen, dann arbeiten Sie an Ihrem Können, an Ihrer Qualifikation. Suchen Sie sich also den Bereich, bei dem Sie sich selbst die geringste Punktzahl gegeben haben und arbeiten Sie eine Strategie aus, wie Sie diese größte Schwachstelle verbessern können.

Eine letzte Anmerkung zu dieser 3K-Erfolgsbilanz: Als ich mich vor einiger Zeit in einer Redaktion mit einem befreundeten Journalisten über diese Regel unterhielt, stutzte er und meinte, nachdem er aufmerksam zugehört hatte: „Die Frage ist also, wie werde ich Experte, ist das richtig?“ Wir sprachen beide anschließend längere Zeit über dieses Thema, und es stellte sich heraus, daß zu der erfolgreichen Umsetzung der 3K-Erfolgsbilanz auch gehört, daß man – wie auf den vorangegangenen Seiten bereits beschrieben – Nein zu sagen lernt. Dieser mir bekannte Journalist hatte das Problem, daß er eigentlich immer mehr und immer mehr arbeitete, jedoch eben nicht an seinen, für ihn am wichtigsten, Erfolgsfaktoren, sondern an immer wieder neuen Projekten, zu denen er sich freiwillig meldete. Seine eigene Erkenntnis an dem Tag unseres Gespräches war: „Manche werden für richtig gute Jobs gefragt, ich werde nicht gefragt. Ich muß etwas ändern“. Noch am gleichen Tag begann er seine persönliche Erfolgsstrategie auszuarbeiten.

Achtung: *Kontrollieren Sie in regelmäßigem Abstand immer wieder neu Ihre persönliche Erfolgskennzahl bei Anwendung dieser 3-K-Erfolgsbilanz. Arbeiten Sie ständig an Ihren Schwachstellen und konzentrieren Sie sich auf ein Ziel.*

Vorsicht: Falle beim Sparkreislauf – 4 Phasen

Wer Ausdauer besitzt, ist schon fast am Ziel.
Ernst R. Hauschka

Sie haben – natürlich wie immer – recht. Nur zu sparen macht keinen Spaß. Das ist auch klar. Denn: Wer spart, konsumiert nicht. Und auf etwas verzichten zu müssen macht nun mal weniger Spaß, als sich einfach alles Erdenkliche zu leisten. Auf der anderen Seite kann sparen, richtig angefangen, regelrecht Spaß machen. Nämlich dann, wenn Sie regelmäßig sparen und sehen, wie Ihr Vermögen wächst. Die Begründung ist einfach: Wir Menschen haben stets Spaß an allem, was wächst. Wir freuen uns, wenn unsere Kinder wachsen und größer werden, wir staunen über den Tannenbaum, der vor wenigen Jahren noch ein kleines Bäumchen war. Betrachten wir gemeinsam im Folgenden den typischen Sparkreislauf, wie ich ihn immer wieder in all den Jahren als Geldtrainer bei den meisten Menschen beobachten konnte. Die Kenntnis dieses Sparprozesses ist wichtig, wenn Sie auf Ihrem Weg zum Reichtum nicht scheitern wollen.

1. Phase: Besserwisserei

Typisch: Sie stehen kurz davor, endlich einmal einen Sparvertrag abzuschließen. Dann aber kommen wieder die typischen Zweifel nach dem Motto: „Blödsinn, das kann ich ja auch noch in drei Monaten. Erst spare ich noch für mein Auto, und dann brauchen wir noch eine neue Waschmaschine. Ach ja, die neue Küche muß ja auch noch her. So wichtig kann das Sparen auch nicht sein, daß es jetzt an den paar Monaten liegt."

Anmerkung: Diese Phase ist typisch für alle diejenigen, die sich zum ersten Mal mit dem Gedanken zu sparen und zu investieren beschäftigen. Überspringen Sie diese Phase so schnell wie möglich. Lassen Sie es nicht zu, daß diese Gedanken der Phase 1 Sie immer wieder vom Sparen abhalten. Tun Sie irgendetwas, aber beginnen Sie so schnell wie möglich, ohne zu zögern! Das beste Mittel gegen diese Gedanken ist, die ersten 100 DM zu sparen und sich damit zu beweisen, daß es grundsätzlich geht.

Zwei Tips:
Typisch für diese erste Phase sind die folgenden beiden Argumente:

1.
O.K.! Sparen will ich auch, aber erst will ich alle meine Rechnungen bezahlt haben, bevor ich Geld zur Bank bringe oder in einem Aktienfonds anlege.

Tip: *Wenn Sie merken, daß dieses Argument durch Ihren Kopf schießt, lesen Sie das Kapitel über die 10-Prozent-Regel und wie Sie sich selbst zuerst bezahlen.*

2.
Sparen will ich, aber dann richtig und nicht nur mit 50 DM. Wenn ich 200 DM zur Seite legen kann, beginne ich zu sparen.

Tip: *Dieses Argument ist ein beliebtes Scheinargument. Wer beispielsweise raucht, weiß, wie leicht 5 Mark am Tag ausgegeben sind. Und wenn es keine 5 Mark am Tag sind, dann gibt jeder von uns am Tag mindestens 2 Mark aus. 5 Mark am Tag sind 150 Mark im Monat, 2 Mark am Tag immerhin 60 Mark.*

Daß es sich lohnt, auch mit diesen Beträgen mit dem Sparen zu beginnen, zeigen die folgenden Zahlen (Annahme: 11 % Rendite pro Jahr, z. B. Anlage in einem erfolgreichen Aktienfond):

Zeitraum \ Sparrate	150 DM	60 DM
20 Jahre	131 000 DM	52 000 DM
30 Jahre	424 000 DM	170 000 DM
40 Jahre	1 300 000 DM	520 000 DM

Also: Beide Argumente sind Scheinargumente. Versuchen Sie, diese Phase der Besserwisserei zu überspringen und nicht auf Ihre eigenen Scheinargumente einzugehen.

Übrigens: In dieser ersten Phase werden Sie nicht selten mit sogenannten Geld- & Killerphrasen von dritter Seite konfrontiert. Das bedeutet, daß Sie, kaum haben Sie sich zum cleveren Sparen und für Ihren persönlichen Weg zum Reichtum entschlossen, auf eine derart große Menge an Zweiflern treffen, wie Sie es nicht für möglich halten. Hat bislang mit Ihnen niemand über Geld geredet, reden nun plötzlich alle mit, wenn es um Ihr Geld geht. Sie werden regelrecht mit klugen Tips zugeworfen, bis Sie sich in manchen Situationen wünschen werden, Sie hätten niemals jemandem erzählt, daß Sie nun in Aktienfonds sparen wollen. Im Folgenden finden Sie eine Auflistung typischer Kommentare. Je mehr Sie auf solche Kommentare gefaßt sind, desto besser und lockerer verfolgen Sie trotz aller verbalen Attacken Ihr persönliches Ziel. Und das ist gut so.

Typische **Geld- & Killerphrasen** sind:

- Das ist ja nichts Neues, das gab es doch schon immer.
- Wenn das so einfach wäre, würde es ja jeder machen.
- Ha,ha! Warum bist Du dann noch nicht reich?
- Möchtest Du mir also sagen, ich habe bis heute alles falsch gemacht?
- Ja, ja, theoretisch mag das funktionieren, aber praktisch?
- Ich habe das auch schon probiert und mich dann über die Verluste geärgert. Warte ab, das geht Dir nicht anders...
- Das kann auf Dauer so nicht funktionieren, irgendwann muß ja mal Schluß sein.
- Woher wollen Sie wissen, ob das an der Börse ewig so weitergeht?

Lassen Sie sich in Ihrer ersten Entscheidungsphase durch nichts und niemanden von Ihrem Weg abbringen. Beginnen Sie einfach mit Ihrem Sparplan!

2. Phase: „Es geht los..."

Sie haben nun den ersten Monat gespart und investiert. Wow! Ein Riesenerfolg angesichts der Tatsache, daß Sie bislang diese Entscheidung stets nur hinausgezögert haben. Und, Hand aufs Herz: Sie fühlen sich gar nicht so schlecht. Sie wissen und spüren irgendwie: Sparen muß sein. Die Phase Eins liegt nun hinter Ihnen. Sie wollen nun selbst nicht länger zögern. Sie wollen im nächsten Monat nochmals sparen. Also: Ein erster Sparvertrag über einen Aktienfonds wird abgeschlossen. Endlich: Die Hürde ist geschafft. Der erste Monat kommt, der zweite, der dritte. Jeden Monat wird aufs Neue die vereinbarte Sparrate abgebucht. Der vierte Monat kommt: Wieder sind wenige oder je nach Ihrer finanziellen Situation einige hundert DM weg. Jetzt beginnt die kritische Phase. Denn: Viele Menschen fangen zu sparen an und hören genauso schnell wieder auf. Schließlich hat man es sich ja nun gezeigt, daß man grundsätzlich sparen kann. Wozu also noch weitersparen. Jetzt würde es doch erst einmal wieder mehr Spaß bereiten, ein wenig einzukaufen. Eine teure Anschaffung fürs Haus, das neue Auto oder was auch immer. In schlimmeren Fällen kommen widrige Umstände, wie Arbeitslosigkeit oder Krankheit, dazu. Mein Rat: Gleich was auch immer passiert, hören Sie nicht auf, weiterzusparen. Tun Sie sich selbst den größten Gefallen, und versuchen Sie durchzuhalten. Selbst wenn Sie die Rate in wirklich schwierigen Zeiten reduzieren, sparen und investieren Sie auf jeden Fall weiter!

3. Phase: Es ist geschafft!

Die ersten Monate sind vorbei, im besten Fall die ersten Jahre. Sie haben durchgehalten, trotz so mancher Versuchung, zwischenzeitlich aufzuhören. Mittlerweilen haben sich einige tausend DM auf Ihrem Sparkonto angesammelt. Sie spüren selbst, wie Sie klammheimlich stolz auf sich sind. Aus wenigen hundert DM im Monat sind plötzlich einige tausend DM Vermögen geworden. Und jeden Monat, in dem Sie hart arbeiten, arbeitet dieses Vermögen stillschweigend im Verborgenen weiter für Sie. Sie erleben zum ersten Mal ein wunderbares Gefühl der Unabhängigkeit, manchmal sogar Überheblichkeit. Was soll Ihnen schon noch passieren können? Schließlich besitzen Sie bereits ein kleines Vermögen.

Wer diese Phase erreicht hat, der hört nur noch selten auf zu sparen. Wer einmal die Freude erlebt hat, Geld wachsen zu sehen, der kann kaum noch genug von diesem Gefühl bekommen. Es ist wie mit den Kindern, an deren Wachstum wir uns freuen, oder mit dem Tannenbaum, über dessen Wachstum wir staunen: Wir sind in eine Phase des Sparkreislaufs eingetreten, in der das Sparen Spaß macht, weil unser Geld und Vermögen sichtlich wachsen. Diesen natürlichen Spaß am Wachstum müssen Sie unbedingt nutzen. Unser ganzes Leben ist ein Ausdruck von Wachstum, jeder Gedanke bringt einen neuen Gedanken, jedes Lebewesen entwickelt sich ständig weiter. Geldwachstum entspricht also unserem tiefsten Empfinden, Ihr Wunsch nach mehr Geld ist ein natürlicher Wunsch.

4. Phase: „Sparen macht Spaß“

Diese Phase beginnt, wenn bemerkt wird, daß offensichtlich langsam, aber immer sicherer ein richtiges Vermögen heranwächst. Mit Stolz sehen Sie hin und wieder auf die Mitteilungen der Fondsgesellschaft. Immer wieder ertappen Sie sich dabei, wie Sie nachrechnen, wieviel aktuell Ihre bislang gekauften und im Depot liegenden Fondsanteile wert sind. Ihre typischen Gedanken in dieser Zeit: „Ich spüre jetzt, daß Sparen Spaß macht. Am liebsten würde ich zusätzliches Geld zur Seite legen“. Mit einem Satz: Sie wollen mehr Sparspaß.

Achtung: *Versuchen Sie, diese Phasen vorwegzunehmen. Wenn Sie mit der „Jetzt geht's los...“-Phase rechnen, dann rechnen Sie auch damit, wie Ihre innere Stimme Sie zum Aufgeben überreden will. Dann wissen Sie, daß plötzlich zahlreiche Verlockungen vielversprechender klingen, als vermeintlich langweilig weiterzusparen. Je mehr Sie damit rechnen, umso besser können Sie sich schützen und stur bleiben. Ich garantiere Ihnen: Es ist ein tolles und für viele Menschen völlig unbekanntes Gefühl, Geld wachsen zu sehen. Es ist ein Gefühl, das süchtig machen kann.*

Denken Sie daran, die Gedankenfolge der oben genannten Schritte ist erheblich abgekürzt, aber ich verspreche Ihnen: Auf dem Weg zu Ihrer ersten Million werden Sie genau mit solchen Gedanken/Phasen zu kämpfen haben.

Sparen und investieren ist die Fähigkeit, Geld so auszugeben, daß es nur vorübergehend keine Freude macht. Je länger Sie durchhalten, desto größer die Freude, desto schneller wächst Ihr Vermögen. Setzen Sie sich ein Sparziel und geben Sie nie, nie auf!

Ein kleiner Exkurs zum Thema Reichtum & Persönlichkeit: Kinder und Geld – Warum Sie Vorbild sein müssen

Kinder sind zunächst noch keine Konsumenten, sondern wachsen langsam in die Rolle von Konsumenten hinein. Da wir an anderer Stelle davon geschrieben haben, daß Konsumverzicht = Sparen ist, wird ersichtlich, welche große Aufgabe Eltern übernehmen, wenn sie ihre Kinder an geeignetes Konsumverhalten heranführen. Interessant dabei ist, daß Studien beweisen, daß Kinder Konsumverhalten weniger direkt und beabsichtigt erlernen, sondern vielmehr indirekt und unbeabsichtigt. Ein großer Teil des späteren Konsumverhaltens eines heranwachsenden Menschen wird durch Beobachtung geprägt. Besonders wichtig in dieser Phase der Spar- und Konsumsozialisation ist:

1.
Daß Tun und Sagen der Eltern nicht zu sehr voneinander abweichen. Dadurch, daß Kinder einen großen Teil ihres eigenen Konsumverhaltens durch Beobachten erlernen, ist es umso wichtiger, daß Eltern in ihrem eigenen Verhalten erkennen lassen, daß sie selbst die gegenüber dem Kind geäußerten Ziele und Verhaltensweisen leben.

2.
Daß Kinder erleben, daß sparen lohnt: Wenn die Eltern eine Weile gespart haben, dann kaufen sie auch tatsächlich ein neues Auto oder die Familie fährt in die Ferien an einen herrlichen Urlaubsort. Aus der amerikanischen Soziologie stammt dazu passend der Begriff „deferred gratification pattern“, was soviel wie „aufgeschobenes Belohnungsmuster“ heißt.

Der Geldverhaltens-Schatten der Großen prägt die Kleinen!

Eine besonders kritische Phase ist die, in der Kinder zum ersten Mal bewußt den Prozeß des „Einkaufens" erleben. Waren bislang Geld, Sparen und Konsum etwas leicht Abstraktes, beobachten Kinder beim Einkaufen – wie zahlreiche Studien in den USA zeigen – sehr genau, wie die Eltern reagieren. In dieser Phase bekommt das Kind eine lebendige Vorstellung davon, wie die Eltern Geld einteilen und welche Bedeutung Eltern dem Geld zumessen. Das ganze läßt sich sehr leicht beobachten, wenn Sie Kindern einmal bei dem „Kaufladen-Spiel" zuschauen. Hier ahmen sie das Verhalten der Erwachsenen nach, geben zum ersten Mal Geld (natürlich im Spiel und ohne Wertigkeit, die wir mit Geld verbinden) aus. Dennoch ist man oft verwundert, wie schnell bei diesem Spiel über Preise gesprochen wird. Selbst Markennamen prägen sich offensichtlich schnell ein, und nicht selten beobachtet man eine Szene, in der das Kind als Verkäufer für eine Markenware mehr Geld verlangt als für andere Produkte.

Geld und Ware verbinden Kinder etwa ab sechs Jahren miteinander, um jedoch Preisvorstellungen zu haben, um unterscheiden zu können, ob etwas teuer ist oder nicht, müssen sie rechnen können. Wichtig dabei ist, daß Kinder zwar in die Konsumentenrolle hineinwachsen, jedoch trotzdem nur über geringes wirtschaftliches Verständnis verfügen. Die typische Vorgehensweise in Familien unterstützt diese Fehlentwicklung. Das Taschengeld, steht im Vordergrund. Es gibt entweder viel oder wenig Taschengeld und in vielen Fällen ist die Gewährung von Taschengeld an bestimmte Bedingungen geknüpft: Mithilfe bei der Gartenarbeit, gute Leistungen in der Schule und andere Dinge.

Was fehlt, ist in den meisten Fällen, die Kinder an Gesprächen über wirkliche Geldentscheidungen teilhaben zu lassen. Hier geht es nicht darum, daß Kinder mitentscheiden sollen. Es geht ausschließlich darum, daß Kinder durchaus einmal zuhören sollen, mit dabei sind, wenn es sich ergibt. Daß Kinder miterleben, daß ein Auto vielleicht auch mal nicht gekauft wird, weil es zu teuer ist. Daß Kinder so erleben, daß man vorübergehend verzichten muß, damit man sich später etwas leisten kann. Je früher Sie als Erwachsene Kinder an solchen Gesprächen teilhaben lassen, desto mehr entwickelt sich wirkliches Geldverständnis.

Wenn Sie Ihre Kinder künftig an solchen Gesprächen teilhaben lassen, denken Sie daran, es spielerisch zu tun. Kein Kind kann sich bereits für die Dauer eines Investitionsgespräches über ein neues Auto konzentrieren. Hier haben die Autoren Estess und Barocas in ihrem Buch „Weil Geld nicht auf Bäumen wächst" wichtige Regeln aufgestellt. Unter anderem: Jedes Lebensjahr bedeutet eine Konzentrationsminute, wobei das Gespräch erst ab dem 3. Lebensjahr Sinn macht. Das heißt: Mit einem achtjährigen Kind können Sie acht Minuten konzentriert über Geld sprechen. Wobei anzumerken ist, daß bei keiner Sache die Einstellungen so unterschiedlich sind wie beim Thema Kinder & Geld. Die einen verlangen vehement, man solle Kindern ihre Freiheit lassen, die anderen verlangen, Kinder müssen frühzeitig alles Mögliche über Geld erfahren.

Kinder und Geld kurz & bündig:

- ☐ Denken Sie jederzeit daran: Ausschließlich Ihren Kindern Spar- und Konsumweisungen zu geben nützt nur bedingt etwas. Kinder beobachten sehr genau. Sie müssen leben, was Sie Ihren Kindern erzählen.

- ☐ Üben Sie mit Ihren Kindern einkaufen. Lassen Sie beispielsweise Ihr Kind die Gegenstände zählen, wenn Sie einkaufen. Erklären Sie, wieso Sie auf Qualität achten. Lassen Sie Ihr Kind selbst einmal einen Apfel oder etwas anderes mit einer eigenen Münze bezahlen.

- ☐ Wirklich gute Gelderziehung geht über die Taschengeldvariante (wenn Du das leistest, hast du das und kannst selbst entscheiden) hinaus. Beziehen Sie Ihre Kinder in Geldentscheidungen ein. Lassen Sie Ihre Kinder an Gesprächen über größere Investitionen teilhaben. Seien Sie sicher, auch hier gilt: Ihre Kinder beobachten und lernen von Ihnen sehr genau.

- ☐ Berücksichtigen Sie das Durchhaltevermögen Ihrer Kinder. Kinder sind keine Konzentrationsmonster, sondern wibbelig, aktiv und wollen schnell was anderes machen. Bis zum 10. Lebensjahr ist es daher wichtig, daß Sie Ihre Kinder nicht überfordern. Denken Sie an die Pi-mal-Daumen-Regel: Pro Lebensjahr eine Konzentrationsminute.

- [ ] Belohnen Sie Ihre Kinder fürs Sparen. Verdoppeln Sie am Ende jeden Monats den Betrag, den Ihr Kind von seinem Taschengeld noch übrig hat, und sparen Sie ihn in einem Sparschwein.

Daß es wichtig ist, Kinder frühzeitig an Geld und Sparen zu gewöhnen, beweisen die Zahlen der regelmäßig im Rahmen der KVA (Kinderversorgungsanalyse) erstellten Studien. Diese Studien werden einmal jährlich als Gemeinschaftsuntersuchung einiger großer Verlage herausgegeben. Nach aktuellen Zahlen verfügen Kinder unterschiedlicher Altersgruppen über folgende Sparguthaben im Jahr:

Sparguthaben von Kindern

Altersgruppe	Gesamtbetrag pro Jahr	Sparguthaben pro Jahr
6-9 Jahre	1046 DM	672 DM
10-13 Jahre	1504 DM	868 DM
14-17 Jahre	2850 DM	1312 DM

Quelle: KVA 99, Bastei-Verlag, Verlagsgruppe Bauer, Axel Springer Verlag

Diese Zahlen belegen: Viele Kinder verfügen jedes Jahr über ausreichend eigenes Vermögen. Nur wenige Kinder sparen jedoch in jungen Jahren. Es muß ja nicht unbedingt so sein wie bei den Kindern des bereits genannten, legendären John D. Rockefeller. Er, so erzählt einer seiner Söhne, David Rockefeller, einer der erfolgreichsten Bankiers in Amerika, habe seine Kinder angehalten, über ihr Taschengeld genau Buch zu führen. Rockefeller senior überprüfte die Aufzeichnungen seiner Kinder auf Dollar und Cent. David Rockefeller selbst ist der Meinung, daß diese Gelderziehung des Vaters eine wichtige Voraussetzung dafür war, daß alle Kinder eines Tages, als sie größere Summen anvertraut bekamen, mit Geld umgehen konnten. Auch wenn Sie es nicht so streng nehmen, denken Sie daran: Sie sind Vorbild, und Ihre Kinder stehen in Ihrem Schatten. Seien Sie ein gutes Vorbild!

Die wichtigste persönliche Marketingform als Voraussetzung für systematischen Reichtum

Der Abkürzungsweg zu Reichtum heißt dankbare Anerkennung.
J. Paulson

In diesem Kapitel möchte ich einen ganz eigenen Aspekt als Voraussetzung zum Reichwerden bringen. Das DANKE-Marketing. Dieses Kapitel ist mein persönliches Dankeschön an meinen ehemaligen Professor für Finanzierung und Investition, der mir dieses ganz besondere Geheimnis des DANKE-Marketings in den letzten beiden Semestern meines Studiums ans Herz legte. Über Marketing wird viel gelehrt und viel geschrieben, DANKE-Marketing ist weitgehend unbekannt. Es gibt auch nicht besonders viel über DANKE-Marketing zu schreiben. Bei dieser ganz besonderen Form des Marketings geht es darum, daß Sie verstehen, um was es geht, und daß Sie es anschließend tun! Was ist nun das DANKE-Marketing? Es ist die bei vielen Menschen fast in Vergessenheit geratene Eigenschaft, den Menschen und Situationen immer wieder zu danken, die sie auf ihrem Weg weiter bringen. Statt dessen weit verbreitet ist die PA-Methode. PA, das steht für Profitieren und Abhauen-Methode. Ich darf Ihnen aus eigener Erfahrung ans Herz legen, sich ab heute wieder zu bedanken.

Ihr von Herzen kommendes Danke kann natürlich auf verschiedene Weise ausgedrückt werden: In Worten, wie in unserem Bild, im Blick, im Ausdruck oder im Verhalten und in Gedanken. Bevor Sie über diesen einfachen Tip, über diese einfache Kunst des DANKE-Marketing schmunzeln, lesen Sie die folgenden Erklärungen: Dankbarkeit wirkt auf zweierlei wichtige und reichtumfördernde Weise. Eines der wichtigsten psychologischen Prinzipien ist das der Vergeltung. Vergelten, das bedeutet: zu nehmen und zu geben. Beispielsweise eine Hilfe zu bekommen (nehmen) und sich dafür zu bedanken (geben). Dieses einfache Prinzip der von Herzen kommenden und ehrlichen Vergeltung, eben das Prinzip des DANKE-Marketings nach außen, sorgt dafür, daß Sie wichtige Voraussetzungen schaffen, damit die 3K-Erfolgsformel funktioniert. Berücksichtigen Sie das einfache Geheimnis des

DANKE-Marketings, festigen Sie Bindungen zu Menschen die Sie kennen und erreichen, daß diese Menschen Sie kennen (Aha, hier greift das 3K-Prinzip). Dieser nach außen wirkende Aspekt des DANKE-Marketings ist jedoch nicht alles.

Ebensowichtig ist die Wirkung des „Danke-sagen“ nach innen. Indem Sie beginnen, für die Umstände Ihres Lebens bei allen Hindernissen Danke zu sagen, gewinnen Sie Boden unter den Füßen. Wenn statt der Gedanken des Dankes Gedanken der Unzufriedenheit überwiegen, bewegen Sie sich auf glattem Parkett. Denn – ruckzuck – sind es wieder die Umstände, die Ihr Leben unglücklich und arm verlaufen lassen. Gewiß, es gibt Umstände, für die man sich nicht bedanken kann. Diese Umstände bleiben hier völlig außen vor. Wichtig ist es jedoch, mit dankbaren Gedanken nach vorne zu sehen statt mit Gedanken der Unzufriedenheit zurückzublicken. Wenn Sie mit dankbaren Gedanken nach vorne schauen, werden Sie in kurzer Zeit feststellen, wie diese dankbaren Gedanken Glauben an neue Ziele hervorrufen. Wer nicht vom Herzen her dankbar sein kann, wird nur selten einen festen Glauben an die Zukunft haben und damit auch nur wenig Glauben an Ziele.

Achtung: *1. Von Herzen kommendes, aufrichtiges DANKE-Marketing ist die wichtigste Form des Marketings als Voraussetzung, um systematisch reich zu werden. Achten Sie darauf, daß Dankbarkeit für Sie zu einer angenehmen Gewohnheit wird. 2. DANKE-Marketing bedeutet Dankbarkeit nach außen gegenüber anderen Menschen und Dankbarkeit nach innen, für Sie selbst zu leben.*

Erfolgsjournal

Verantwortlich ist man nicht nur für das, was man tut,
sondern auch für das, was man nicht tut.
Laotse

Wenn Sie alle die in diesem Buch genannten Ratschläge auf dem Weg zum systematischen Reichtum umsetzen möchten, ist es wichtig, daß Sie Ihre Erfolge kontrollieren. Am einfachsten geht dies mit einem Erfolgsjournal. Hier gibt es teure und umfangreiche Journale mit vielen Seiten. Leider gelingt es kaum jemandem, solche umfangreichen Erfolgsjournale wirklich zuverlässig auszufüllen.

Es gibt aber eine ganz einfache Form, wie Sie Ihr persönliches Erfolgsjournal führen können: das Erfolgsraster auf den beiden nächsten Seiten. Ich habe mit dem Verlag, der dieses Buch publiziert, vereinbart, daß Sie dieses Raster x-beliebig oft kopieren dürfen. So oft, wie Sie es benötigen. Sie können es auch kopieren und die Kopien an Freunde und Verwandte weiterreichen. Schön wäre es natürlich, wenn Sie als kleine Gegenleistung von mir und diesem Buch erzählen. Vielleicht kauft in Folge einer Ihrer Bekannten oder Verwandten mein Buch, und so haben auch der Verlag und ich etwas von unserer Vereinbarung.

Dieses Erfolgsraster kopieren Sie sich. Wenn Ihnen wichtige Punkte fehlen, erstellen Sie Ihr eigenes Erfolgsraster. Jeden Abend ziehen Sie Bilanz des Tages. Wenn es Ihnen zeitlich nicht jeden Abend gelingt, macht das nichts. Versuchen Sie einfach, so schnell wie möglich für jeden Tag das Erfolgsraster auszufüllen. Wenn Sie gegen eine der Eigenschaften verstoßen haben, markieren Sie das entsprechende Kästchen. Hierzu nehmen Sie am besten einen schwarzen Stift, so daß Ihnen Ihre scharzen Punkte auch ein wenig schlechtes Gewissen bereiten. Ziel bei Anwendung dieses Erfolgsrasters ist es, daß Sie möglichst keine schwarzen Kästchen finden. Das wird Ihnen zu Anfang kaum gelingen, mit der Zeit dafür umso besser. Ich verspreche Ihnen: Wenn Sie zum ersten Mal zehn bewertete Tage in Folge mit weniger als insgesamt zehn schwarzen Kästchen auf Ihrem persönlichen Erfolgsraster finden, fühlen Sie sich besser als jemals zuvor. Am Ende dieser Zeit werden Sie selbst Ihre Fortschritte bemerken. Während ich dies schreibe, ist mir klar, daß es kein einfacher Weg für Sie ist. Aber ich wollte Ihnen keine einfaches Buch mit einfachen Inhalten schenken, sondern ein ehrliches Buch mit ehrlichem Inhalt. Ich hoffe, Sie sind damit einverstanden.

Lassen Sie mich diese beiden vorangegangenen Kapitel Reichtum & Geldpsychologie sowie Reichtum & Persönlichkeit mit drei Din-

Ihre gelebten Eigenschaften/ Wertvorstellungen	**Ihre persönliche Erfolgsbilanz**															
	1	2	3	4	5	6	7	8	9	10	11	12	13	14	15	16
Kontoauszug (sofern Bewegungen) kontrolliert																
Bei Fehlern die Schuld und damit die Macht übernommen																
Bescheidenheit gelebt																
Eine halbe Stunde ein Sachbuch gelesen																
Ehrlich gelebt																
Offen gelebt																
Gespart ohne Geiz																
Ordnung gehalten																
Gehandelt statt geredet																
Mehr geleistet als verdient																
Anderen geholfen																
Mich bekannt gemacht																
Andere Menschen kennengelernt																
Mich mit großen Zahlen beschäftigt																
Großes geträumt																

Monat: ______________________

17	18	19	20	21	22	23	24	25	26	27	28	29	30	31	**Ihre gelebten Eigenschaften/ Wertvorstellungen**
															Kontoauszug (sofern Bewegungen) kontrolliert
															Bei Fehlern die Schuld und damit die Macht übernommen
															Bescheidenheit gelebt
															Eine halbe Stunde ein Sachbuch gelesen
															Ehrlich gelebt
															Offen gelebt
															Gespart ohne Geiz
															Ordnung gehalten
															Gehandelt statt geredet
															Mehr geleistet als verdient
															Anderen geholfen
															Mich bekannt gemacht
															Andere Menschen kennengelernt
															Mich mit großen Zahlen beschäftigt
															Großes geträumt

gen abschließen. Erstens mit 7 wichtigen Eigenschaften reicher, erfolgreicher und glücklicher Menschen. Zweitens mit dem Bild der Erfolgspyramide. Bauen Sie Stein für Stein Ihre eigene Erfolgspyramide mit Disziplin und Konsequenz auf. Drittens mit einem meiner Lieblingsgedichte, entnommen aus Frank Bettgers Buch „Lebe begeistert und gewinne“.

Die 7 wichtigsten Eigenschaften reicher, erfolgreicher und glücklicher Menschen

Das Geheimnis des Glücks ist die Freiheit.
Das Geheimnis der Freiheit ist der Mut.
Seneca

Die folgenden Eigenschaften sind, zusammengefaßt, die wichtigsten Eigenschaften reicher, erfolgreicher und glücklicher Menschen. Versuchen Sie einfach, einen Teil dieser Eigenschaften in Ihren Alltag zu übernehmen.

1. Keinerlei Habgier oder Geiz. Reiche, erfolgreiche und glückliche Menschen setzen Geld ein, lassen es fließen.
2. Ein festes Ziel vor Augen und einen klaren Plan (Sparkarte), wie dieses Ziel erreicht wird.
   Sie halten schriftlich fest, bis wann sie welche Summen erreicht haben wollen.
   Sie tun, was sie sagen, sie sagen, was sie denken.
3. Selbstkontrolle und ein hohes Maß an Selbstdisziplin wie Konsequenz.
4. Sie leisten ständig und mit Ausdauer mehr, als sie verdienen.
5. Sie übernehmen Schuld und Verantwortung bei allen Fehlern und Mißgeschicken. Damit übernehmen sie auch die Macht, jederzeit etwas zu ändern.
6. Sie besitzen die Fähigkeit, akkurat zu denken. Die W-Formel gehört für sie dazu. Sie tun nichts, ohne verstanden zu haben, was sie tun.
7. Sie besitzen Selbstvertrauen, Optimismus und Visionen.

So werden Sie zur Nr.1

Gewinne!!

Führe Dein persönliches Erfolgsjournal.

Beginne noch heute, Deine Ziele umzusetzen. Das Prinzip Gewinnen lautet: Tue es jetzt!

Binde Dich an Deine Ziele und nutze die Kraft der Buchstaben: Halte Deine Ziele schriftlich fest, führe sie Dir vor Augen.

Träume Deine Ziele und nutze Deine persönliche Zauberformel. Arbeite mit Zielbildern und in Gedanken mit der Formulierung „Ich bin…“

Zielprinzipien

- Denke an realistische Ziele
- Formuliere als „Zu etwas hin…“
- Übernehme die Verantwortung und damit die Macht.

Mein Lieblingsgedicht

Sieg

Wie oft schon hörte ich Dich sagen
Du würdest große Dinge wagen

Wann glaubst Du kommt der große Tag
Da endet alle Müh und Plag
Da Du zu großen Taten schreitest
Und Da Du selbst Dein Schicksal leitest

Und wieder war ein Jahr vorbei
Doch nie warst Du, mein/e Freund/in dabei
Wenn's galt nun endlich zuzugreifen
Damit auch Deine Früchte reifen

Woran es liegt, erklär es nur
Du hattest Pech, ach keine Spur
Wie immer einzig und allein
Lags nur an Dir, an Dir allein

Sieh nur auf Deine Hände bloß
Sie liegen schlaff in Deinem Schoß
Statt endlich, endlich doch zu handeln
Und alles in Dir umzuwandeln

Aus: Frank Bettger, Lebe begeistert und Gewinne, Oesch Verlag, frei übersetzt von Ernst Steiger aus der amerikanischen Originalausgabe

Zum Schluß: Auf den vorigen rund 100 Seiten ging es um die wesentlichen Voraussetzungen, dauerhaft reich, erfolgreich und glücklich zu sein. Erst jetzt ist es an der Zeit, in der zweiten Hälfte dieses Buches auf das Geldwissen und die Geldstrategien der Gewinner einzugehen. Bevor Sie weiterlesen, machen Sie eine kleine Pause und blättern Sie noch einmal die letzten Seiten durch. Ankern Sie an den zahlreichen Skizzen, die als Wiederherstellungssignale dienen sollen.

3. Kapitel

REICHTUM & GELDWISSEN

Typische, aber gefährliche Anlegerfehler

Neben zahlreichen, in diesem Buch bereits beschriebenen Anlagefehlern möchte ich Ihnen im Folgenden vor allem anderen einen wichtigen, typischen Fehler beschreiben. Denn: Es ist fatal, Geld im Hinblick auf ein möglichst großes Vermögen zu investieren, wenn auf der anderen Seite existentielle Risiken nicht abgesichert sind.

Mangelnde Absicherung

Hier geht es in erster Linie um die Absicherung im Falle von Berufsunfähigkeit oder im Todesfall.

Berufsunfähigkeit

Kaum einer kennt die Zahlen im Zusammenhang mit Berufsunfähigkeit. Das hat auch damit zu tun, daß jeder lieber von „Mehr Gewinn“ oder „Ihre erste Million“ liest als von Veröffentlichungen unter dem Thema „Richtig versichert“. Dabei wird jede/r vierte vor Erreichen der Altersgrenze berufsunfähig. Die gravierendste Folge ist vor allem der hohe Einkommensverlust. Das bedeutet in vielen Fällen auch, daß die Träume vom Reichwerden schnell zu Ende geträumt sind, wenn plötzlich das Geld knapp wird, die Sparkonten geplündert und die letzten Geldreserven angegangen werden. Angesichts der Tatsache, daß die durchschnittlich bezahlten Renten bei Berufsunfähigkeit bei rund 1000 DM monatlich liegen, werden meist alle Sparverträge aufgelöst, man braucht das Geld auch dringender anderweitig. Diese Vorgehensweise ist fatal. Denn: Jeder von Ihnen hat die Möglichkeit, für den Fall möglicher Berufsunfähigkeit vorzusorgen und sich individuell, auf den eigenen Bedarf und die eigenen Vermögensverhältnisse abgestimmt, zu versichern. Wichtig in diesem Zusammenhang: Die Berufsunfähigkeitsversicherung ist eine der wenigen Versicherungen, wo es in erster Linie auf (die von Ihnen gewünschte oder die für Sie notwendige) Leistung ankommt, erst dann auf den Preis.

Es geht in jedem Fall zunächst um die optimale Absicherung. Daher ist es sinnvoll, sich bei dieser Form der Versicherung an versierte Fachleute, beispielsweise einen Versicherungsmakler, zu wenden. Versicherungsmakler haben die Pflicht, Sie bedarfsgerecht und nach bestem Wissen und Gewissen zu beraten (Grundsatz des sogenannten „best advice"). Das bedeutet, Versicherungsmakler müssen einen umfassenden Marktüberblick haben. Vorsicht jedoch, denn: Manch ein Makler nennt sich so, ist aber eigentlich keiner, da er nur ein oder zwei Gesellschaften maßgeblich vermittelt. Um sicher zu sein, daß Ihr Versicherungsmakler seinen Job ernst nimmt, lassen Sie ihn zum Vertragsabschluß bitte folgenden Satz abzeichnen:

Ich .... (Name des Maklers) versichere hiermit, den Abschluß der Berufsunfähigkeitsversicherung bei der .... (Name der Versicherung) abgestimmt auf die Bedürfnisse des Kunden/der Kundin nach bestem Wissen und Gewissen getroffen zu haben.

....	....
Unterschrift des Maklers	*Ort, Datum*

Am besten, Sie sind bei der Beratung stets zu zweit und haben notfalls, wenn Ihnen wirklich am Bedarf vorbei Versicherungen verkauft werden, einen Zeugen. – Liebe Versicherungsvertreter, Versicherungsmakler und alle anderen, die sich nun möglicherweise zu hart behandelt fühlen: Von zahlreichen versierten Fachleuten wurde mir bei allen Anfragen bestätigt, daß ein Spezialist für Berufsunfähigkeitsversicherung mit der Unterschrift unter die oben genannte Erklärung keine Schwierigkeiten hat. Mir persönlich geht es auch nicht darum, Ihnen Ihr ohnehin manchmal schwieriges Verkaufsleben noch härter zu machen. Es geht lediglich um Klarheit, darum, daß Versicherungsberater schriftlich und ausdrücklich Verantwortung im Rahmen existentieller Versicherungen, wie bei Berufsunfähigkeitsschutz, übernehmen.

Versicherung des Lebens

Wer systematisch reich werden will, muß auch – je nach persönlicher Situation (Partner, Kinder, sonstige Hinterbliebene etc.) – das eigene Leben versichern. Auch hier gilt: Stirbt überraschend der Partner mit dem Hauptverdienst und wurde nicht ausreichend vorgesorgt, sprengen Schulden und finanzielle Belastungen schnell jeglichen Rahmen.

Dabei ist gerade die Vorsorge über eine Risikolebensversicherung einfach und preisgünstig. Ihre Aufgabe ist es, den Betrag festzulegen, der im Falle des Falles ausbezahlt werden soll. Dann wenden Sie sich an einen der preisgünstigen Direktversicherer (deren Namen Sie regelmäßig in allen möglichen Wirtschaftsmagazinen finden) und schließen eine Versicherung ab. Das war's.

In God we trust – Wir vertrauen auf Gott oder: Inflation und wie Sie bereits heute entscheiden müssen

Wenn Sie Ihr Geld ernst nehmen, dann müssen Sie die Inflation beachten. Ich darf Ihnen ein kleines Beispiel nennen. Angenommen, die Eltern eines neugeborenen Kindes entscheiden sich, 100 DM im Monat zu sparen und in einen erfolgreichen Aktienfonds anzulegen. Zwanzig Jahre weiter entscheidet sich das Kind dazu, diesen Sparplan weiter zu erfüllen und bis zum 60. Lebensjahr weiterzusparen. Mit ein bißchen Glück und bei guter Entwicklung der Aktienmärkte verfügt das Kind im Alter über einen Betrag in Höhe eines zweistelligen Millionenbetrages. Berücksichtigt man die Inflation über die 60 Jahre, so entspricht dieser zweistellige Millionenbetrag heute einem Betrag von rund 2 Millionen.

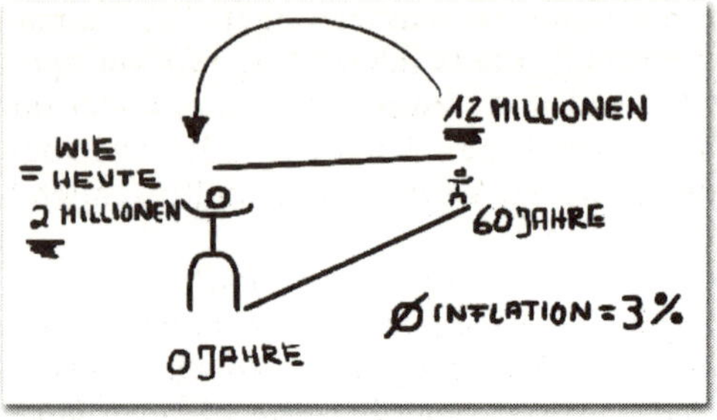

Über diese wichtige Wirkung von Inflation denken nur wenige nach. Wenn Sie jedoch wirklich systematisch reich werden wollen, müssen Sie diese Inflation frühzeitig bei Ihrem Sparplan berücksichtigen. Da es gerade beim Thema Inflation immer wieder Menschen gibt, die es offensichtlich besser wissen, möchte ich für diese Menschen eine kleine Frage stellen:

Was stand früher auf dem amerikanischen Dollar?

Richtig: Früher stand darauf: „Gegenwert in Gold auszahlbar". Jede Münze war sozusagen den Gegenwert in Gold wert. Heute steht auf dem Dollar:

In God we trust
(Wir vertrauen auf Gott)

Mit anderen Worten: Man ist sich offensichtlich nicht mehr so sicher, daß man zu jedem Zeitpunkt den Gegenwert Ihres Papiergeldes in bar auszahlen kann. – Die langfristige Inflation in Deutschland liegt bei rund 3 %. Wer also auf seinem Sparbuch spart, für den gilt folgende Rechnung:

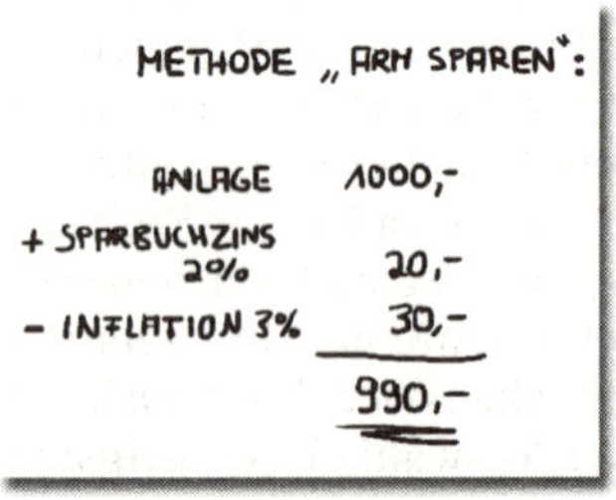

Würden Sie bei diesen Voraussetzungen 100 Jahre sparen, wäre von Ihren 1000 DM nichts mehr übrig. Clever sparen Sie also, wenn Sie in Sach-/Substanzwerte wie Aktien oder Immobilien investieren. Sachwerte haben den Vorteil, daß auch bei schleichender Geldentwertung der Wert der zugrundliegenden Sache gleich bleibt.

Achtung: *Aktien(fonds)sparen ist nicht nur sinnvoll wegen der langfristig hervorragenden Gewinnchancen. Gleichzeitig sind Aktien Substanzwerte, und Ihr Geld ist damit in gewisser Weise inflationsgeschützt. Niedrigverzinste Anlageformen, die Ihnen unterm Strich einen Verlust bringen, müssen Sie meiden.*

Günstig versichern und gleichzeitig ein Vermögen sparen

Vorab passend zu diesem Kapitel zwei Alltagsweisheiten:

1. **Rechnen lohnt sich.**
2. **Der Gewinn liegt im Einkauf.**

Beide Sprüche sind uns bekannt, und im Alltagsleben handeln wir entsprechend. Wer ein Auto kauft, ein neues Mountainbike erwirbt: stets wird verglichen, gerechnet und gehandelt. Anders ist es bei zahlreichen Geldgeschäften. Nur die wenigsten nehmen hier ihr Geld wirklich ernst. Das gilt auch für den Abschluß der wichtigen und existentiell notwendigen Risikolebensversicherung. Für den Fall, daß Sie Hinterbliebene absichern wollen oder müssen, ist die Risikolebensversicherung die sinnvollste Versicherungsform. Nicht selten unterzeichnen Verbraucher jedoch das erstbeste Vertragsangebot. Dabei läßt sich bei sorgfältiger Auswahl des passenden Versicherungsschutzes eine Menge Geld sparen. Und: Wer clever ist und beim Einkauf günstigen Versicherungsschutzes die im Vergleich zu teureren Wettbewerbern gesparte Differenz über Jahre und Jahrzehnte in Aktienfonds spart, kommt zu einem durchaus beachtlichen Vermögen. Im Folgenden eine Tabelle mit der Auswahl der günstigsten Versicherungsangebote bei einem Versicherungsschutz von 500 000 DM. Der Versicherungsnehmer ist 30 Jahre jung, schließt die Versicherung über 30 Jahre ab und ist Nichtraucher.

Günstige Versicherungsangebote		
Rang	**Gesellschaft**	**Monatsbeitrag netto**
1	Cosmos	62,20 DM
2	Hannoversche	64,93 DM
3	Europa	65,76 DM
4	Delta	69,36 DM
5	Ontos	71,30 DM
6	HDI	83,50 DM
7	Delfin	84,17 DM
8	Tellit Direct	90,20 DM
9	Deutsche Allgemeine	93,50 DM
10	Leben Direkt	94,47 DM

Quelle: LV WIN Morgen & Morgen,
Tabelle: © Bernd W. Klöckner, Finanz-Institut Klöckner, Lahnstein, 1999

Betrachtet man die teuersten Anbieter von rund 90 Versicherungsgesellschaften, so sehen die Zahlen – ***bei gleicher Leistung!!!*** – wie folgt aus:

Teure Versicherungsangebote		
Rang	**Gesellschaft**	**Monatsbeitrag netto**
1	Hamburg Mannheimer	200,00 DM
2	Barmenia	200,50 DM
3	Neckura	203,75 DM
4	Wüstenrot	215,20 DM
5	Aspecta	231,50 DM

Quelle: LV WIN Morgen & Morgen,
Tabelle: © Bernd W. Klöckner, Finanz-Institut Klöckner, Lahnstein, 1999

Den Tabellen können Sie die günstigsten und die teuren Versicherer entnehmen. Vergleichen Sie nicht und setzen Sie auf einen der teuersten Anbieter, zahlen Sie monatlich zwischen 130 und 170 DM mehr. Wer Versicherungsschutz also günstig einkauft, der spart.

Nur am Rande: Immer wieder werben einzelne Versicherungsgesellschaften mit sogenannten Nichtraucher- und Rauchertarifen. Hier gilt: Der Nichtrauchertarif eines teuren Versicherers ist meist teurer als der Rauchertarif eines günstigen Versicherers. Lassen Sie sich also nicht mit falschen Werbeversprechen locken.

Richtig clever handelt, wer sich also günstig versichert und durch günstige Versicherungsprämien gesparte Gelder in Aktienfonds anlegt. Angenommen: Sie bekommen ein Angebot der Hamburg Mannheimer, vergleichen jedoch in aller Ruhe und wählen die Cosmos oder die Hannoversche Leben. Sie sparen 140 DM monatlich. Diese 140 DM auf lange Sicht angelegt, kommt ein beträchtliches Vermögen zustande wie die folgende Tabelle zeigt.

140 DM monatlich über 30 Jahre bei einem Ausgabe-Aufschlag von 5 % angelegt, ergeben	
… bei einem Zinssatz von …	**… ein Vermögen von ca. …**
8 % p.a.	200 000 DM
10 % p.a.	304 000 DM
12 % p.a.	470 000 DM
14 % p.a.	740 000 DM

Tabelle © Bernd W. Klöckner, Finanz-Institut Klöckner, Lahnstein, 1999

Fazit: Im Einkauf liegt der Gewinn. Wer Versicherungen günstig einkauft, kann mehr Geld zur Seite legen und sinnvoll sparen. Wer in Aktienfonds investiert, hat so – je nach Sparbeitrag – die Chance, ein sechsstelliges Vermögen zusätzlich zu sparen.

Was ist eigentlich eine KAPITALBILDENDE LEBEN(s)VERSICHERUNG?

Eine kapitalbildende Lebensversicherung ist ein Kombiprodukt aus einem Sparplan und einem Versicherungsschutz in bestimmter Höhe und für bestimmte Risiken. Vorsicht: Es gibt weitere Formen der Lebensversicherung, beispielsweise die Risikolebensversicherung, von der im vorhergehenden Kapitel die Rede war. Im Folgenden eine Darstellung der kapitalbildenden Lebensversicherung, kurz KLV genannt.

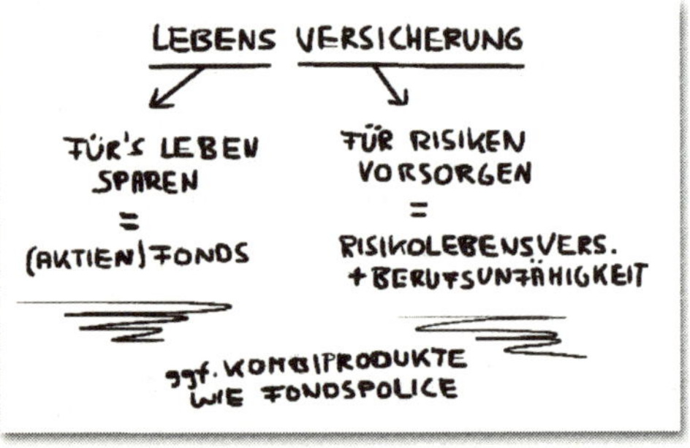

Das bedeutet: Die LEBENS(s)VERSICHERUNG heißt so, weil sie fürs (spätere) Leben Kapital bildet („kapitalbildende...“) und gleichzeitig das Leben versichert („...Lebensversicherung“). Im Grunde genommen ist jedoch deswegen diese klassische Form der Lebensversicherung überflüssig. Denn: Fürs Leben sparen können Sie auf Dauer gewinnbringender mit (Aktien-)Fonds. Die Risiken, wie Todesfall oder Berufsunfähigkeit, können Sie getrennt einkaufen, indem Sie eine Risikolebensversicherung bei einem preisgünstigen Versicherer abschließen und eine Berufsunfähigkeitsversicherung. Das bedeutet: Sie können sich Ihre ganz private Form der LEBEN(s)VERSICHERUNG selbst zusammenstellen.

Der große Vorteil, wenn Sie's selber machen: Sie wissen ganz genau, welche Kosten mit Ihrem Sparplan (fürs Leben) verbunden sind, und Sie kennen die Kosten für Ihren Versicherungsschutz. Bei der klassischen Form der Kapitallebensversicherung zahlen Sie einen Beitrag, erfahren jedoch bis heute nicht genau, welcher Teil Ihres Versicherungsbeitrags gespart wird, welcher als Risikoprämie dient und wie hoch die Gebühren für die Dienstleistung der Versicherung sind.

Achtung: *Die klassische kapitalbildende Lebensversicherung ist in den meisten Fällen eine teure, undurchsichtige und zudem oft nur gering verzinste Anlagealternative. Bevor Sie also eine solche Versicherung abschließen, prüfen Sie stets, ob Sie nicht besser den vorgesehenen Spar(Versicherungs)beitrag aufteilen: a) um die Risiken bedarfsgerecht abzusichern, b) um fürs Leben mit (Aktien-)Fonds vorzusorgen.*

Die ganz besondere Versicherungsvariante: fondsgebundene Lebensversicherung

Irgendwann kamen clevere Versicherungsmanager auf die Idee, den Sparanteil des Versicherungsbeitrags zu einer klassischen kapitalbildenden Lebensversicherung in Aktienfonds zu investieren. Der Name dieses neuen Produktes lautete „fondsgebundene Lebensversicherung“, auch „Fondspolice“ oder kurz „FLV“ genannt. Die Fondspolice kommt unter Umständen als Alternative zur individuell zusammengestellten Lebensversicherung in Frage. Auch bei diesen Fondspolicen besteht zunächst das Problem, daß Sie nicht genau wissen, wie Ihr Versicherungsbeitrag sich aufteilt.

Es gibt allerdings eine clevere Methode, über den Daumen gerechnet die Höhe der Kosten pro Beitrag zu ermitteln. Hierzu müssen Sie wissen, daß Sie beim Angebot einer Fondspolice vom Vertreter in der Regel eine Musterberechnung auf der Grundlage Ihrer Daten (Geburtsdatum, Versicherungssumme, Sparbeitrag) genannt bekommen. In dieser Musterberechnung nennt Ihnen die jeweilige Versicherung die prognostizierten Endergebnisse bei verschiedenen, unterstellten Renditen (in der Regel bei 0, 3, 6, 9 %). Diese Musterberechnung spielt eine wichtige Rolle bei Ermittlung der Kosten. Ein Beispiel:

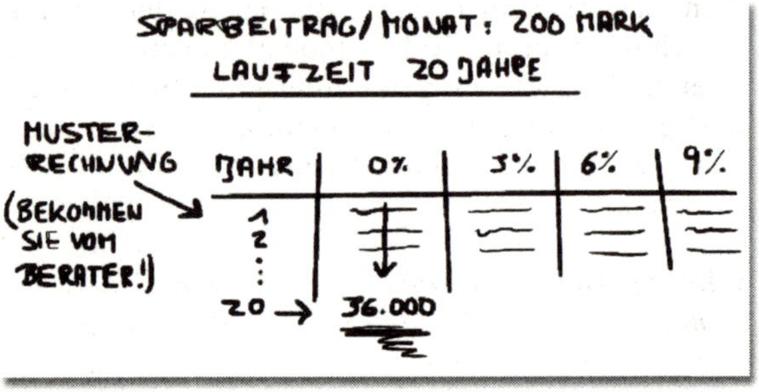

Nun sind Sie an der Reihe. Sie nehmen die Zahl aus der Musterberechnung zum Ende Ihrer geplanten Laufzeit und zwar aus der Spalte mit „0 %“ unterstellter Wertentwicklung (in unserem Beispiel 36 000 DM). Diesen Wert teilen Sie durch die Anzahl der Gesamtmonate laut Ihrer Musterberechnung:

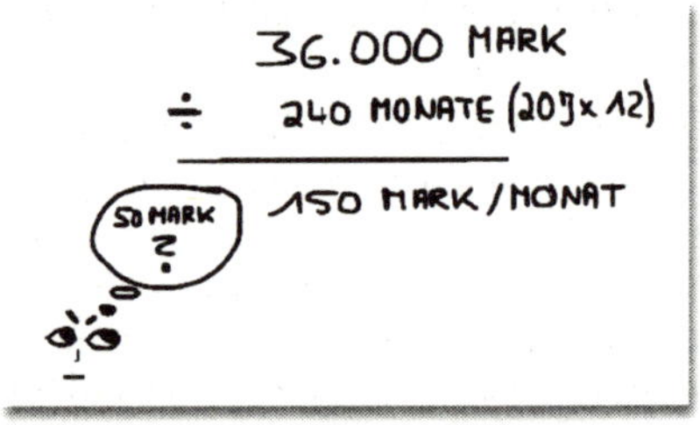

Ergebnis: In unserem Beispiel liegt die Zahl bei 150 DM. Das bedeutet: Sie sparen laut Musterberechnung 200 DM; für das von der Versicherung in der Musterberechnung ausgerechnete Endergebnis bei 0 % angenommener Rendite pro Jahr, brauchen Sie jedoch lediglich 150 DM. Die Differenz, in unserem Beispiel also 50 DM, geht jeden Monat für den Risikoschutz drauf sowie für Kosten irgendwelcher Art. Wie entscheiden Sie nun richtig?

Fragen Sie Ihren Berater, welche Leistungen er Ihnen für diese 50 DM in unserem Beispiel bietet. Gute Zusatzleistungen sind beispielsweise eine große Fondspalette, aktives Vermögensmanagement durch die Fondsmanager, Ablaufmanagement zum Ende der Laufzeit usw. Lassen Sie sich in jedem Fall vom Berater schriftlich abzeichnen, daß aus seiner Sicht trotz der Kosten der Fondspolice (die natürlich nicht immer 50 DM monatlich betragen, sondern von Versicherer zu Versicherer ganz unterschiedlich sein können) es nicht günstiger ist, wenn Sie – wie beim Beispiel der kapitalbildenden Lebensversicherung – getrennt ansparen und sich getrennt versichern würden.

Achtung: *Die fondsgebundene Lebensversicherung bleibt als Kombiprodukt aus Versicherung und Fondssparen stets ein wenig undurchsichtig. Treffen Sie erst eine Entscheidung, wenn Sie den oben beschriebenen Test durchgeführt haben, Sie damit die Kosten kennen und Ihren Berater fragen können, was konkret der Nutzen seiner Dienstleistung ist.*

Clever fürs Alter vorsorgen – Private Rentenversicherung: Ja oder Nein?

Vorab: Die aufgeschobene private Rentenversicherung ist nichts anderes als ein herkömmlicher Sparplan. Bislang, da nach 12 Jahren Mindestlaufzeit steuerfrei, gab es einen kleinen Vorteil, der in Einzelfällen und für konservative Sparer für den Abschluß einer solchen Rentenversicherung sprach. Wie aber sieht es aus, wenn wir uns einmal auf die Zahlen konzentrieren und anschließend die Leistungen des Sparplans „Private Rentenversicherung" mit den möglichen Ergebnissen beim Aktienfondssparen vergleichen? Denn: Letztlich sollten Sie sich für die Geldanlage entscheiden, die Ihnen mehr Gewinn bringt.

In unserem Musterfall möchte ein 30jähriger über eine Laufzeit von 35 Jahren eine private Rentenversicherung abschließen. Er informiert sich ausreichend und erhält Angebote von fünf Spitzenanbietern, die in folgender Tabelle aufgeführt sind:

Private Rentenversicherer im Vergleich		
Gesellschaft	**Ablaufleistung**	**Rente/Monat nach Ende der Versicherung**
Leben Direkt	614 000 DM	3562 DM
Cosmos	586 000 DM	3211 DM
LV 1871	581 000 DM	3442 DM
Europa	575 000 DM	3226 DM
Delfin	558 000 DM	3153 DM

Auf den ersten Blick sind die Leistungen nicht schlecht. Die Einzahlungen in den 35 Jahren betragen 126 000 DM, das Ergebnis des Spitzenreiters mit 614 000 DM (300 DM/Monat) scheint beachtlich. Auch die ausgewiesene Monatsrente mit 3562 DM ist verlockend. Immerhin wird diese sogenannte Leibrente für diejenigen, die sich für die Rentenzahlung statt für die Ablaufleistung entscheiden, bis auf weiteres ein Leben lang gezahlt.

Am Rande: Vorsicht bei diesen „Leibrenten"-Versprechungen. In der Regel ist nur ein Teil dieser Leibrente garantiert, ein großer Teil besteht aus der sogenannten Überschußrente. Dieser nicht garantierte Teil kann sich reduzieren, wenn die Überschüsse der Gesellschaft sinken. Wer nun richtig clever ist, der vergleicht ohnehin die oben genannten Ergebnisse mit den möglichen Ergebnissen eines Aktienfonds-Sparplanes:

Ergebnisse eines Aktienfonds-Sparplanes	
Sparrate 300 DM monatlich, Ausgabeaufschlag 5 %, Ergebnis vor Steuern	
Zinssatz	**Ergebnis nach 35 Jahren**
8 % p.a.	655 000 DM
10 % p.a.	1 085 000 DM
12 % p.a.	1 840 000 DM

Das zeigen alle Untersuchungen: Langfristig lagen die Ergebnisse von Aktienfonds-Sparplänen selbst in schlechten Börsenzeiten zwischen 8 und 11 %, bleiben wir bei den 10 % der Tabelle auf Seite 134 unten. Als Ergebnis hätte unser Sparer ein Vermögen von 1 085 000 DM angesammelt. Würde er diesen Betrag bei einer angenommenen Verzinsung von vorsichtigen 6 % über 25 Jahre aufzehren (also bis zum 90. Lebensjahr), hätte er monatlich ein Zusatzeinkommen vor Steuern von rund 7000 DM. Selbst bei einer Verzinsung von lediglich 4 % sind es monatlich rund 5700 DM. Wer ganz auf Nummer Sicher gehen möchte und das Vermögen von 1 085 000 DM aus 35 Jahren bei 4 % aufzehren möchte, erhält immer noch rund 4800 DM monatlich ausbezahlt.

Fazit: Die private Rentenversicherung als (An-)Sparplan für die Altersvorsorge ist wenig geeignet. Wer noch ausreichend Zeit zur Verfügung hat (mindestens 10, besser 15 Jahre), sollte sein Geld über international anlegende, erfolgreiche Aktienfonds ansparen. Für die reine Sparzeit brauchen Sie keine private Rentenversicherung. Wer mit Aktienfonds (an-)spart, verfügt am Ende aller Wahrscheinlichkeit nach über mehr Geld.

In jedem Fall gilt: Bevor Sie eine aufgeschobene private Rentenversicherung abschließen, lassen Sie sich von Ihrem Berater ausrechnen, um wieviel höher Ihr Vermögen am Ende der geplanten Laufzeit sein kann, wenn Sie in Aktienfonds investieren. Dann entscheiden Sie in aller Ruhe. Denken Sie daran: Wie der oben genannte Beispielfall zeigt, kann Sie eine vorschnelle Entscheidung schnell Tausende von DM kosten!

Und: Kann Ihnen Ihr Berater solche einfachen Vergleichsrechnungen nicht erstellen, seien Sie vorsichtig. Gute Berater haben keine Probleme, Ihnen verschiedene Ansparalternativen zu nennen und diese miteinander verständlich zu vergleichen.

Tip: *Insbesondere bei allen Formen von Versicherungen ist immer eine Frage ganz besonders akut: Wie kann man – wenn es Sinn macht – bestehende Versicherungen kündigen? Soviel vorab: Versicherungen zu kündigen ist nicht ganz einfach, aber machbar. Sie sollten jedoch erst dann kündigen, wenn Ihr Berater, der Ihnen die Kün-*

digung empfiehlt und der Ihnen in der Regel Alternativen anbieten wird, schriftlich bestätigt hat, daß die Kündigung und ggf. der Neuabschluß die für Sie günstigere Variante ist. Bestehen Sie auf einer solchen Formulierung. Ansonsten kann es sein, daß Sie einem Provisionsjäger aufsitzen, der alles im Auge hat, nur nicht Ihr Wohl! Eine wertvolle Hilfe im Zusammenhang mit dem Kündigen von Versicherungsverträgen ist die in jeder Verbraucherzentrale erhältliche Broschüre „Kündigung langfristiger Versicherungen“.

Banksparpläne: Beispiel Bonussparen – Warum Ihnen diese Geldanlage ein Minus bringt

Eine beliebte Sparvariante ist das sogenannte Bonussparen mit Laufzeiten von 1 bis in den meisten Fällen 18 Jahren. Hier gibt es einen niedrigen Grundzins von X % mit der verlockenden Aussage, daß zum Schluß – beispielsweise nach 18 Jahren – nochmals ein Bonus von sagen wir 30 % auf die Summe der bis dahin erbrachten eigenen Sparraten ausbezahlt wird. Haben Sie also 100 DM über 18 Jahre gespart, sind das in der Summe 21 600 DM, darauf gibt's den oben genannten Bonus von beispielsweise 30 %, macht 6480 DM. Das ist natürlich eine Menge Geld zusätzlich. Die ganze Sache hat nur einen Haken: Verteilt auf die 18 Jahre, erhöht diese Einmalzahlung die wirkliche Rendite des Sparplanes nur unwesentlich. Sie können sich das wie folgt vorstellen:

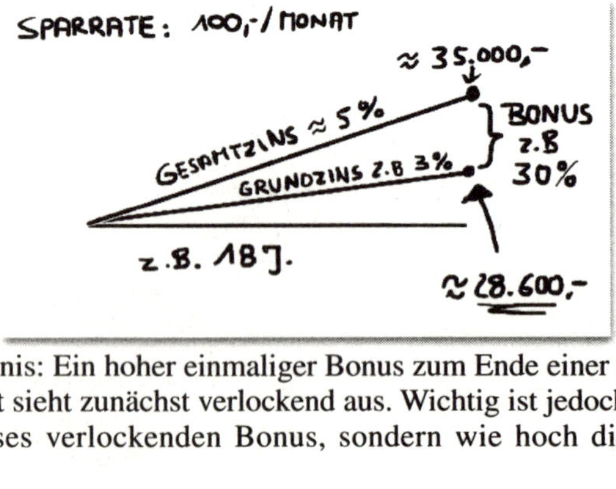

Das Ergebnis: Ein hoher einmaliger Bonus zum Ende einer (längeren) Anlagezeit sieht zunächst verlockend aus. Wichtig ist jedoch nicht die Höhe dieses verlockenden Bonus, sondern wie hoch die Rendite inkl. Bonus ist. In unserem Fall liegt die Rendite bei lediglich rund 5 %. Gehen wir davon aus, die 100 DM wären monatlich in einen erfolgreichen Aktienfonds investiert worden, der – unter Schwankungen – durchschnittlich eine Rendite von vorsichtigen 8 % gebracht hätte. Das Ergebnis in diesem Fall: rund 48 000 DM.

***Achtung:** Lassen Sie sich niemals von hohen Bonuszahlungen oder sonstigen besonderen Ausschüttungen blenden. Fragen Sie stets nach der ehrlichen Rendite inkl. möglicher Sonderauszahlungen und vergleichen Sie das Ergebnis insbesondere bei längerfristigen Sparplänen mit dem möglichen Ergebnis eines Aktienfondssparplanes.*

Wie ein Aktienfonds funktioniert

Das Prinzip ist simpel. Viele Sparer legen kleinere Beträge zusammen in einem Topf, jemand verwaltet diesen Geldtopf (Fondsmanagement) und erwirbt Aktien. Somit besitzt jeder Geldgeber im Umfang seines in den Topf gegebenen Beitrages einen Anteil an allen vom Fondsmanager gekauften Aktien. Der Hintergrund ist einleuchtend: Statt mit dem Kauf einer Aktie ein großes Risiko einzugehen, verteilt der Aktienfondsbesitzer sein Risiko auf viele Aktien. Das folgende Schaubild macht deutlich, wieso Sie mit Aktienfonds langfristig bei kleinem Risiko nur gewinnen können:

Anleger A

Kauf von vier Aktien
je 250 DM

Anleger B

Kauf von einem Fondsanteil zu 1000 DM (Fonds aus 50 Aktien zu gleichen Anteilen, darin die 4 Aktien des Anlegers A)

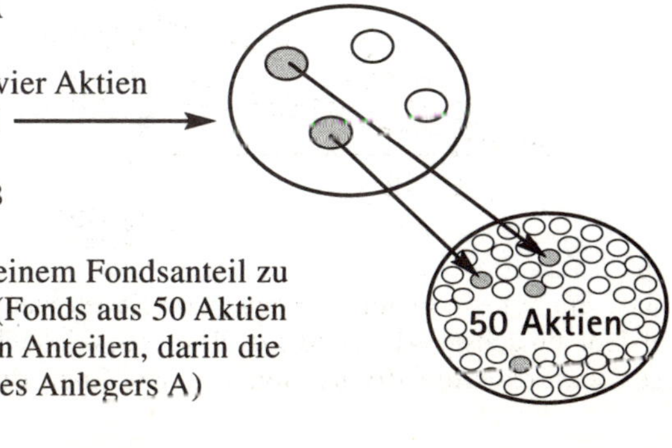

Nun passiert Folgendes: Von den vier Aktien erweisen sich zwei als Verlierer, die Kurse dieser beiden Aktien fallen um 50 % von 250 DM (Kaufkurs) auf 125 DM. Die beiden anderen Aktien bleiben im Kurs stabil. **Anleger A** besitzt nun ein **Vermögen** von

250 + 250 + 125 + 125 = **750 DM.**

Kursverlust: 250 DM oder immerhin **25 %.**

Anleger B dagegen kann sich beruhigt zurücklehnen. Die beiden Aktien, die im Kurs von 250 DM auf 125 DM gefallen sind, machen sich im gesamten Fondsvermögen kaum bemerkbar. Schließlich hat Anleger B nur zu einem Fünfzigstel jeweils eine der beiden Aktien gekauft. Das bedeutet, von 1000 DM Fondsanteil entfielen jeweils 20 DM auf die beiden Verliereraktien. Das **Vermögen** von **Anleger B** ist daher kaum gefallen. Es beträgt

960 DM + 10 + 10, also **980 DM.**

Kursverlust: lediglich **2 %.**

Mit einem Aktienfonds streuen Sie also das Risiko. Sie können sich bei einem Aktienfonds bereits mit kleinen Beträgen an einem mit vielen Aktien gefüllten Topf beteiligen. Langfristig gibt es keine bequemere Form der Geldanlage.

Aktienfonds = langfristiger Gewinn – Es gibt lediglich ein einziges Risiko

Daß Aktienfonds zu Ihrer privaten Vermögensplanung dazugehören, steht außer Frage. Interessant ist, daß viele Menschen, ohne auch nur annähernd das oben beschriebene System von Investmentfonds zu kennen, vermeintlich wissen, daß es aber große Risiken gibt. Tatsache ist, es gibt bei der Geldanlage in Aktienfonds lediglich ein Risiko. Raten Sie einmal, was es sein könnte? Welches ist das einzige Risiko bei der Spekulation mit Aktienfonds? Ich möchte es Ihnen verraten:

Sie dürfen niemals zu einem festen Zeitpunkt in der Zukunft verkaufen müssen

Das ist alles. Das einzige Risiko besteht darin, daß Sie heute kaufen (vgl. Strategie A) und zu einem festen Zeitpunkt irgendwann in der Zukunft verkaufen wollen (müssen). Wer mit diesen Gedanken sein Geld in Aktienfonds anlegt, kann bitter enttäuscht werden. Dann allerdings war nicht die Geldanlage die falsche Form, sondern seine Einstellung beim Kauf der Fondsanteile war falsch.

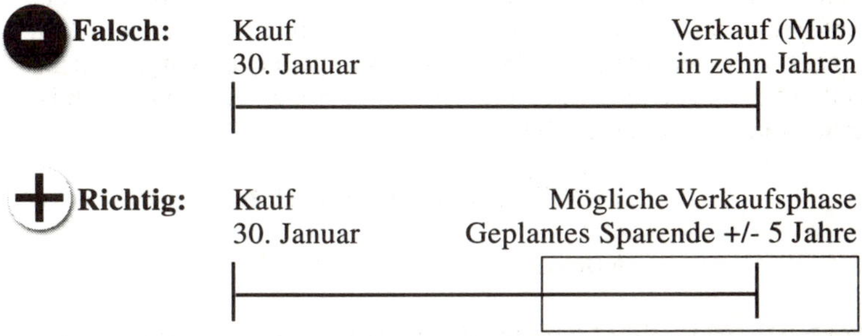

Fazit: Planen Sie von Beginn an eine Verkaufsphase ein. Viele Menschen tun sich schwer, kein genaues Verkaufsende zu sehen, zu dem sie dann ein Vermögen in den Händen halten. Es erscheint ihnen zu unsicher. Dabei gilt im Fall der Geldanlage mit Aktienfonds: Sie werden unsicher reich – garantiert! Es ist nicht klar, wann der optimale Zeitpunkt des Verkaufs sein wird, dieser Zeitpunkt ist unsicher. Jetzt müssen Sie entscheiden: Bei festverzinslichen Wertpapieren kennen Sie genau den Punkt der Rückzahlung Ihres eingesetzten Kapitals und der Zinsen. Eine tolle Geldanlage. Vermeintlich ohne Risiko. An dieser Stelle ein Wort zum Risiko: Wie oft haben Sie bereits bei dem Gedanken an Aktien und Aktienfonds gedacht:

Das ist mir zu risikoreich.

Viele von Ihnen werden diesen Gedanken schon häufig gehabt haben. Das Problem dabei ist nur: Was – bitte sehr – verstehen Sie unter Risiko? Haben Sie bereits einmal darüber nachgedacht, daß Ihr Risiko beim Nichtstun wegen der mageren Zinsen (die nach Steuern und Inflation oft bei +/- Null liegen) viel größer ist, als vorübergehend mit Aktien oder Aktienfonds einmal Kursverluste hinnehmen zu müssen? Festverzinsliche Wertpapiere sind vermeintlich ohne Risiko, bis auf das, daß Sie auf Dauer – nach Steuern und Inflation – sicher arm sind.

Was ist Ihnen lieber?

Aktien/Aktienfonds = zum unsicheren Zeitpunkt REICH
Festverzinsliche Wertpapiere = zum sicheren Zeitpunkt ARM

Was Sie über kurzfristige Aktien (Fondssparpläne) wissen müssen

Es liegt in der menschlichen Natur, vernünftig zu denken und unlogisch zu handeln.
Anatole France

Finanzieller Reichtum hat auch damit zu tun, daß Sie mit den richtigen Erwartungen und der richtigen Strategie Ihr Geld investieren. Beim Aktienfonds-Sparen gibt es nun außer dem Risiko, daß Sie zu einem falschen Zeitpunkt verkaufen müssen, ein weiteres Risiko: Nämlich, daß Sie in kurzer Zeit zuviel erreichen wollen, schlichtweg zu gierig sind. Ich möchte Sie damit nicht beleidigen, sondern Sie nur vor einem folgenschweren Fehler bei Ihrer Geldanlage bewahren. Denn: Immer wieder kommt es vor, daß Anleger zu uns kommen und uns ihren Wunsch wie folgt mitteilen:

„Seit Jahren beobachte ich nun, wie die Aktienkurse steigen und steigen. Ich habe auch 30 000 DM und möchte die so anlegen, daß ich in den nächsten 7 Jahren stets eine Rendite von rund 12 % erziele. Was können Sie für mich tun?"

Diesen Menschen sieht man bereits an ihren Gesichtern an, daß sie gierig auf Gewinne sind. Motto „Ich will jetzt auch gewinnen". Diese (gierige) Einstellung mit der Angst, Gewinne und Reichtum ansonsten zu verpassen, ist insbesondere bei kurzlaufenden Aktienfondssparplänen sehr gefährlich, die Gedanken an gesicherte kurzfristige Gewinne sind schlichtweg falsch. Ich möchte Ihnen das im Folgenden mit Zahlen belegen:

Beispiel 1: Sparplan mit gewünschten 7 Jahren Laufzeit Anlage: Aktienfonds, 200 DM monatlich		
4 positive Jahre mit durchschnittlich ...% Rendite	3 negative Jahre mit durchschnittlich ...% Rendite	Rendite des gesamten Sparplanes für die gesamte Laufzeit in %
+ 10 % jährlich	**- 10 % jährlich**	**- 3,5 % jährlich**
Tabelle © Bernd W. Klöckner, Finanz-Institut Klöckner, Lahnstein, Juli 1999		

So lesen Sie die Tabelle: Angenommen, Ihr kurzlaufender Aktienfondssparplan erzielt in den ersten 4 Jahren durchschnittlich einen Gewinn von 10%. Anschließend folgen drei schlechte Jahre, die Börsenkurse brechen um jeweils durchschnittlich minus 10% jährlich ein. Müssen Sie dann nach sieben Jahren aussteigen, ergäbe dies über die sieben Jahre jährlich einen Verlust von 3,5%.

Beispiel 2: Sparplan mit gewünschten 7 Jahren Laufzeit Anlage: Aktienfonds, 200 DM monatlich		
5 positive Jahre mit durchschnittlich ...% Rendite	2 negative Jahre mit durchschnittlich ...% Rendite	Rendite des gesamten Sparplanes für die gesamte Laufzeit in %
+ 10 % jährlich	**- 10 % jährlich**	**+ 0,4 % jährlich**
Tabelle © Bernd W. Klöckner, Finanz-Institut Klöckner, Lahnstein, Juli 1999		

So lesen Sie die Tabelle: Angenommen, Ihr kurzlaufender Aktienfondssparplan erzielt in den ersten fünf Jahren durchschnittlich einen Gewinn von 10%. Anschließend folgen zwei schlechte Jahre, die Börsenkurse brechen um jeweils durchschnittlich minus 10% jährlich ein. Müssen Sie dann nach sieben Jahren aussteigen, hätten Sie über die sieben Jahre jährlich eine mickrige Rendite von 0,4% erzielt.

Beispiel 3: Sparplan mit gewünschten 7 Jahren Laufzeit Anlage: Aktienfonds, 200 DM monatlich		
6 positive Jahre mit durchschnittlich ...% Rendite	1 negatives Jahr mit durchschnittlich ...% Rendite	Rendite des gesamten Sparplanes für die gesamte Laufzeit in %
+ 10 % jährlich	**- 10 % jährlich**	**+ 5,0 % jährlich**
Tabelle © Bernd W. Klöckner, Finanz-Institut Klöckner, Lahnstein, Juli 1999		

So lesen Sie die Tabelle: Angenommen, Ihr kurzlaufender Aktienfondssparplan erzielt in den ersten sechs Jahren durchschnittlich einen Gewinn von 10%. Anschließend folgt ein schlechtes Jahr, die Börsenkurse brechen in diesem schlechten Jahr um minus 10% ein. Müssen Sie dann nach sieben Jahren aussteigen, hätten Sie über die sieben Jahre jährlich einen Gewinn von 5% erzielt. 5% sind zwar gar nicht so schlecht, Sie müssen nur im Vorfeld bereits mit solchen realistischen Entwicklungen planen.

Achtung: *Aktienfonds sind eine langfristig ausgerichtete Anlageform. In guten Börsenzeiten kann es natürlich sein, daß Sie selbst mit nur wenige Jahre laufenden Sparplänen sehr große Gewinne erzielen. Das ist möglich. Kommt es jedoch einmal zu Zeiten anhaltend sinkender Börsenkurse, müssen Sie damit rechnen, daß Sie bei kurzfristigen Anlageplänen Ihre Vermögensträume nicht erreichen. Es gibt eben keine Anlageform, bei der Sie in wenigen Jahren garantierte zweistellige Renditen erreichen.*

Warum Sie auf Dauer nur gewinnen können

Nachdem wir im vorhergehenden Kapitel die Risiken des kurzfristigen Sparens betrachtet haben, möchte ich Ihnen in jedem Fall im Folgenden die langfristig exzellenten Gewinnchancen mit Aktien vorstellen. Wer über ausreichend Zeit verfügt, der ist mit Aktienfonds – trotz zwischenzeitlich und zum Ende möglicher Kursschwankungen und Kursverluste – auf der sicheren Seite.

Beispiel 1: Sparplan mit gewünschten 20 Jahren Laufzeit Anlage: Aktienfonds, 200 DM monatlich		
17 positive Jahre mit durchschnittlich ...% Rendite	3 negative Jahre mit durchschnittlich ...% Rendite	Rendite des gesamten Sparplanes für die gesamte Laufzeit in %
+ 10 % jährlich	**- 10 % jährlich**	**+ 5,3 % jährlich**
Tabelle © Bernd W. Klöckner, Finanz-Institut Klöckner, Lahnstein, Juli 1999		

So lesen Sie die Tabelle: Angenommen, Ihr langfristiger Aktienfondssparplan erzielt in den ersten siebzehn Jahren durchschnittlich einen Gewinn von 10%. Anschließend folgen drei schlechte Jahre, die Börsenkurse brechen um jeweils durchschnittlich minus 10% jährlich ein. Müssen Sie dann nach zwanzig Jahren aussteigen, hätten Sie über die 20 Jahre jährlich einen Gewinn von 5,3% erzielt. Das ist zwar nicht besonders viel, zeigt Ihnen aber, daß bei langfristigen Sparplänen und Kursverlusten zum Ende immer noch ein ordentlicher Ertrag übrig bleibt.

Beispiel 2: Sparplan mit gewünschten 20 Jahren Laufzeit Anlage: Aktienfonds, 200 DM monatlich		
18 positive Jahre mit durchschnittlich ...% Rendite	2 negative Jahre mit durchschnittlich ...% Rendite	Rendite des gesamten Sparplanes für die gesamte Laufzeit in %
+ 10 % jährlich	**- 10 % jährlich**	**+ 6,9 % jährlich**
Tabelle © Bernd W. Klöckner, Finanz-Institut Klöckner, Lahnstein, Juli 1999		

So lesen Sie die Tabelle: Angenommen, Ihr langfristiger Aktienfondssparplan erzielt in den ersten achtzehn Jahren durchschnittlich einen Gewinn von 10%. Anschließend folgen zwei schlechte Jahre, die Börsenkurse brechen um jeweils durchschnittlich minus 10% jährlich ein. Müssen Sie dann nach zwanzig Jahren aussteigen, hätten Sie über die 20 Jahre jährlich eine Rendite von immerhin knapp 7% erzielt.

Beispiel 3: Sparplan mit gewünschten 20 Jahren Laufzeit Anlage: Aktienfonds, 200 DM monatlich		
19 positive Jahre mit durchschnittlich ...% Rendite	1 negatives Jahr mit durchschnittlich ...% Rendite	Rendite des gesamten Sparplanes für die gesamte Laufzeit in %
+ 10 % jährlich	**- 10 % jährlich**	**+ 8,5 % jährlich**
Tabelle © Bernd W. Klöckner, Finanz-Institut Klöckner, Lahnstein, Juli 1999		

So lesen Sie die Tabelle: Angenommen, Ihr langfristiger Aktienfondssparplan erzielt in den ersten neunzehn Jahren bei allen Hochs und Tiefs durchschnittlich einen Gewinn von 10%. Anschließend folgt ein schlechtes Jahr, die Börsenkurse brechen in diesem schlechten Jahr um minus 10% ein. Müssen Sie dann nach zwanzig Jahren aussteigen, hätten Sie über die 20 Jahre jährlich einen Gewinn von 8,5% erzielt.

Achtung: *Aktienfonds sind eine langfristig ausgerichtete Anlageform. Je länger Sie sparen, umso wahrscheinlicher gehören Sie am Ende Ihrer geplanten Spardauer zu den Gewinnern.*

Warum es nicht lohnt, zum Ende eines Sparplanes zu gierig zu sein

Wenn Sie daran denken, zu sparen und zu investieren, dann haben Sie in den meisten Fällen schon in etwa eine bestimmte Laufzeit im Sinn. Wollen Sie nun nicht riskieren, daß zum Ende Ihrer geplanten Sparzeit möglicherweise vorübergehend sinkende Börsenkurse Ihren Anlageerfolg (Ihre Rendite) reduzieren, sollten Sie wie folgt vorgehen.

Beispiel: Sie möchten 25 Jahre lang sparen. Dann bietet sich folgende Strategie an. Sparen Sie zunächst rund 20 Jahre in Aktienfonds. Lassen Sie sich nicht irritieren, wenn es an der Börse zwischenzeitlich auch mal runtergeht, sparen Sie einfach weiter. Fünf Jahre vor Ablauf beginnen Sie, sehr aufmerksam das Börsengeschehen zu beobachten. Stehen die Zeichen gut, bleibt Ihr Geld in Aktienfonds investiert. Gibt es jedoch Unsicherheiten, verzichten Sie besser auf die weiteren Kursgewinne an der Börse und legen Ihr Geld in diesen letzten Jahren sicher an.

Damit beginnen Sie, Ihr Geld zum Ablauf des Sparplanes hin zu managen. Profis sprechen daher auch von Ablaufmanagement. Einzelne Anbieter von Finanzprodukten bieten ihren Kunden ein solches aktives Ablaufmanagement an. Sind damit nicht zu hohe Kosten verbunden, kann es sich lohnen. Fragen Sie einfach Ihren Berater, ob die von ihm vermittelten Gesellschaften ein solches Ablaufmanagement bieten. Nur mit dieser Strategie können Sie mit einer festen Auszahlung zu einem festen Zeitpunkt rechnen. Sie verlieren zwar etwas an Gewinn, kaufen sich jedoch dafür ein großes Maß an Sicherheit.

Auch hierzu eine kleine Rechnung:

Beispiel: Kundin A will 25 Jahre monatlich 300 DM sparen. In den ersten 20 Jahren erzielt ihre Geldanlage in Aktienfonds durchschnittliche eine Rendite von 10 % jährlich. In den letzten fünf Jahren wechselt sie von der Anlage in Aktienfonds in festverzinsliche Wertpapiere und erzielt durchschnittlich eine Rendite von 6 %. Das Endergebnis nach 25 Jahren: 330 000 DM oder rund 8,9 % jährlich.

Fazit: Die Rendite von Kundin A ist überdurchschnittlich hoch, obwohl sie in den letzten 5 Jahren auf Nummer Sicher geht und aus der Geldanlage in Aktienfonds ausgestiegen ist. Würde sie auf maximalen Gewinn aus sein und über das 20. Jahr weiter in Aktien anlegen, so würden größere Kursverluste in den letzten fünf Jahren (gleich wann sie eintreten) in jedem Fall zu einem schlechteren Endergebnis führen.

Achtung: *Es lohnt sich nicht, zum Ende eines Aktienfondssparplanes zu gierig zu sein. Wer hier die Renditechancen bis auf den letzten Prozentpunkt ausnutzen will, geht ein großes Risiko ein, daß er bei sinkenden Kursen seinen festen Auszahlungszeitpunkt nicht halten kann.*

Wie Sie erfolgreiche Aktienfonds erkennen und kaufen

Angesichts einiger tausend Aktienfonds ist es keine besonders leichte Aufgabe, sein Geld gerade in die besten Fonds zu investieren. Was überhaupt sind Top-Fonds? Die wichtigste Regel lautet: Ein Top-Fonds weist gute Renditen für kurz,-mittel- und langfristige Zeiträume auf. Also gute durchschnittliche Renditen pro Jahr bei 1, 3, 5, 10 und wenn möglich 20 Jahreszeiträumen. Das hat einen ganz besonderen Grund: Jedes Fondsmanagement ist bestrebt, möglichst viele Kundengelder von Ihnen und Millionen anderer potentieller Kunden zu akquirieren. Daher ist jede Gesellschaft bestrebt, ihre Anlageergebnisse möglichst schön darzustellen. Hier gibt es verschiedene Tricks:

1. Es könnte sein, daß ein Fondsmanager ein wirklich hervorragendes letztes Jahr hingelegt hat, davor jedoch zu den Verlierern zählte. Wenn Sie nun ausschließlich auf das mit Sicherheit in diesem Fall positiv herausgestellte kurzfristige Ergebnis achten, treffen Sie womöglich die falsche Entscheidung.

2. Wenn Sie sich ausschließlich auf langfristige, offensichtlich erfolgreiche Renditezahlen verlassen, kann auch das schief gehen. Denn: Was ist, wenn die/der für den jahrelangen Erfolg verantwortliche Fondsmanager/in zwischenzeitlich zu einer anderen Gesellschaft gewechselt hat? Dann setzen Sie womöglich auf einen Verlierer.

3. Aufgepaßt heißt es, wenn Sie Ergebnisse über die letzten x Jahre präsentiert bekommen. Also beispielsweise die letzten 1, 2 und 3 Jahre. Unter Umständen war lediglich das letzte Jahr ein hervorragendes Jahr mit einer hohen Rendite. Diese „Eintagsfliege" würde dann alle anderen Jahreszahlen ebenfalls besser dastehen lassen.

Wichtig: Bevor Sie sich für einen Fonds auf Grund seiner Wertentwicklung entscheiden, vergleichen Sie stets das Ergebnis

- nach Gebühren (Ausgabeaufschlag bei Kauf)
- nach Berücksichtigung von Währungsunterschieden

Das bedeutet: Es bringt nichts, wenn ein in US-$ notierter Aktienfonds in der Rendite alle in DM notierten Aktienfonds geschlagen hat, jedoch der US-$ gegenüber der DM an Wert verloren hätte. Wollen Sie nämlich dann Ihren Gewinn in DM realisieren, reduzieren Währungsverluste den Gewinn. Das gleiche gilt für den Ausgabeaufschlag: Einige Aktienfonds kosten beim Kauf lediglich 2%, andere 5%. Das bedeutet: Der Fonds mit Kosten zu 5% muß ohnehin eine bessere Rendite aufweisen, um die Geldanlage in einem Aktienfonds zu 2% zu schlagen.

***Achtung:** Fordern Sie Ihren Berater. Bitten Sie ihn, Ihnen eine um Kosten und Währungsunterschiede bereinigte Vergleichsrechnung der erfolgreichsten Fonds in unterschiedlichen Jahreszeiträumen aufzustellen. Verlangen Sie im Rahmen dieser Beratung schriftliche Auswertungen.*

Vorsicht Falle: Performance oder Rendite! Warum es wichtig ist, diesen Unterschied zu kennen!

Das folgende Kapitel ist besonders wichtig. Ich weiß, daß manche von Ihnen zu viele Zahlenbeispiele nicht mögen. Das folgende Kapitel ist jedoch von ganz großer Bedeutung. Machen Sie doch einfach, bevor Sie weiterlesen, eine kleine Gedankenpause. Lehnen Sie sich einmal zurück, lassen Sie sich die letzten Seiten durch den Kopf gehen und halten Sie für eine kurze Zeit inne. Die Ungeduldigen unter Ihnen dürfen natürlich weiterlesen.

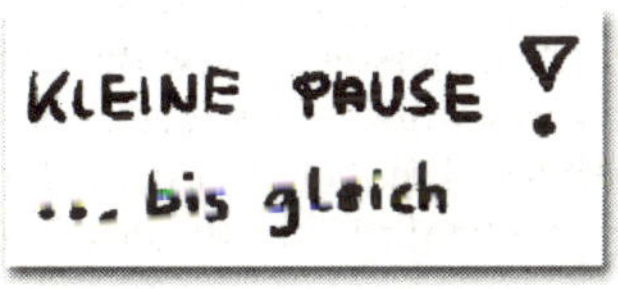

Viele Finanzberater, auch mancher Banker oder Versicherungsmitarbeiter arbeiten nach dem Prinzip der großen Zahlen. Das bedeutet: Mit großen Zahlen versucht man, Kunden anzulocken. In diesem Zusammenhang taucht immer wieder der Begriff „durchschnittlicher Wertzuwachs pro Jahr“ oder Performance auf. Ein Beispiel:

Der Bundesverband der Deutschen Investmentgesellschaften schrieb vor einiger Zeit – fachlich völlig korrekt: „Aktienfonds mit Anlageschwerpunkt Deutschland... nach 20 Jahren (Anmerkung des Autors: ergab sich ein Wertzuwachs) von 786,1 %."

Fatal ist nun, wenn einzelne Berater oder auch Kunden diese Gesamtzahl durch die Anzahl der Jahre teilen und so den durchschnittlichen Wertzuwachs für das Aktienfondssparen für die genannten 20 Jahre berechnen:

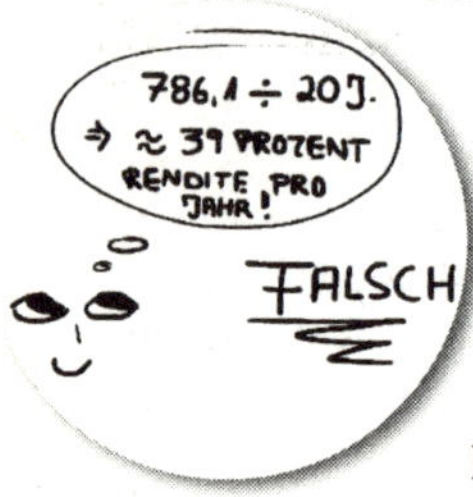

Diese Betrachtung ist falsch, da der Zinseszins-Effekt außen vor gelassen wurde. Dazu ein einfaches Beispiel. Halten Sie noch ein wenig durch, und Sie werden in Kürze erfahren, warum es so wichtig ist zu wissen, ob ein Berater von Performance spricht oder von Rendite pro Jahr.

Ein Aktienfonds erzielte in den letzten 5 Jahren einen Wertzuwachs von 50 %. Aus 10 000 DM wurden also 15 000 DM (Gebühren bei diesem Beispiel außen vor lassen!). Nach der oben beschriebenen (falschen) Rechnung könnte man nun sagen, der Fonds hat durchschnittlich 10 % (50 % dividiert durch 5 Jahre) im Jahr erzielt. Rechnen wir einmal nach, wie hoch das Ergebnis wirklich wäre, wenn durchschnittlich eine Rendite von 10 % im Jahr erzielt worden wäre.

ANLAGE: 10000,-

JAHR	ZINS (10%)	KAPITAL
1	1000,-	11.000,-
2	1.100,-	12.100,-
3	1.210,-	13.310,-
4	1.331,-	14.641,-
5	1.464,-	16.105,-

Sie sehen: Rechnen wir mit dem durchschnittlichen Wertzuwachs pro Jahr (50 % durch 5 Jahre = 10 % durchschnittlicher Wertzuwachs), kommen wir auf ein Endergebnis von 16 105 DM. Tatsächlich sind es jedoch lediglich 15 000 DM. Das bedeutet: Wird der Wertzuwachs eines bestimmten Jahreszeitraumes lediglich durch die Anzahl der Jahre dividiert, erhalten wir mit dem durchschnittlichen Wertzuwachs pro Jahr ein falsches und zu positives Ergebnis. Um in unserem Beispiel auf die 15 000 DM tatsächliches Endergebnis zu kommen, ist also eine wirkliche Rendite im Jahr von weniger als 10 % notwendig, in unserem Fall rund 8,5 %. Je länger der Betrachtungszeitraum, desto gravierender ist der Unterschied zwischen durchschnittlichem Wertzuwachs pro Jahr (Performance) und der wirklichen Rendite pro Jahr. Ausgehend von unserem Beispiel und den Zahlen des BVI mit 786,1 % wird dieser Unterschied sehr deutlich.

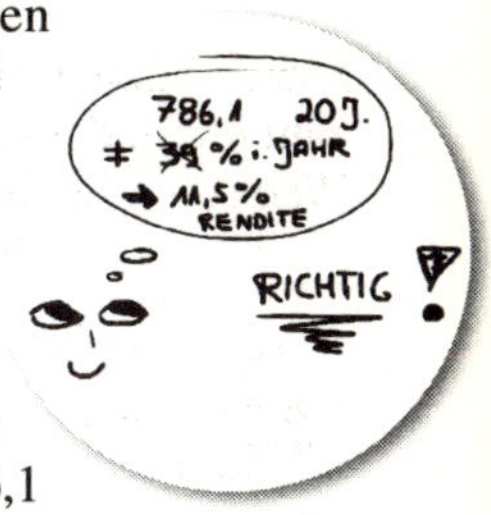

Erläuterung: 10 000 DM einmalig zu 11,5 % jährlicher Rendite verzinst, ergeben nach 20 Jahren einen Betrag in Höhe von 88 610 DM und damit einen Wertzuwachs von 78 610 DM oder gesamt 786,1 %. Wer hier mit den Ergebnissen des durchschnittlichen Wertzuwachses pro Jahr rechnet (rund 39 %), rechnet schlichtweg falsch bzw. rechnet etwas schön!

Achtung: *Diese Renditezahlen müssen Sie nicht selbst berechnen. Sie müssen lediglich wissen, daß es einen wichtigen Unterschied zwischen der wirklichen Rendite pro Jahr gibt und der Angabe des durchschnittlichen Wertzuwachses pro Jahr. Richtig rechnen muß Ihr Berater. Kann er das nicht, sollten Sie ihm Ihr Geld nicht anvertrauen.*

Mit Aktien gewinnen

Statt auf Fonds zu setzen, können Sie natürlich auch einzelne Aktien kaufen. Das bedeutet jedoch, Sie müssen sich selbst aktiv um Ihr Vermögen kümmern. Das wiederum wird nur für die wenigsten von Ihnen zeitlich möglich sein. Möchten Sie trotzdem in Aktien investieren, möchte ich Ihnen zwei aus meiner Sicht wichtige Dinge mitgeben: erstens goldene Regeln für langfristigen Börsenerfolg, zweitens eine wichtige psychologische Erfolgsregel für große Gewinne und kleine Verluste.

Wenn Sie sich weiter mit der Aktienanlage beschäftigen wollen, darf ich Ihnen zum Einstieg den von mir geschriebenen Bestseller „Gewinnen mit Aktien“ empfehlen. Es ist ein leicht verständlich geschriebenes Einsteigerbuch.

Gewinnerregeln für langfristigen Börsenerfolg

Gewinnerregel 1
Setzen Sie niemals alles auf ein Wertpapier. Es gibt nicht den Gewinnertip. Wenn Sie nur ein kleines Vermögen haben, sind Investmentfonds die richtige Wahl.

Gewinnerregel 2
Investieren Sie stets mit langfristigen Gedanken und nur mit Geld, das Sie langfristig nicht brauchen.

Gewinnerregel 3
Kaufen Sie Aktien und andere Wertpapiere nur bei Ihrer Bank. Hüten Sie sich vor dubiosen Anlagemodellen oder Angeboten unbekannter Scheinbanken.

Gewinnerregel 4
Kaufen Sie niemals zu viele Papiere. Sie müssen den Überblick bewahren. Optimal: zehn verschiedene Werte.

Gewinnerregel 5
Kaufen Sie nur Aktien, wenn Sie das Unternehmen und dessen Produkte kennen. Handeln Sie anders, mag es in Einzelfällen zu Glücksgewinnen führen, langfristig jedoch verlieren Sie.

Gewinnerregel 6
Kaufen Sie zu günstigen Kursen (der Gewinn liegt im Einkauf!), jedoch nie zum günstigsten Kurs. Verkaufen Sie zu hohen Kursen, jedoch nie zum höchsten Kurs. Versuchen Sie erst gar nicht, die letzten Prozentpunkte Gewinn auszureizen. Das geht auf Dauer schief.

Gewinnerregel 7
Investieren Sie niemals Ihr gesamtes Vermögen in einer Summe. Selbst wenn Sie absolut sicher sind, auf einen Gewinner gesetzt zu haben, behalten Sie stets einen guten Teil Ihres Vermögens zurück, um bei wider Erwarten sinkenden Kursen nachkaufen zu können.

Gewinnerregel 8
Seien Sie geduldig. Nicht immer entwickelt sich eine Aktie von Beginn an wie gewünscht. Überprüfen Sie zur Sicherheit von Zeit zu Zeit Ihre Wertpapiere und Ihre Strategie. Wichtig: Überprüfen Sie immer wieder, ob Gründe, die für einen Kauf gesprochen haben, immer noch stimmen.

Gewinnerregel 9
Spekulieren Sie niemals auf Kredit. Das gilt insbesondere für alle Börsenneulinge. Wer auf Kredit spekuliert, kann schnell alles verlieren. Erfahrene Börsenprofis dürfen sich in einzelnen Situationen schon einmal an einen Kredit herantrauen.

Gewinnerregel 10
Niemals ohne Kauf- oder Verkauflimit kaufen oder verkaufen. Das bedeutet: Kaufen Sie niemals Aktien, ohne zuvor festgelegt zu haben, bis zu welchem Kurs Sie kaufen oder verkaufen wollen. Das gilt insbesondere für sogenannte Nebenwerte mit kleinen Umsätzen. Denn: Hier können bereits kleinere Kauf- oder Verkaufaufträge gewaltige Kursveränderungen bedeuten. Ohne Limit liegen Sie dann schnell daneben.

Gewinnerregel 11
Kaufen Sie niemals aus Gier, Liebe oder in Zeitdruck. Lassen Sie sich stets ausreichend Zeit, und gegebenenfalls schlafen Sie eine Nacht über die endgültige Entscheidung.

Welche wichtige Gewinnregel Sie kennen müssen, um auf Dauer mit Aktien zu gewinnen

Krisen meistert man am besten, indem man ihnen zuvorkommt.
Walt Whitman Rostow

Die beiden Grundempfindungen eines Börsianers sind Hoffnung und Angst. Sie werden nun denken: „Klar, Hoffnung auf steigende Kurse und Angst vor fallenden.“ So einfach ist das nicht, im Gegenteil, in der Praxis reagieren viele Börsianer genau umgekehrt. Die Erfahrung zeigt: Viele Börsianer begehen die beiden gleichen, gravierenden Fehler: Haben diese Börsianer Aktien gekauft und die Börse sinkt (der Markt!! sinkt), so hoffen diese Menschen auf steigende Kurse, darauf, daß der Trend ja wieder drehen muß. Manche empfinden diese Einstellung sogar als heroisch, als heldenhaft, gerade dann auszuharren, wenn alle anderen vom fallenden Markt sprechen. Steigen dagegen die Kurse, leben diese Menschen in der Angst, die Kurse könnten ja bald wieder fallen und der bereits erzielte Gewinn wäre dahin. Das sind die beiden Grundgefühle eines Durchschnittsbörsianers.

Falsch

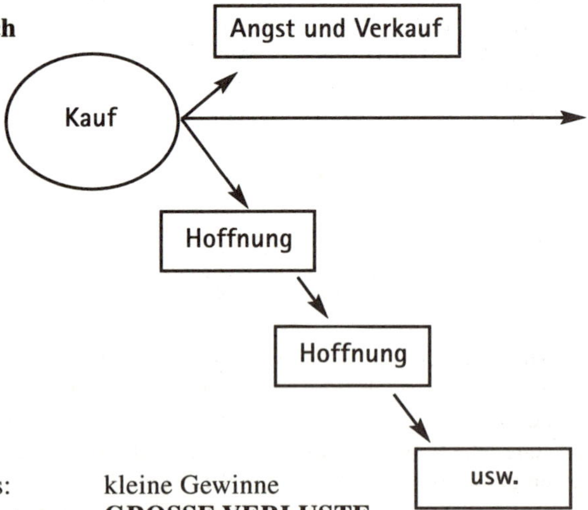

Ergebnis: kleine Gewinne
GROSSE VERLUSTE

+ Richtig

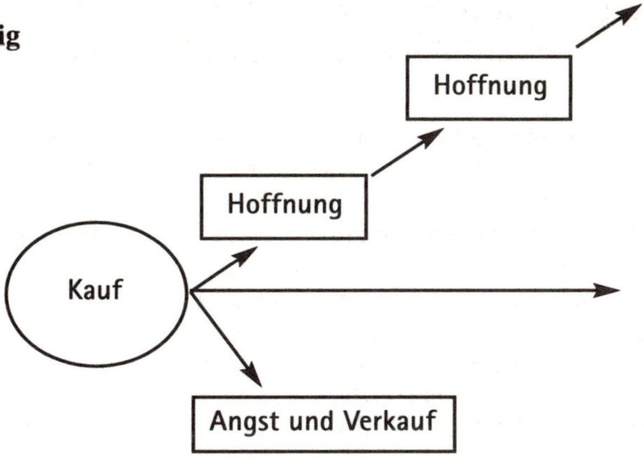

Ergebnis: **GROSSE GEWINNE**
kleine Verluste

***Achtung:** Wenn Sie auf Dauer erfolgreich sein wollen, müssen Sie diese beiden tief verwurzelten Gefühle umdrehen. Sie müssen Angst haben, daß Kurse sinken können, und die Hoffnung, daß Kurse weiter steigen. Übrigens: Diesen Tip gebe ich Ihnen aus persönlicher Überzeugung. Ich selbst habe lernen müssen, daß die richtige Betrachtung von Angst und Hoffnung eine der wesentlichen Lehren eines jeden Börsianers sind.*

Vorsicht Falle: Mit Daytrading Millionen (Verluste) in kurzer Zeit!!

Das neueste Spiel an den Börsen klingt verlockend: In kurzer Zeit alles zu erreichen, wovon andere ein Leben lang träumen. Das Zauberwort heißt Daytrading. Daytrading ist die Börsenvariante von Roulette: Die Chancen stehen irgendwie 50:50, die Daytrader sehen nicht selten genau so entsetzt aus wie Roulettespieler, die soeben mit Progression ständig auf Rot setzen, aber Schwarz fällt. Beim Daytrading geht es, wie der Name schon sagt, darum, jeden Tag möglichst große Positionen an Wertpapieren zu kaufen und zu verkaufen. Vereinfacht ausgedrückt: Morgens setzen Sie Ihr Geld auf steigenden DAX (Deutscher Aktienindex), am Nachmittag verkaufen Sie entweder mit Gewinn oder gegebenenfalls mit Verlust. Daytrading ist nichts weiter als eine interessante Bezeichnung für die neue Geldgier-Krankheit von Profis und Hobby-Börsianern. Es kann gut gehen, und es fließen jeden Tag einige tausend DM aufs eigene Konto. Geht's jedoch schief, ist das Spiel schnell aus, und es gibt kein Zurück.

Im Zusammenhang mit Daytrading berichtete dann auch die Zeitung, die mit ihrem Logo signalisiert, sie wolle uns ins rechte Bild setzen, vom „Börsen-Massaker". Ein gewisser Barton, der als Daytrader arbeitet und jeden Tag Wertpapiere in großem Stil kauft und verkauft, sieht, nachdem der Dow-Jones-Index nachgab, seine Existenz vernichtet und tötet seine beiden Kinder und seine Frau. Dann fährt er in sein Büro, wo er Kollegen umbringt. Zum Schluß tötet er sich selbst.

Warum ich diese grausame Geschichte in einem solchen Buch wiedergebe, hat einen einfachen Grund: Wenn Sie aufmerksam gelesen haben, gibt es kein Beispiel dafür, daß Gier Sie auf Dauer reich und glücklich macht. Gier und Geld passen nicht zusammen. Sobald Sie merken, daß die Gier Ihre Anlageentscheidungen beeinflußt, stoppen Sie sofort jede Entscheidung und schlafen Sie mindestens eine Nacht darüber, was Sie tun wollen. Und Daytrading mit der Aussicht auf Millionengewinne in kürzester Zeit überlassen Sie besser den Profis.

Wie Sie qualifizierte von nicht qualifizierten Finanzberatern unterscheiden

Zu Geldwissen zähle ich auch, daß Sie eine Chance haben, qualifizierte von nicht qualifizierten Beratern zu unterscheiden. Diese Kunst ist sozusagen ein ganz besonderes Geldwissen.

Vorab einen kleinen Witz (den mir bitte alle qualifizierten und seriösen Finanzberater nicht übel nehmen). Dieser Witz beschreibt jedoch zutreffend, wie es um die Ausbildung so manches Finanzdienstleisters bestellt ist:

Ein Mathematiker, ein Jurist und ein Finanzberater werden gefragt, wie das Ergebnis lautet, wenn man 5 und 5 addiert. Der Mathematiker überlegt eine kurze Weile, zieht diverse Analyseprogramme zu Rate und meint „Angenähert und ohne Berücksichtigung der Unbekannten: 10". Der Jurist denkt einige Zeit nach und antwortet „Unter gewissen Umständen und ohne Anerkennung einer Rechtspflicht würde ich behaupten: 10". Der Finanzberater sagt „Wie schön soll ich's Ihnen denn rechnen. Sagen Sie mir, was Sie an Gewinn herausbekommen wollen. Dann biege ich das für Sie schon verlockend hin".

Zur Praxis: Rund 600 000 Berater, so heißt es in der Branche, versuchen sich in der Bundesrepublik Deutschland als neben- und hauptberufliche Geldanlageberater. Geraten Sie hier an schlecht ausgebildete, unqualifizierte Berater, so treffen Sie schnell die falschen und teuren Entscheidungen.

Im Folgenden möchte ich Ihnen einige typische (rhetorische) Tricks verraten, mit denen eine große Anzahl der neben- und hauptberuflichen Finanzberater bis heute versucht, Kontakte herzustellen. Wenn Sie mit solchen Tricks konfrontiert werden, bedeutet es nicht, daß Sie zwangsläufig auf einen schlechten Berater treffen. In jedem Fall sollten Sie jedoch sehr vorsichtig sein und – wenn mit den folgenden Tricks an Sie herangetreten wird – um so kritischer die fachliche Qualität des Beraters prüfen.

Ein beliebter Rhetorik-Trick

Wirklich gute Berater werden über Mundpropaganda weiterempfohlen. Wirklich gute Berater werden angerufen. Berater, die immer wieder aufs neue und oft unter erheblichem Druck Umsatz „schreiben" müssen (Fachausdruck der Branche für „Verträge abschließen"), versuchen über Telefonakquise Termine zu bekommen. Insbesondere der folgende Einstieg ist sehr beliebt (die Personennamen sind frei erfunden!):

„Schneider"

„Müller hier, guten Tag, Frau Schneider. Spreche ich mit Frau Schneider persönlich?"

„Ja"

„Schön, daß ich Sie erreiche. Wie schon erwähnt, mein Name ist Müller, Peter Müller. Ich weiß jedoch nicht, ob Sie mit meinem Namen bereits etwas anfangen können."

„Nein, sagt mir nichts"

„Ich konnte im Rahmen meiner beruflichen Tätigkeit Familie Moor interessante und sehr gewinnbringende Vorteile aufzeigen. Dazu müssen Sie wissen, daß die Familie Moor durch diese Vorteile über die nächsten 5 Jahre für rund 10 000 DM wirtschaftliche Vorteile erhält. Jetzt wollen Sie sicherlich wissen, um was es genau geht, richtig?"

„Ja"

oder auch

„Ich konnte im Rahmen meiner beruflichen Tätigkeit Familie Moor interessante und sehr gewinnbringende Vorteile rund ums Thema Geld und Steuer sparen aufzeigen. Geld und Steuer sparen interessiert Sie sicherlich auch, stimmt's?"

„Ja"

Achtung: *Wenn Sie von Finanzberatern auf solche oder ähnliche Art, wie oben beschrieben, kontaktiert werden, wenn Sie mitbekommen, daß mehr oder weniger auswendig gelernte Passagen heruntergeleiert werden, seien Sie äußerst vorsichtig. In den meisten Fällen werden solche Akquisemethoden nur von Beratern genutzt, die unter Hochdruck ständig neue Termine vereinbaren müssen. Seriöse Berater, die entsprechend qualifiziert sind, haben solche Verkaufsmethoden nicht nötig.*

Die Trichterfalle oder: Wie Sie manche Berater mit der „Ja-Technik“ beeinflussen

Ein beliebtes Spiel aller Finanzberater ist es, ihre Kunden in einen Ja-Sog einzulullen. Also Sie letztlich dazu zu bringen, daß Sie ständig bestätigen, was der Berater sagt. Es handelt sich um ein ständig bestätigendes Ja auf rhetorisch geschickt gestellte Sätze. Hier gibt es typische Worte, mit denen geschulte Berater gern beeinflussen und Sie langsam, ein Ja nach dem anderen, wie in eine Trichterfalle zum Vertragsabschluß rutschen lassen.

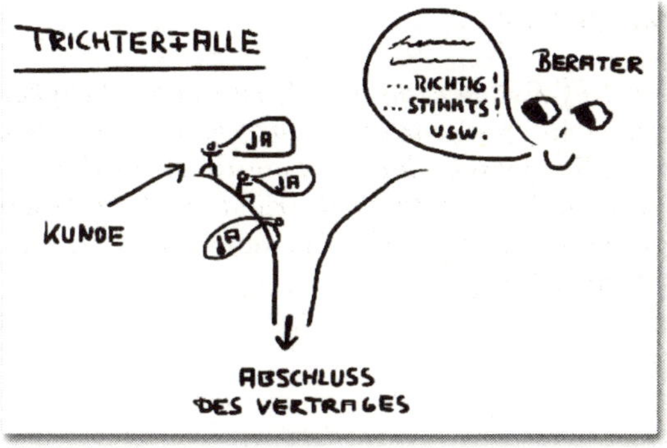

Es handelt sich um Worte, die Sie im Grunde nur nickend, bestätigend zur Kenntnis nehmen können. Die Worte werden so oft wie möglich an den Schluß eines Satzes, einer Behauptung gestellt. Typische Satzenden, auf die lediglich ein Ja folgen kann, sind:

... einverstanden?
... in Ordnung?
... dem stimmen Sie doch auch zu, richtig?
... stimmt's?

So simpel diese Technik sich anhört, so wirkungsvoll ist sie. Denn: Wenn Sie in einem Gespräch mit einem Finanzberater dutzende Male bestätigen, daß alles in Ordnung ist, stimmt, Sie einverstanden sind und Sie ständig zustimmen, daß es eine tolle Sache ist, fällt es Ihnen zum Schluß des Gespräches verdammt schwer, jetzt NEIN zu sagen und erst einmal eine Nacht darüber zu schlafen.

***Achtung:** Wenn ein Finanzberater in der persönlichen Beratung auffällig oft mit dieser Ja-Technik arbeitet, seien Sie vorsichtig. Hören Sie ganz genau hin und vermeiden Sie durch solche Rhetoriktricks hervorgelockte Jas. Ansonsten läßt Sie jedes (unbewußt bestätigende) Ja wie in eine Trichterfalle immer tiefer rutschen, bis Sie den Vertrag abschließen.*

Was „Rater" sind, wie Sie es herausfinden, und warum Sie sich vor ihnen hüten müssen

Im Folgenden eine kleine Skizze und dazu ein kleines, von mir so erfundenes Wortspiel. Wenn Sie künftig einen Finanzberater, einen BERATER vor sich sitzen haben, so stellen sie ihm alle möglichen Fragen zu einer Ihnen angebotenen Geldanlage. So selbstverständlich dieser Tip klingt, so wenig wird er von Kunden in der Praxis eingesetzt. Manche Menschen fürchten sogar, sich wegen ihrer völlig fehlenden Geldkenntnisse zu blamieren, und tun daher so, als würden sie ohnehin alles verstehen. Mein Tip: Fragen Sie doch künftig einfach einmal Dinge wie:

„Auf Seite 23 unten rechts unter Paragraph 3 steht im dritten Absatz etwas von stillen Reserven und der Rückstellung für Beitragsrückerstattung. Was ist denn das?"
Oder:
„Das mit der Besteuerung von Lebensversicherungen ändert sich doch. Habe ich gehört. Was genau ändert sich und wie wirkt sich das auf meine individuelle Situation aus. Können Sie mir das einmal vorrechnen?"

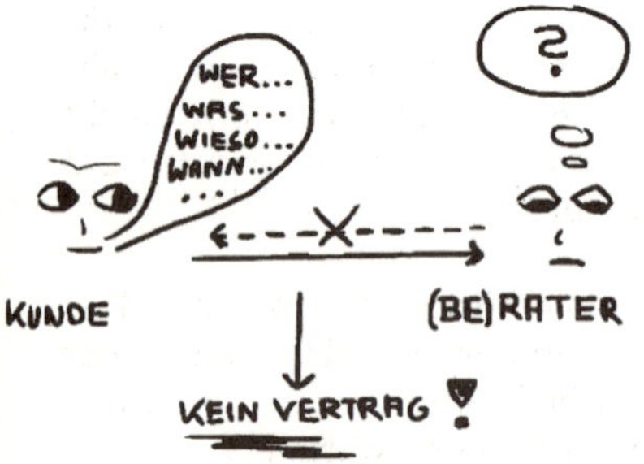

In vielen Fällen werden Sie außer einem entgeisterten „Hä" oder „Wie bitte" oder „Wie meinen Sie das denn" keine weiteren Antworten bekommen. Erhalten Sie Antworten, schreiben Sie eifrig mit, was Ihr Berater Ihnen erzählt. Denn wenn er nur blufft, jedoch sieht, daß Sie mitschreiben, wird er schnell aufgeben.

***Achtung:** Beginnend mit den W-Fragen testen Sie Ihren Berater. Fragen Sie alles, bis Sie wirklich verstanden haben, in welche Geldanlage Sie investieren sollen. Kann Ihr Berater Ihnen auf Ihre Fragen nur unzureichend oder gar nicht antworten, vertrauen Sie ihm Ihr Geld nicht an. In diesem Fall handelt es sich eben nicht um einen Berater sondern um einen **(~~Be~~)Rater!** Und jemandem, der selbst noch raten muß, wenn Sie ihm Fragen zu der von ihm vermittelten Geldanlage stellen, sollten Sie gewiß kein Geld anvertrauen! Am besten sagen Sie dann offen und ehrlich: „Sie machen mir den Eindruck, als seien Sie ein Rater und wissen selbst noch nicht ganz genau, was Sie mir da eigentlich verkaufen. Bitte haben Sie Verständnis, daß ich Ihnen kein Geld anvertrauen möchte!“*

Der 30-Sekunden-Test für Ihren Berater oder Ihren Geldguru

Finanzberater, die zu nichts fähig sind, sind zu allem fähig.
abgewandelt von: John Steinbeck

In einer Sendung bei n-tv GELD fragte mich die Moderatorin Beate Hoffbauer, wie Berater getestet werden können. Der Hintergrund: Die meisten Berater sind entweder rhetorisch geschult oder ihnen gelingt es, fast ohne tieferes Fachwissen zu überzeugen. Meine persönliche Meinung ist: Vertrauen Sie keinem Finanzberater Ihr Geld an, der nicht selbst beweist, daß er mit Zahlen spielerisch umgehen kann. Ein Finanzberater, der selbst nicht rechnen kann, darf andere Menschen, darf Sie in Sachen Geld nicht beraten. Eigentlich logisch, oder?!

Kommen wir also zu dem von mir eingeführten 30-Sekunden-Test für Berater. Dieser Test sieht wie folgt aus: Sie als Kundin oder Kunde stellen Ihrem Berater eine einfache kleine Rechenaufgabe, geben ihm 30 Sekunden Zeit zu antworten und warten ab.

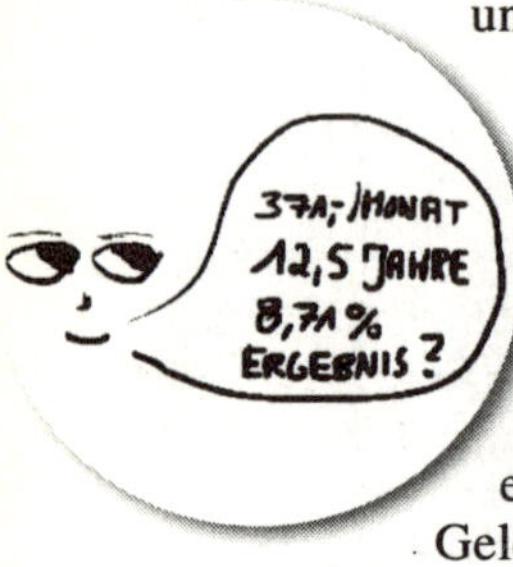

Beispiel: Bekommen Sie eine Antwort, notieren Sie diese und prüfen die Antwort nach. Bekommen Sie keine Antwort, haben Sie im Zweifelsfall einen nicht oder nur wenig ausgebildeten Anfänger vor sich sitzen. Eben wieder einen typischen Fall von (~~Be~~)**Rater.** Und ebensowenig wie Sie sich im Falle einer Herzoperation einem halbausgebildeten, möglicherweise nebenberuflichen Internisten anvertrauen würden, ebensowenig vertrauen Sie dann dem vor Ihnen sitzenden Berater Ihr Geld an.

Der – zugegeben – gemeine Trick: Die Frage, die Sie stellen, nennt krumme Sparraten, krumme Zinssätze und krumme Laufzeiten. Dadurch stellen Sie sicher, daß Ihr Berater erstens die Frage wirklich versteht und daß er zweitens wirklich selbst rechnen kann, ohne lediglich blind in irgendwelchen Rechentabellen nachzuschlagen. Wenn Sie diesen Test machen, kann es übrigens zu lustigen Antworten kommen. So erhielten wir bei diesem Test Antworten wie „Tut mir leid, Ihre Frage paßt nicht zu meinem Computer“.

Ein persönliches Anliegen zum Schluß dieses Kapitels: Geldausbildung an Schulen

Geld ist Wachstum. Eigenartigerweise fehlt es dennoch den meisten Menschen. Vielleicht liegt es daran, daß es in den Schulen keinen Geldunterricht gibt. Wir lernen Geschichte, Biologie, drei Sprachen und mehr. Wir müssen rechnen und chemische Formeln pauken und nebenbei erfahren wir, wann in der Geschichte wer mit wem Krieg führte. Und dann heißt es immer so schön: Nicht für die Schule, für das Leben lernen wir. An dieser Stelle ein Beispiel aus dem Geldbereich, was man aus der Geschichte wirklich fürs Leben lernen könnte:

Hätte nach der Geburt Christi die Jungfrau Maria mit ihrem Mann Josef nur eine einzige Mark bei der Stadtsparkasse zu Bethlehem eingezahlt und, sagen wir, einen Zinssatz von jährlich 3 % vereinbart, dann würden die Erben heute über ein Vermögen verfügen, mit dem sie alles Vermögen dieser Erde aufkaufen könnten. Die eine Mark, vor rund 2000 Jahren angelegt, wäre bis heute auf die unvorstellbare Zahl in Höhe von

21 Quadrillionen DM

angewachsen. Bei diesem einfachen Beispiel wurde die Inflation unberücksichtigt gelassen.

Zurück zum Thema Geldunterricht an Schulen. Mit – ehrlich gesagt – ein wenig Stolz, führte ich im Dezember 1998, als nach n-tv GELD erster Geldlehrer Deutschlands, einen Geldunterricht an einer Hauptschule in Reken durch; n-tv GELD war live mit dabei und berichtete. Ich hatte über eineinhalb Stunden sehr viel Spaß mit den Schülerinnen und Schülern.

Ein Beispiel blieb für uns alle haften: Ich stellte den durchschnittlich 16 Jahre alten Schülerinnen und Schülern die Frage, was sie denn tun würden, wenn sie morgen 100 000 DM erben würden oder geschenkt bekämen. Die Antworten kamen spontan: Klamotten für 25 000 DM kaufen, ein gutes Moped, geile Lederjacken und vieles mehr. Nachdem die Wünsche genannt waren, rechneten wir nach. Was könnte aus 25 000 DM werden, wenn diese bis zum 66 Lebensjahr, also 50 Jahre in erfolgreiche Aktienfonds angelegt würden? 8 Millionen!

Nachdem wir gemeinsam diese Zahl berechnet hatten, war die Reaktion eindeutig. Die Jungs verzicheten lieber aufs Moped, und die Mädchen der Klasse waren plötzlich doch der Meinung, ihre alten Klamotten wären noch gut genug. So mal locker wegen ein paar Wünschen heute 25 000 DM auszugeben, damit aber über die Jahre mögliche 8 Millionen zu verlieren, war doch zuviel.

Nur am Rande: Seit diesem unserem ersten Geldunterricht versuchen wir, die Idee eines praxisnahen Geldunterrichts in weitere Schulen zu tragen. Die Probleme dabei sind mannigfaltig: Die Behördenmühlen mahlen langsam, die entsprechenden Lehrer reagieren teils mit Ablehnung, teils mit Neid. Nur wenige Mitstreiter konnten wir bislang gewinnen. Daher möchte ich in diesem Buch noch zwei Beispiele anbringen, die Sie Ihren Kindern zeigen sollten, und diese sollten ihre Lehrer fragen, warum sie so etwas nicht (obwohl für's Leben wichtig) lernen:

Beispiel 1: Wer mit 16 Jahren monatlich 100 DM spart und dies bis zum 55. Lebensjahr durchhält, verfügt am Ende seiner Sparzeit über ein Vermögen von rund 2,3 Millionen.

Beispiel 2: Wer solche Spartips nicht in der Schule bekommt und erst mit 30 Jahren daran denkt, zu sparen und zu investieren, der müßte, wollte er das gleiche Endergebnis wie in Beispiel 1 mit 55 Jahren erzielen (2,3 Millionen), ab dem 30. Lebensjahr monatlich rund 1500 DM sparen, somit das fünfzehnfache.

In Bezug auf Geldunterricht an Schulen freue ich mich, wenn Sie meine Bemühungen in jeder Weise unterstützen. Vielleicht sitzen Sie in einer entscheidenden Position oder kennen Entscheider, die weitere Türen im schulischen Behördendschungel öffnen oder zumindest aufstoßen können. Vielleicht teilen Sie mir auch einfach Ihre Gedanken zum Thema Geldunterricht an Schulen mit. Ich freue mich auf Ihre Zuschriften.

Achtung: *In jungen Jahren sind die falschen Geldentscheidungen die teuersten Fehler und kaum wieder gutzumachen. Das liegt daran, daß der Zinseszins sich umso positiver auswirkt, je länger Sie sparen können. Erzählen Sie's Ihren Kindern!*

4. Kapitel

SYSTEMATISCH REICH!

Warum es wichtig ist, systematisch Reichtum zu planen

Die meisten stehen immer kurz davor zu sparen.
K. Walter

Geld ist nicht alles, aber viel Geld, das ist was anderes. Diese Einstellung kann eine Motivation sein zu sparen. Unabhängig davon gibt es einen weiteren Grund. Jeder weiß: Die Menschen werden immer älter, und die Zeitspanne ohne beruflichen Alltag wird immer länger. Interessant ist daher die folgende Betrachtung: Wann geben Sie das meiste Geld aus? Während der Arbeitszeit oder in Ihrer Freizeit? Unstrittig ist, daß Sie in der Freizeit mehr Geld ausgeben als während des aktiven Berufsalltages. Gehen wir davon aus, daß Sie eines Tages rund 60 % Ihres letzten Nettoeinkommens als Rente erhalten. Dazu folgendes Beispiel:

So rechnen Sie mit dem Geldfaktor		
HEUTE	Nettoeinkommen:	3000 DM
	Urlaubstage/Freizeittage im Jahr	80 Tage
	Geldfaktor (3000 dividiert durch 80 Tage)	**37,50**
SPÄTER	Renteneinkommen:	1800 DM
	Urlaubstage/Freizeittage im Jahr	300 Tage
	Geldfaktor	**6,00**

Definition Geldfaktor: Dieser von mir so genannte Geldfaktor bedeutet nichts anderes, als daß es Ihnen heute bei einem Nettoeinkommen von zwölf mal 3000 DM gelingt, rund 80 Urlaubs-/Freizeittage zu finanzieren.

Diese Rechnung ist lediglich eine grobe Betrachtung, jedoch ein wichtiger Anhaltspunkt. Zum Zeitpunkt der Rentenzahlung müßten Sie mit zwölf Monaten à 1800 DM rund 300 Urlaubs-/Freizeittage bezahlen. Würden Sie später über den gleichen Geldfaktor verfügen (sich also in Ihrem Urlaub/in Ihrer Freizeit das gleiche leisten) wollen wie zur Zeit Ihres aktiven Berufslebens, müßten Sie 300 Tage mal 37,50 an Vermögen besitzen, also 11 250 DM im Monat. Unvorstellbar, finden Sie nicht auch? Selbst dann, wenn es eines Tages lediglich 150 Urlaubstage sind, brauchen Sie immer noch über 5600 DM. In unserem stark vereinfachten Beispiel fehlen Ihnen also 3800 DM jeden Monat.

Achtung: *Wollen Sie nicht eines Tages auf Ihren gewohnten Lebensstandard verzichten, müssen Sie in jedem Fall für diesen späteren Lebensabschnitt vorsorgen und systematisch ein kleines oder – je nach Ihren Vorstellungen – größeres Vermögen ansparen.*

Welcher Geldtyp Sie sind, und was ich Ihnen empfehle

Über Geldtypen wurde bereits viel geschrieben. Immer wieder finden Sie in Finanzzeitschriften Tests, wo Sie selbst überprüfen können, welcher Typ Sie sind. Ich möchte Ihnen heute meine sieben Grundtypen vorstellen. Zu jedem Geldtyp finden Sie eine kurze Analyse und meinen Tip, was jeder Typ tun sollte. Diese Typen kommen nicht immer in Reinform vor, sondern auch in Mischformen. Versuchen Sie selbst, sich einem oder zwei der Typen zuzuordnen, und lesen Sie aufmerksam den jeweiligen Tip. Dabei gilt: Seien Sie ehrlich sich selbst gegenüber. Machen Sie aus sich keinen glücklichen Gewinn-Sparer, wenn Sie sich beim solide sparenden, emotionalen Verlierer wiedererkennen. Denken Sie daran: Wenn Sie immer nur so weiter handeln, wie Sie bis heute handeln, werden Sie immer dort bleiben, wo Sie heute bereits stehen. Also: Seien Sie ehrlich zu sich selbst, lesen Sie aufmerksam die Typenbeschreibungen und versuchen Sie, den Tip auf Ihre ganz persönliche Situation umzusetzen.

Der solide, sicher sparende, emotionale Verlierer

Dieser häufig vertretene Typ ist felsenfest der Ansicht, mit Sparbuch und festverzinslichen Wertpapieren würde er solide für seinen Ruhestand vorsorgen. Interessant dabei ist, daß dieser Typ ebenso felsenfest der Meinung ist, er wüßte genau, was er tun muß, um im Alter finanziell unabhängig zu sein. Diese Einschätzung ist fatal, denn: Jeden Monat spart er sich durch die falsche Strategie arm und ärmer. Nicht zuletzt auch deswegen, weil dieser Typ von allen anderen Geldtypen die höchste Anzahl von Kapitallebensversicherungen abgeschlossen hat oder entsprechend hohe Kapitallebensversicherungen.

Interessant auch: Wenn Sie diesem Typ angehören, dann haben Sie eigentlich die besten Voraussetzungen, wirklich reich zu werden. Die meisten von Ihnen haben nämlich als Kind die Wichtigkeit des Sparens kennengelernt. Seien Sie sicher: Ihre Hauptmotivation, sich eigentlich arm zu sparen, liegt darin begründet, daß Sie stillschweigend Angst um Ihre Ersparnisse haben.

Tip: *Denken Sie daran: Mit festverzinslichen Wertpapieren und ähnlich gering verzinsten Anlageformen sparen Sie sich sicher arm. Obwohl Sie denken, Sie würden gewinnen, sind Sie dabei, langfristig zu verlieren. Ändern Sie Ihre Einstellung noch heute und sparen Sie sich ab heute lieber kurzfristig unsicher, jedoch langfristig sicher reich!*

Der nichtsparende Pessimist

Typisch ist die Einstellung, daß Sparen und Reichwerden auf alle zutreffen, nur nicht auf einen selbst. Nur in ganz seltenen Fällen haben Menschen dieses Typs ihre Finanzen einmal aufgeschrieben und analysiert. Dieser Typ lebt von Ausreden: Zum Sparen verdient er zu wenig, und er schafft es wegen immer wieder neuer Umstände angeblich auch nicht, seine Finanzen zu ordnen. Und selbst wenn er diese beiden Punkte noch anders sieht, dann ist er in den meisten Fällen der felsenfesten Ansicht, die Wirtschaft würde langfristig ohnehin zurückgehen, und die wirtschaftliche Entwicklung auf dieser Erde spräche dafür, daß sich ohnehin kein Reichtum ansparen läßt. Nicht selten ist dies auch der Typ mit der leidvollen Erfahrung, daß am Ende des Geldes immer noch soviel Monat übrig ist.

Tip: *Übernehmen Sie endlich Verantwortung für Ihr Geld und Ihre finanzielle Situation. Haben Sie sich schon einmal gefragt, wie es sein wird, wenn es langfristig mit der Wirtschaft nach oben geht, Sie jedoch ganz unten bleiben?*

Der genießende, sorglose, nichtsparende Geldträumer

Er lebt nach dem Motto: Morgen ist auch noch ein Tag. Dieser Typ erinnert an die alte Geschichte, die wir alle aus unserer Kindheit kennen. Ein kleiner Junge, der nicht lernen will, macht sich selber froh, in dem er sich einen Zettel schreibt, auf dem steht „Morgen fange ich an zu lernen". Diesen Zettel hängt er sich über sein Bett, und jeden Abend beruhigt er sich selbst, in dem er liest, daß er morgen zu lernen anfängt. So vergehen die Schuljahre, und unser kleiner träumender Junge ist groß geworden, ohne etwas zu verändern.

Ähnlich ist der Typ des sorglosen, genießenden nichtsparenden Träumers. Kontoauszüge sind für ihn eher ein Graus, Konsequenz in allen Gelddingen ist diesem Typ oft fern. Dieser Typ will sein Leben jetzt genießen, irgendwie regeln sich in seinen Augen schon alle Dinge selber und außerdem kann ohnehin niemand wissen, was die Zukunft bringt. Also wird heute gelebt.

Tip: *Wenn Sie sich in diesem Typ wiedererkennen, dann gilt eines: Wenn es Dir gut geht, mach Dir keine Sorgen – es geht garantiert vorbei! Wenn Sie sich jetzt getroffen fühlen, darf ich Ihnen versichern, daß ich Sie nicht beleidigen will. Ich will Ihnen helfen, indem ich Ihnen meine offene Meinung sage. Fangen Sie dringend und unverzüglich an, Ihre Finanzen in den Griff zu bekommen. Planen Sie Ihre Finanzen und Ihren Reichtum. Seien Sie verantwortlich für Ihr Geld.*

Der konsumorientierte, teils gierige Spekulant

Dieser Typ ist ein – meist gut verdienender – Lebetyp und meint, ihm gehöre die ganze Welt. Sein zeitweiliges und häufig anzutreffendes Motto: Jedem das seine, mir das meiste. Er verdient viel und gibt noch mehr aus. Steigt sein Einkommen, steigen seine Ausgaben. Geld zum Sparen ist selten da. In vielen Fällen legt dieser Typ sein Geld in Aktien, Optionen, Optionsscheinen an.

Was man von ihm hört, ist: Ich will in 3 Jahren mein Kapital verdoppeln. Die richtig Gierigen geben sich selbst damit nicht zufrieden, sondern zocken als Profihändler an der Börse, immer auf der Suche nach dem schnellen Geld. Der Spiegel berichtete über einen dieser Zocker: 15 000 Euro Gewinn an einem Tag sind kein Problem, bei schwachen Nerven oder Pech steht das Konto ebenso schnell im Minus. Das allein zu dem Ziel, sein Geld in 3 Jahren zu verdoppeln, eine jährliche Rendite von 25 % gehört, interessiert ihn nicht, er will es eben so. Alles was er tut, tut er hin und wieder ein wenig maßlos. Einkaufen gibt ihm ein gutes Gefühl. Letztlich jedoch nimmt er sein Geld nicht ernst.

Tip: *Dieser Typ muß seine Gier zügeln. Am besten, er legt wider sein Gefühl 50-80 % in Aktienfonds an und behält mindestens 20 Prozent zum Spekulieren. Dann hat er große Chancen, glücklich und reich zu werden. Gehören Sie zu diesem Typ, denken Sie daran: Eines Tages haben Sie statt 30 Tage 365 Tage Urlaub im Jahr. An Luxus und Konsum gewöhnt, brauchen Sie dann jede Menge Geld. Zügeln Sie sich nicht, ist Ihr Weg zum Reichtum von Glück oder Pech abhängig. Es sei denn, Sie haben ein solch großes Vermögen, daß auch alle Spekulationsverluste an Ihrem Reichtum nichts ändern.*

Der wider besseres Wissen handelnde, sture Desinteressierte

Dieser Typ hat von nichts richtig Ahnung, insbesondere nicht von Geld. Trotzdem behauptet er bei jedem gutgemeinten Geldrat „Stimmt doch nicht“. Geldberatung, ob gefragt oder ungefragt, ist diesem Typ schlichtweg unangenehm. Letztlich müßte er nämlich zugeben, daß er nichts weiß, aber immer nur mitredet. Nicht selten jedoch wird dieser Typ zu Hause nachdenklich und läßt sich im stillen Zimmer alle gehörten Argumente noch einmal gut durch den Kopf gehen. Sein mangelndes Interesse und seine Sturheit rühren häufig daher, daß dieser Typ sparen irgendwie nicht nötig hat. Die Eltern haben sparen gelernt und besitzen meistens ein oder mehrere Häuser. Also sagt sich dieser Typ: Warum soll ich dann noch sparen?

Tip: Diesem Typ kann man nur wünschen, daß er rechtzeitig seine Sturheit aufgibt. Es ist einfach unsinnig, etwas dagegen zu haben, mehr Gewinn durch richtige Finanzplanung zu erzielen. Ansonsten bringt es nichts, diesen Typ zu überzeugen.

Der gierige, geizige, rational verbohrte Gewinn-Sparer

Für ihn ist Geld Selbstzweck. Wo er sparen kann, spart er. Wo er knausern kann, knausert er. Daß Geld Energie ist und fließen muß, darüber lacht er. Sein Geld ist sein Geld und fließt höchstens immer von einer seiner Taschen in die nächste Tasche. Dieser Typ ist unangenehm stolz auf seine Sparwut, und es gibt keinen schlechteren und langweiligeren Tischnachbarn beim Dinner. Ebenso langweilig sind seine Einladungen: Hier zahlt jeder selbst, es könnte ja teuer werden. Typisch für ihn: Reich und vermeintlich glücklich, im Grunde genommen trotz allen Geldes jedoch höchst langweilig und unglücklich.

Eine Anekdote zu diesem Typ gibt es von Nathan Rothschild. Er zählte zu den großen Geizhälsen dieser Welt, und man erzählt sich folgende Geschichte:

Ein Dienstbote beklagte sich bei ihm über das karge Trinkgeld: „Lediglich einen Schilling gibt mir Ihr Sohn." Darauf antwortete Rothschild völlig unbeteiligt: „Mein Sohn hat schließlich einen Vater, der Millionär ist. Ich habe diesen Vater nicht".

Tip: Ihnen gibt zwar Ihr Gelderfolg vermeintlich recht, aber haben Sie einmal darüber nachgedacht, daß Sie vielleicht ein doppelt so hohes Vermögen hätten, wenn Sie lockerer sparen und Geld auch mal loslassen? Geld muß fließen. Lachen Sie nur, es stimmt!

Der faktenorientierte, rationale, klar denkende, clevere Gewinn-Sparer

Dieser Typ macht es richtig. Er ist aufmerksam gegenüber jedem Geldrat, ihn interessiert, was Sache ist. Zahlen und Fakten sind für ihn wichtig, Meinungen und Geldemotionen interessieren ihn weniger. Er entscheidet sich für die bessere Alternative, weil er unvoreingenommen prüft, prüfen läßt. Dieser Typ wird reich, weil er seinen Reichtum genauestens plant und seine einmal getroffenen Entscheidungen mit, Disziplin und Konsequenz umsetzt. Er ist sparsam und sparmotiviert, jedoch nie geizig. Kontoauszüge sind für ihn ein Teil seines Erfolges, er lebt mit Geld und nimmt sein Geld ernst. Dieser Typ ist in der Regel glücklich und reich oder verfügt in jedem Fall über ausreichend Geld. Sein Motto: Geld ist nicht alles, aber Geld ist schön.

Tip: *Dieser Typ macht alles richtig. Er ist das beste Beispiel, daß Geld schön ist und sparen Spaß macht.*

Warum Startkapital bei Sparplänen so wichtig sein kann

Wenn sie sich mit Sparen beschäftigen, haben viele Menschen zunächst das Gefühl, es würde ihnen etwas genommen: Spaß, gute Laune, oder was auch immer. Viele Menschen verbinden sparen mit etwas unangenehmen. Wenn dann doch die Entscheidung fällt, ab sofort einen gewissen Betrag monatlich zur Seite zu legen, dann denken nur wenige daran, möglicherweise sofort von Beginn an einen größeren Einmalbetrag zusätzlich anzulegen. Warum auch?

Tatsache jedoch ist, daß Sie Ihr Sparen wie die Gründung eines Unternehmens betrachten müssen. Die meisten Unternehmen, die mit Startkapital in ordentlicher Höhe starten, fahren in wenigen Jahren oft hervorragende Gewinne ein. Zwar nicht genauso, jedoch ähnlich ist es beim Sparen. Wenn Sie Ihren persönlichen Sparplan zu Beginn mit einer einmaligen Spareinlage unterstützen, werden Sie reichlich dafür belohnt. Betrachten wir dazu im Folgenden ein Beispiel.

Beispiel: Susanna Clever möchte ab sofort 150 DM im Monat sparen. Sie ist 25 Jahre jung und denkt an 25 Jahre Spardauer. Auf diese lange Sicht weiß sie, daß Aktienfonds die beste Anlagealternative sind. Läuft's gut und an der Börse werden gute Gewinne erzielt, rechnet sie mit einer durchschnittlichen Rendite von 11 %. In diesem Fall verfügt Sie nach der geplanten Spardauer über ein Vermögen in Höhe von

236 000 DM

Nun hat Susanna Clever davon gehört, daß es gut ist, den eigenen Sparplan mit Startkapital auszustatten. Sie hat auf dem Sparbuch noch 3000 DM liegen, die ohnehin schlecht verzinst sind. Susanna überlegt und entschließt sich, diese 3000 DM zusätzlich anzulegen. Ausgehend von 11 %, würde sie nun am Ende der Spardauer über ein Vermögen von

283 000 DM

verfügen. Die einmalig zu Beginn angelegte Summe von zusätzlich 3000 DM hat sich verfünfzehntfacht und macht somit einen Unterschied von immerhin 47 000 DM aus.

Tip: *Wenn Sie zu sparen beginnen, unterstützen und fördern Sie Ihr Vermögen mit einer einmaligen Anlage zu Beginn. Je höher das zusätzliche Startkapital, desto besser.*

Im Folgenden finden Sie eine Tabelle, aus der Sie ablesen können, wie sich eine zusätzliche Einmalanlage auf Ihr Endvermögen auswirkt. Es handelt sich um eine einfache Zinseszinstabelle. Rechnen Sie selbst und entscheiden Sie dann, wie Sie Ihre Sparpläne mit welchem Startkapital versehen wollen.

Startkapital-Tabelle mit Beispielzahlen

Startkapital	**Rendite pro Jahr (wählen Sie aus!)**				
1000 DM	8 %	9 %	10 %	11 %	12 %
10	2,2	2,4	2,6	2,8	3,1
15	3,2	3,6	4,2	4,8	5,5
20	4,7	5,6	6,7	8,1	9,6
25	6,8	8,6	10,8	13,6	17,0
30	10,1	13,3	17,4	22,9	30,0
35	14,8	20,4	28,1	36,6	52,8
40	21,8	31,4	45,3	65,0	93,1

Tabelle © Bernd W. Klöckner, Finanz-Institut Klöckner, Lahnstein, 1999

So lesen Sie diese Tabelle: Sie möchten über 25 Jahre 300 DM monatlich in einen Aktienfonds sparen. Sie gehen von einem langfristigen Anlageerfolg von jährlich 10 % aus. Wenn Sie nun 1000 DM zusätzlich an Startkapital dazulegen, erhöht sich Ihr Endvermögen um 1000 mal 10,8 (Wert aus der Tabelle wie oben markiert), also um rund 11 000 DM. Bei 2000 DM zusätzlichem Startkapital erhöht sich Ihr Endvermögen bei wiederum angenommenen 10 % durchschnittlicher Rendite um 2000 mal 10,8 = rund 22 000 DM.

Achtung: *Wenn Sie die Möglichkeit haben, zu Beginn Ihres Sparplanes/Ihrer Sparpläne Startkapital dazuzugeben, tun Sie es. Je höher das Startkapital zu Beginn, desto höher ist der Zuwachs über Zins- und Zinseszins bis zum Ende Ihrer angedachten Sparzeit.*

Getrennt sparen und ausgeben

In zahlreichen Gesprächen stellte sich immer wieder Folgendes heraus: Viele Menschen beginnen fleißig zu sparen und sind zunächst völlig diszipliniert. Dann, nach einiger Zeit, wenn bereits ein kleines Vermögen angesammelt ist, stehen plötzlich größere Anschaffungen an. Ein neues Auto, eine neue Küche oder sonstwas. Nach dem gierigen Blick auf den Gegenstand, den man jetzt haben möchte, fällt der zweite Blick dann meist aufs zwischenzeitlich prall gefüllte Sparkonto.

„Ob da 30 000 oder 20 000 DM liegen, so groß kann der Verlust doch auf Dauer nicht sein,“ denkt so mancher Sparer. Ein fataler Irrtum. Denn: Wer zwischenzeitlich vom Sparplan Geld für andere Zwecke einsetzt, verliert auf lange Sicht ein Vermögen.

Beispiel: Martha D. beginnt zu sparen. Sie ist 18 Jahre jung und legt jeden Monat ordentlich 100 DM zur Seite. Nach 12 Jahren, also im Alter von 30 Jahren, ist das Vermögen bereits auf rund 30 000 angewachsen. Zu diesem Zeitpunkt beschließt sie, sich selbst zu belohnen und sich ein neues Auto zu kaufen. Es muß zwar nicht sein, aber sie möchte einfach dieses neue Auto, das sie vor kurzem gesehen hat. Ihren alten Wagen gibt Martha in Zahlung, zusätzlich muß Sie noch 12 000 DM auf den Tisch legen. Nichts leichter als das, meint sie und nimmt die 12 000 DM von ihrem Sparkonto.

Um nun deutlich zu machen, wie teuer Marthas Entscheidung wirklich war, vergleichen wir das Endergebnis des Sparplanes nach weiteren 20 Jahren mit und ohne Entnahme der 12 000 DM für das neue Auto:

Fall 1
„Sparen mit Entnahme"

Endergebnis: 244 000 DM

Fall 2
„Sparen ohne Entnahme"

Endergebnis: 351 000 DM

Fazit: Der **Unterschied** beträgt stolze

107 000 DM.

Marthas Auto hat somit auf lange Sicht über 100 000 DM gekostet.

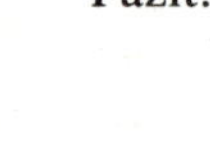

Achtung: *Trennen Sie Ihr Sparkonto vom Konsumkonto und rechnen Sie hin und wieder mit der Tabelle auf Seite 173 dieses Buches nach, wie teuer das ist, was Sie sich gerade kaufen wollen. Bitte verstehen Sie mich richtig: Ich möchte Ihnen nicht den Spaß daran nehmen, Geld auszugeben. Im Gegenteil: Wir haben gelernt, daß Geld fließen muß. Es geht jedoch darum, sich beim Sparen wirklich aufs Sparen zu konzentrieren und diszipliniert durchzuhalten.*

Wie Sie Ihr Einkommen richtig einteilen

Teilen Sie Ihr Einkommen richtig auf nach dem folgenden Schema:

Das Schema	Ihre Angaben
Einkommen	.... **DM**
– Sparausgaben	– .... **DM**
= Verfügbares Einkommen	= .... **DM**
– Mußausgaben	– .... **DM**
= Spaßgeld	= .... **DM**
Tabelle © Bernd W. Klöckner, Finanz-Institut Klöckner, Lahnstein, 1999	

Von Disziplin, Zins- und Zinseszins: Wie Sie jeden Monat um 1300 DM reicher werden

Disziplin ist der wichtigste Teil des Erfolges.
Thomas Alva Edison

Über Zins und Zinseszins habe ich Ihnen bereits an anderer Stelle einiges erzählt. Um Sie dennoch einmal zusätzlich zum Sparen zu motivieren, im Folgenden noch ein Beispiel, wie Sie jeden Monat um 1000 DM reicher werden.

Beispiel: Sie beabsichtigen, über 30 Jahre 200 DM monatlich zu sparen.

Ihre Einzahlungen in dieser Zeit:	72 000 DM
Ihre Auszahlung bei einer angenommenen Rendite von 11 % beträgt:	560 000 DM
Ihr Gewinn:	488 000 DM

Sie haben für dieses Ziel insgesamt 12 Monate mal 30 Jahre gespart, macht zusammen 360 Monate. Jeder Monat hat Sie 200 DM gekostet, und, rückwirkend betrachtet, hat Ihnen jeder Monat über 1300 DM gebracht. Ein besseres Geschäft gibt es nicht. Da nicht jeder von Ihnen solange sparen möchte oder sparen kann oder andere von Ihnen noch länger sparen wollen, im Folgenden eine kleine Liste, wieviel Ihnen jeder Monat bringen würde, bei einem Sparplan mit 100 DM monatlich und unterschiedlichen Laufzeiten. Bei dieser Liste wurde von einem Zins einmal von 8 % und einmal von 11 % ausgegangen.

Was Sie jeden Monat zu Ihren 100 DM Sparraten zusätzlich verdienen

Zeitraum	11 %	8 %
10 Jahre	81 DM	52 DM
15 Jahre	153 DM	92 DM
20 Jahre	261 DM	145 DM
25 Jahre	**425 DM**	217 DM
30 Jahre	679 DM	314 DM
35 Jahre	1073 DM	446 DM
40 Jahre	1692 DM	627 DM

So lesen Sie die Tabelle: Sie wollen 100 DM monatlich sparen, Laufzeit 25 Jahre. Sie gehen optimistisch von einer durchschnittlichen Rendite von 11 % jährlich aus. Zu jeden 100 DM, die Sie in dieser Zeit sparen, bekommen Sie am Ende 425 DM dazu. Ihr Endvermögen können Sie so leicht ausrechnen:

100 DM + Erfolgszahlung 425 DM = 525 DM mal 12 Monate mal 25 Jahre = **157 000 DM**

Sie können diese Liste auf jede andere Sparrate anwenden. Dazu müssen Sie nur Ihre Wunschrate mit dem Faktor der folgenden Tabelle multiplizieren:

Was Sie jeden Monat zu Ihren ... DM Sparraten zusätzlich verdienen		
Zeitraum	**11 %**	**8 %**
10 Jahre	0,81	0,52
15 Jahre	1,53	0,92
20 Jahre	2,61	1,45
25 Jahre	4,25	2,17
30 Jahre	6,79	**3,14**
35 Jahre	10,73	4,46
40 Jahre	16,92	6,27

So lesen Sie die Tabelle: Sie wollen 500 DM monatlich sparen, Laufzeit 30 Jahre. Sie gehen vorsichtig von einer Rendite von 8 % jährlich aus. Zu jeden 500 DM, die Sie in dieser Zeit sparen, bekommen Sie am Ende das 3,14-fache, also 1570 DM dazu. Ihr Endvermögen können Sie so leicht mit jedem x-beliebigen Taschenrechner ausrechnen:

500 DM + Erfolgszahlung 1570 DM = 2070 DM mal 12 Monate mal 30 Jahre **= 745 000 DM**

Sie sparen 200 DM im Monat: Das Geheimnis, warum Sie eines Tages täglich um 130 DM reicher werden

Geld wachsen zu sehen kann richtig Spaß machen. Mit jedem Jahr, mit dem Sie bei Ihren Sparzielen durchhalten, werden Sie mehr belohnt. Ihr Geld arbeitet für Sie. Wenn Sie richtig und mit Disziplin sparen, dann belohnt Sie Ihr Geld im Laufe der Zeit. Betrachten wir uns den folgenden Gewinnplan.

Ihr Gewinnplan, wenn Sie 30 Jahre lang 200 DM im Monat sparen				
Zeitraum	**Summe der Einzahlungen**	**Vermögen**	**Zuwachs**	**Zuwachs pro Tag der letzten 5 Jahre**
5 Jahre	12000 DM	15906 DM	3906 DM	2,17 DM
10 Jahre	24000 DM	43405 DM	19405 DM	8,61 DM
15 Jahre	36000 DM	90947 DM	54947 DM	19,75 DM
20 Jahre	48000 DM	173143 DM	125143 DM	39,00 DM
25 Jahre	60000 DM	315253 DM	255253 DM	72,28 DM
30 Jahre	72000 DM	560951 DM	488951 DM	129,83 DM

Tabelle © Bernd W. Klöckner, Finanz-Institut Klöckner, Lahnstein, 1999

Wenn Ihr Vermögen immer größer wird, schauen Sie mit Freude zu, und lassen Sie es einfach in Ruhe. Ihre Disziplin wird umso mehr belohnt, je länger Sie Ihren Sparplan laufen lassen. Mit jedem zusätzlichen Jahr – insbesondere bei längerer Anlagedauer – gewinnt Ihr Vermögenszuwachs an Fahrt. Es wird sozusagen der Sparturbo eingeschaltet.

Ihr Plus durch den Gewinnturbo

Eine gute Methode, richtig reich zu werden ist die, jedes Jahr Ihren eigenen Sparlohn zu erhöhen. Wir haben aus den Regeln der Geldgurus gelernt, daß Sie sich selbst zuerst bezahlen sollen. Wenn Sie sich selbst zuerst bezahlen, warum dann nicht auch mit einer kleinen Dynamik. Schließlich werden Mietzahlungen und Lebenshaltungskosten auch immer teurer. So kann die Miete innerhalb weniger Jahre um höhere zweistellige Prozentpunkte teurer werden.

Also ist nicht einzusehen, wieso Ihr eigener Lohn auf dem gleichen Niveau bleiben soll. Daß sich dynamische Sparpläne lohnen, zeigt die folgende Vergleichsrechnung:

Dynamische Sparpläne im Vergleich	
Fall 1: Sparplan ohne Gewinnturbo	
Summe der Sparraten:	72 000 DM
Ergebnis:	560 000 DM
Fall 2: Sparplan mit Gewinnturbo	
1.-3.Jahr	200,00 DM
4.-6.Jahr	220,00 DM
7.-9.Jahr	242,00 DM
10.-12.Jahr	266,20 DM
13.-15.Jahr	292,82 DM
16.-18.Jahr	322,10 DM
19.-21.Jahr	354,31 DM
22.-24.Jahr	389,74 DM
25.-27.Jahr	428,72 DM
28.-30.Jahr	471,59 DM
Summe der Sparraten:	115 000 DM
Ergebnis:	708 000 DM
Fazit: Im zweiten Fall (mit Gewinnturbo) sparen Sie im Laufe der Jahre rund 43 000 DM mehr, dafür erhalten Sie rund 150 000 DM mehr ausbezahlt.	

***Achtung:** Auch Lebensversicherungen können Sie mit Dynamik abschließen. In den meisten Fällen ist das jedoch eine teure und bei dieser besonderen Form der Geldanlage unsinnige Strategie. Denn: Jede Dynamik wird wie ein neuer Vertrag behandelt. Das bedeutet: Jede Dynamik führt zu einer neuen Versicherungssumme und auf diese Summe gibt es wieder Provisionen für den Vermittler. Dieser freut sich zu Recht. Zu den Provisonen kommt bei der kapitalbildenden Lebensversicherung dazu, daß Sie mit steigendem Alter für die Versicherung ein immer größeres Risiko darstellen. Dieses größere Risiko läßt sich die Versicherung gut bezahlen, indem der Anteil des Risikobeitrages an der Gesamtprämie steigt. Von der gesamten Versicherungsprämie landet also immer weniger im Spartopf.*

Besser mit Gebühren reich als ohne Gebühren arm

Wenn Sie Ihr Geld wirklich ernst nehmen, müssen Sie natürlich auf Gebühren achten. Sparen und investieren Sie in die nach meiner Ansicht auf lange Sicht bestmögliche Anlageform, in Aktienfonds, kostet Sie jeder Kauf Geld. Schließlich müssen die Fondsmanager bezahlt werden und die gesamte Abwicklung innerhalb der Fondsgesellschaft. Auch die Verkäufer brauchen einen Teil dieser Ankaufsgebühr (Ausgabeaufschlag genannt) als Provision.

Auf den ersten Blick mag es sich um kleine Beträge handeln. Im Laufe der Zeit addieren sich diese kleinen Beträge jedoch durchaus zu größeren Summen. Daher bietet es sich an, Aktienfondssparpläne über Direktbanken abzuschließen. Hier erhalten Sie meist gute Konditionen.

Zum Thema Gebühren ist mir Folgendes sehr wichtig: Immer wieder sind mir Menschen in unseren Beratungsstunden begegnet, die grundsätzlich völlig falsche Vorstellungen von den Gebühren im Zusammenhang mit Aktienfonds haben.

Dafür sprechen auch die Zahlen zahlreicher Untersuchungen: Obwohl demzufolge rund 40 % der Deutschen Investmentfonds als eine vertraute Kapitalanlageform bezeichnen, sind gleichzeitig knapp 60 % der Meinung, die Gebühren bei Aktienfonds seien hoch. Meist stellt sich dann im Laufe der Beratung heraus, daß, obwohl die meisten Anleger Investmentfonds als bekannte Anlageform bezeichnen, die Kenntnisse zu den Gebühren und deren Auswirkungen gering sind. Daß es sich hier – Gebühren seien zu hoch – um einen fatalen Irrtum handelt, möchte ich Ihnen mit einem kleinen, vereinfachten Beispiel beweisen:

Wichtig: Bei den folgenden Rechnungen wurde der Einfachheit halber lediglich der Ausgabeaufschlag als die wichtigste Gebühr berücksichtigt. Weitere Gebühren wie Managementgebühr, Verwaltungskosten oder Depotgebühren sind nicht berücksichtigt.

☐ **Anlegerin A** entscheidet sich für die Geldanlage in festverzinsliche Wertpapiere: 200 DM monatlich, Rendite 6 %, Anlagedauer 10 Jahre.

Ergebnis nach 10 Jahren: 32 775 DM

☐ **Anlegerin B** entscheidet sich für die Geldanlage in erfolgreiche Aktienfonds: 200 DM monatlich, Gebühr bei Kauf 5 %, Anlagedauer 10 Jahre,
Rendite: durchschnittlich angenommene, vorsichtige 8 %

Ergebnis nach 10 Jahren: 34 847 DM

Für Einmalanlagen gilt das gleiche:

☐ **Anlegerin A** entscheidet sich für die Geldanlage in festverzinsliche Wertpapiere: Einmalig 10 000 DM, Rendite 6 %, Anlagedauer 10 Jahre

Ergebnis nach 10 Jahren: 17 908 DM

☐ **Anlegerin B** entscheidet sich für die Geldanlage in erfolgreiche Aktienfonds: Einmalig 10 000 DM, Gebühr bei Kauf 5 %, Anlagedauer 10 Jahre,
Rendite: durchschnittlich angenommene, vorsichtige 8 %

Ergebnis nach 10 Jahren: 20 561 DM

Achtung: *Richtig ist, daß beim Vergleich von festverzinslichen Wertpapieren zu Investmentfonds, die in festverzinsliche Wertpapiere investieren, also sogenannte Rentenfonds, die Gebühren zu hoch sind und sich nur selten die Anlage im Rentenfonds wirklich nach Kosten lohnt. Bei Aktienfonds jedoch spielen die Gebühren im Vergleich nur eine geringe Rolle. Selbstverständlich ist es besser, so wenig an Gebühren wie möglich zu zahlen. Jedoch gilt: Ein Aktienfonds mit Gebühren gekauft, ist auf Dauer immer besser als die Geldanlage in festverzinsliche Wertpapiere ohne Gebühren. Dieser Grundsatz trifft umso eher zu, je länger die geplante Anlagedauer ist.*

Jeder kann's: Die erste Million

Reich zu sein hat seine Vorteile. Man hat zwar oft genug versucht, das Gegenteil zu beweisen, doch ist das nie so recht gelungen.

John Kenneth Galbraith

Zeit ist Geld – das wissen Sie bereits. Im Folgenden finden Sie eine Tabelle, wieviel Sie monatlich bei welchen Zinssätzen sparen müssen, um bei unterschiedlicher Spardauer garantiert zum Millionär zu werden.

So machen Sie Ihre erste Million

Jahre bis zur ersten Million	Angenommene Rendite (Wählen Sie selbst...)				
	6 %	8 %	10 %	12 %	14 %
10 Jahre	6102 DM	5466 DM	4882 DM	4347 DM	3860 DM
15 Jahre	3439 DM	2890 DM	2413 DM	2002 DM	1651 DM
20 Jahre	2164 DM	1698 DM	1317 DM	1011 DM	768 DM
25 Jahre	1443 DM	1051 DM	754 DM	532 DM	371 DM
30 Jahre	996 DM	671 DM	442 DM	286 DM	182 DM
35 Jahre	702 DM	436 DM	263 DM	155 DM	90 DM
40 Jahre	502 DM	286 DM	158 DM	85 DM	45 DM
45 Jahre	363 DM	190 DM	95 DM	47 DM	22 DM
50 Jahre	264 DM	126 DM	58 DM	26 DM	11 DM
55 Jahre	193	84 DM	35 DM	14 DM	6 DM
60 Jahre	142 DM	56 DM	21 DM	8 DM	3 DM

Tabelle © Bernd W. Klöckner, Finanz-Institut Klöckner, Lahnstein, 1999

So lesen Sie die Tabelle: Sie wollen auf Nummer Sicher gehen und lassen sich trotz aller dafür sprechender Argumente nicht von der Geldanlage in Aktienfonds überzeugen. Sie legen Ihr Geld vielmehr zu 6 % über eine Bank an. Sie sind 35 Jahre und wollen in 25 Jahren eine Million Vermögen haben. Dann müßten Sie ab heute 1443 DM (vgl.Tabelle) monatlich zur Seite legen. Entscheiden Sie sich vielleicht doch noch für die Anlage in Aktienfonds, müßten Sie bei angenommener Rendite von 12% lediglich 532 DM (vgl.Tabelle) monatlich sparen. Noch besser: Sie hätten bereits mit 25 Jahren zu sparen begonnen und würden wieder optimistisch mit 12% Rendite über die Geldanlage in Aktienfonds rechnen. Ihre monatliche Sparrate hätte in diesem Fall lediglich 155 DM (vgl.Tabelle) monatlich betragen.

Gewinn & Risiko

Der folgende Tip ist kein großes Geheimnis, wird jedoch immer wieder von einzelnen Geldanlegern vergessen. Es geht dabei um die Frage des Risikos und der Höhe der Rendite. Manche Anleger suchen über Jahre verzweifelt nach der optimalen Anlageform. Am liebsten den größten Gewinn bei kleinstem Risiko.

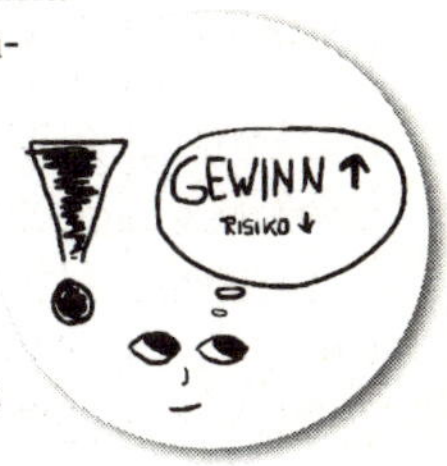

Die Wahrheit jedoch ist: Es hat nie die optimale Anlageform gegeben und es wird sie nie geben. Gewinn und Risiko sind unmittelbar miteinander verbunden. Vergessen Sie alles, wenn Ihnen jemals ein Berater etwas anderes erzählen möchte.

+ Richtig

Richtige Erwartung

Gewinn/Rendite und Risiko sind stets auf gleichem Niveau

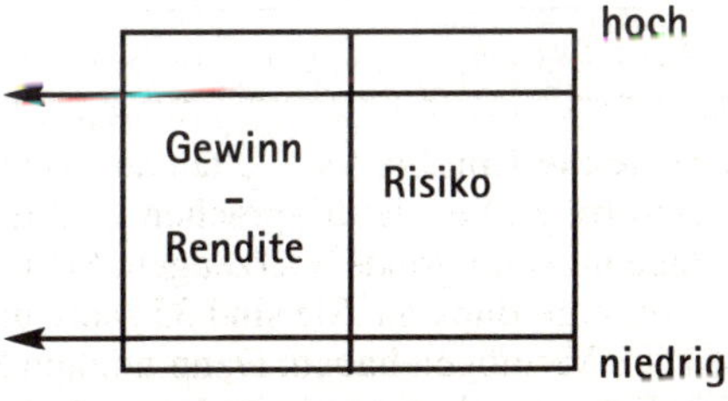

Falsch

Falsche Einstellung

Gewinn/Rendite sollen hoch sein, das Risiko jedoch minimal

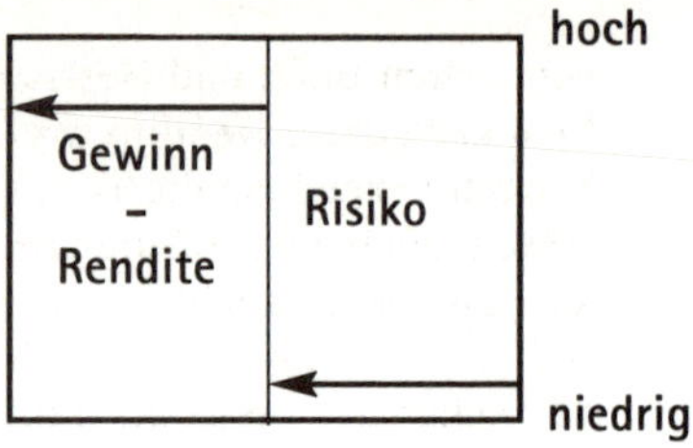

Die magische 10-%-Regel

Von dem bereits genannten Tod Barnhart stammt das phantastische und wichtige Buch „Die 5 Schritte zum Reichtum“. In diesem Buch schreibt er:

„Sparen Sie jeden einzelnen Monat zehn Prozent Ihres Einkommens, und Sie werden reicher werden, als Sie es jemals zu träumen gewagt haben“

Tod Barnhart mischt seit seinem 19. Lebensjahr im Börsengeschäft mit und machte mit 23 Jahren seine erste Million. Zu seinen Klienten gehören einige der reichsten Leute in Amerika. Seine Idee „Sparen Sie 10 %...“ empfiehlt auch bereits Anthony Robbins in seinem Bestseller „Das Power Prinzip“. Robbins schreibt:

> „Die meisten haben schon einmal von den Vorzügen der Methode gehört, mindestens 10 % des verfügbaren Einkommens zu sparen und anzulegen. Aber nur sehr wenige halten sich daran, und bezeichnenderweise sind auch nur sehr wenige sehr gut betucht. Wenn Sie Ihr Vermögen erhalten wollen, dann sollten Sie unbedingt 10 % Ihres Einkommens anlegen, bevor Sie das Geld auch nur in die Finger bekommen.“

Die von beiden Autoren beschriebene 10-%-Idee übernahm dann letztlich auch der erfolgreiche Finanzcoach Bodo Schäfer in seinem ersten Buch und Bestseller „Der Weg zur finanziellen Freiheit“. Man kann diese 10-%-Regel überhaupt nicht oft genug betonen. Bodo Schäfer bezeichnet die Tatsache, direkt nach Gehaltseingang 10 % zu sparen, auch als die Möglichkeit, sich einfach selbst zuerst zu bezahlen. Und er hat recht.

Versuchen Sie’s einmal: Bezahlen Sie sich selbst zuerst und dann alle anderen. Sie werden feststellen, daß Sie mit 90 % Ihres Geldes genausogut auskommen.

Also: Beachten Sie – wenn Sie es nicht ohnehin bereits tun – künftig die richtige Reihenfolge, sobald Ihr Gehaltsscheck/Ihr Lohn auf einem Ihrer Konten gutgeschrieben ist:

Falsch: Erst die anderen bezahlen		**Richtig: Erst sich selbst bezahlen**	
Position	**Ausgabenart**	**Position**	**Ausgabenart**
1	Miete	1	**Sparen**
2	Auto	2	Miete
3	Versicherung	3	Auto
4	Steuern	4	Versicherung
5	Kredite	5	Steuern
6	Urlaub	6	Kredite
7	Sport & Freizeit	7	Urlaub
8	usw.	8	Sport & Freizeit
9	**Sparen**	9	usw.

***Achtung:** Bevor Sie jeden Monat alle anderen Dinge bezahlen, vergessen Sie nicht, sich selbst zuerst zu bezahlen. Und zwar mit mindestens 10 %. Sie haben es sich verdient, zuerst bezahlt zu werden.*

Die „Vor jeder Ausgabe"-Checkliste

Es gibt tausend Möglichkeiten, sein Geld auszugeben,
aber nur zwei, es zu erwerben:
Entweder wir arbeiten für Geld – oder das Geld arbeitet für uns.
Bernard Baruch, US-Bankier

Sparen kann Spaß machen. Und besonderen Spaß kann es Ihnen bereiten, wenn Sie cleverer mit Ihrem Geld umgehen und Sie Ihr Geld ernster nehmen, als es viele andere tun. Ohne Ihnen den Spaß am Konsum zu nehmen, folgt auf der nächsten Seite eine bislang einmalige Checkliste.

Diese Checkliste sollten Sie sich ausschneiden, Ihren Freunden zeigen und weitergeben. Für diesen Zweck dürfen Sie die Checkliste auch kopieren; vorausgesetzt, Sie nennen auch die Quelle. Ich freue mich, wenn Sie möglichst vielen Menschen von diesem Buch erzählen. Mein Wunsch: Tragen Sie diese Liste mit anderen Menschen in unsere Schulen. Zeigen Sie diese Liste Lehrern und bitten Sie sie, mit den Schülern mit dieser Liste zu spielen. In der folgenden Tabelle können Sie ablesen, was Sie bei unterschiedlichen Zinssätzen eine Ausgabe von x DM wirklich kostet. Das ganze ist gemessen mit einer Währungseinheit, also einer DM, einem Euro, einem Dollar oder einer anderen Währung.

Diese Checkliste auf der nächsten Seite ist ein ganz einfaches Hilfsmittel. Ein kleines Beispiel: Sie überlegen, ob Sie eine Urlaubsreise für 4000 DM buchen oder eine für 3000 DM. Sie sind 25 Jahre jung. Beide Urlaubsorte gefallen Ihnen. Sie lesen dieses Buch und beschließen folgendes: Sie buchen die Reise für 3000 DM und legen die einmalig gesparten 1000 DM konsequent weg. Da Sie in Aktienfonds anlegen und eine ausreichend lange Laufzeit zur Verfügung steht, rechnen wir einmal Ihren Gewinn mit einer angenommenen durchschnittlichen Verzinsung von 12 %. Das Ergebnis: Auf Sicht von, sagen wir, 35 Anlagejahren, haben Sie durch eine kluge Entscheidung soeben rund 53 000 DM verdient.

1000 DM mal 52,8 = ca. 53 000 DM

Ein anderes Beispiel: Eines Ihrer Kinder, 20 Jahre alt, steht vor der Entscheidung, von einem Onkel geerbte 20000 DM für eine Wohnungseinrichtung auszugeben oder lieber zu sparen. Sie zeigen Ihrem Kind diese Tabelle, und es entscheidet sich, lediglich 10000 DM für die Einrichtung der Wohnung auszugeben und 10000 DM zu sparen. Das Ergebnis:

10000 DM mal 164 = 1,64 Millionen DM

Fazit: Unglaublich, aber wahr. Durch die kluge Entscheidung, in jungen Jahren einen bestimmten Betrag der Erbschaft nicht anzutasten und über viele Jahre zu sparen, besitzt Ihr Kind eines Tages ein zusätzliches Vermögen in Höhe von 1,64 Millionen DM.

Vor-jeder-Ausgabe-Checkliste ©Bernd W. Klöckner
Was aus einer Währungseinheit-Ausgabe wird...

Zins / Anlagezeitraum	**6**	**7**	**8**	**9**	**10**	**11**	**12**
5 Jahre	1,3	1,4	1,5	1,5	1,6	1,7	1,8
10 Jahre	1,8	2,0	2,2	2,4	2,6	2,8	3,1
15 Jahre	2,4	2,8	3,2	3,6	4,2	4,8	5,5
20 Jahre	3,2	3,9	4,7	5,6	6,7	8,1	9,7
25 Jahre	4,3	5,4	6,8	8,6	10,8	13,6	17,0
30 Jahre	5,7	7,6	10,1	13,3	17,5	22,9	30,0
35 Jahre	7,7	10,7	14,8	20,4	28,1	38,6	**52,8**
40 Jahre	10,3	15,0	21,7	31,4	45,3	65,0	93,1
45 Jahre	13,8	21,0	31,9	48,3	72,9	109,5	**164,0**
50 Jahre	18,4	29,5	46,9	74,4	117,4	184,6	289,0
55 Jahre	24,7	41,3	68,9	114,4	189,1	311,0	509,3
60 Jahre	33,0	58,0	101,3	176,0	304,5	524,1	897,6

WARNUNG!

Bei allem Sparspaß, übertreiben Sie nicht. Denken Sie stets daran, daß Reichtum eine gelungene Mischung ist aus Geld ernst zu nehmen und Geld fließen zu lassen. Es ist mit Sicherheit nicht die beste Lösung, wie ein junger Teilnehmer eines Seminars zu leben, der mir seine Methode zum Reichwerden erzählte. Ich schätzte ihn auf ungefähr 35 Jahre. Nach einem Seminar über eines meiner Bücher „Gewinnen mit Aktien" kam Herr G., wie er sich vorstellte, zu mir und erzählte mir voller Stolz, wie er regelmäßig zu verschiedenen Auslieferungslagern von Kleidungsherstellern fahren würde. Dagegen war nichts einzuwenden. Wer von uns kauft nicht gern modische Kleidung zur Hälfte des Originalpreises und noch günstiger.

Dann jedoch erzählte Herr G. der kleinen Runde, die sich zwischenzeitlich mit anderen Teilnehmern um uns gebildet hatte, voller Stolz weiter: Für die Fahrten zu diesen Auslieferungslagern würde er stets versuchen, ein Auto zu bekommen, was lediglich drei Liter statt acht Liter auf hundert Kilometer verbrauchen würde. Dann nämlich, so seine Meinung, hätte er sich optimiert und mit dem kleinstmöglichen Einsatz den optimalen persönlichen Ertrag herausgeholt.

Sie können sich vorstellen, daß dieser junge Mann keineswegs seine Zuhörer in Begeisterung versetzte. Im Gegenteil: Fast mitleidig hörte man seiner Erfolgsstory zu. Später nahm ich ihn zur Seite und empfahl ihm, daß er aufhören müßte, an Geld in derartiger Weise festzuhalten. Geld sei Energie und Wachstum. Es gibt nichts Gefährlicheres, als Geld sozusagen zu vergraben. Systematisch reich werden paßt nicht zusammen mit Angst ums liebe Geld haben. Es ist nicht vernünftig, Geld zu vergraben, sondern es ist höchst unvernünftig. Wer Geld hortet und vergräbt, wird es zwar mehren, aber er wird niemals soviel erreichen, wie wenn er Geld einsetzt.

Achtung: *Denken Sie bei Konsum stets daran, wie Sie letztlich manipuliert werden, wie Ihr Unterbewußtsein clever manipuliert wird. Im Kapitel Reichtum & Psychologie erzählte ich Ihnen davon, wie optisch gut gestaltete Räume oder Verkaufsunterlagen wirken: Der Blutfluß und elektrische Impulse fließen verstärkt in*

Richtung der linken präfrontalen und visuellen Hirnrinde. Jetzt erst empfinden Sie in den meisten Fällen Kaufsignale.

Warum es nichts bringt, abzuwarten, bis die Aktienkurse günstig sind

Kleine Taten, die man ausführt, sind besser als große, die man immer nur plant.
Angelehnt an George Marshall

Immer wieder fragen mich Menschen auf Seminaren: „Meinen Sie, wir sollten jetzt sparen, oder warten wir besser noch ein bißchen ab, bis die Kurse gefallen sind?" Ich darf Ihnen versichern: Es ist nichts teurer, als wenn Sie heute nicht zu sparen anfangen. Im Folgenden möchte ich Ihnen das begründen. Richtig ist, daß Sie grundsätzlich dann nichts an der Börse investieren sollten, solange die Kurse in den Keller sinken. Das Problem ist nur, wie der Altmeister der Börse, Andre Kostolany sagt, daß niemand zum Einstieg oder Ausstieg klingelt. Also müssen Sie selbst entscheiden. Dabei ist es eine Illusion zu glauben, Sie oder ich könnten uns durch Lesen herkömmlicher Informationen einen entscheidenden Vorsprung erarbeiten. Daß dies auch gar nicht nötig ist, zeigt das folgende Bild. Hier geht es um die Gewinnautomatik eines jeden Fondssparplans. Unter Gewinnautomatik ist zu verstehen, daß Sie mit einem Aktienfonds sowohl in Zeiten steigender wie in Zeiten sinkender Kurse stets optimal handeln.

Regelmäßig Sparen = Garantiert gewinnen

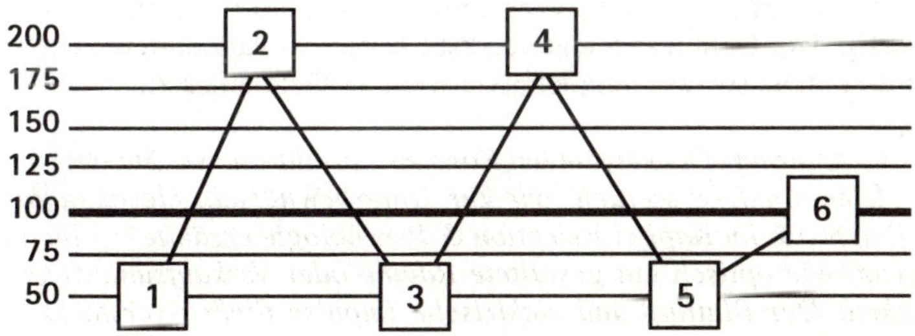

Beispiel: Die Vorteile des Fondssparens

Schritt 1
Sie kaufen für 100 DM Fondsanteile. Ein Anteil kostet Sie 100 DM. Sie bekommen also genau einen Anteil.

Schritt 2
Die Aktie steigt auf 200 DM, Sie erhalten für Ihre Sparrate von 100 DM also 0,5 Anteile.

Schritt 3
Die Aktie sinkt auf 50 DM. Sie erwerben für Ihre 100 DM nun 2 Fondsanteile.

Schritt 4
Die Aktie steigt auf 200 DM, Sie erhalten für Ihre Sparrate von 100 DM also 0,5 Anteile.

Schritt 5
Die Aktie sinkt auf 50 DM. Sie erwerben für Ihre 100 DM nun 2 Fondsanteile.

Schritt 6
Die Aktie steigt auf 100 DM, Sie bekommen genau einen Fondsanteil.

Fazit: Sie haben 7 Fondsanteile gekauft, zum niedrigen Kurs viele Anteile, bei steigendem Fondspreis weniger. Das ist die optimale Gewinnstrategie. Investiert haben Sie insgesamt 600 DM.

Hätten Sie zu Beginn einmalig zu 600 DM gekauft, hätten Sie lediglich 6 Fondsanteile bekommen.

Würden Sie nun am Ende der Anlagedauer alle Fondsanteile zum Preis von 100 DM verkaufen, besitzen Sie als Einmalkäufer 600 DM, als Sparkäufer 700 DM. Das ist die Gewinnautomatik beim Fondssparen, auch Cost-average-Effekt (Durchschnittskosteneffekt) genannt.

Warum Sie trotz hoher, möglicher, anfänglicher Kursverluste Ihrer Aktienfondsanteile Gewinnsparer bleiben

Wir haben beim Cost-average-Effekt gesehen, daß Sie nicht optimaler Geld anlegen können, als bei schwankenden Börsen Aktienfondsanteile zu erwerben. Ich möchte Ihnen im Folgenden jedoch noch ein zusätzliches Geheimnis verraten, wieso es unsinnig ist, Sparpläne immer wieder aufzuschieben, bis vermeintlich bessere Gelegenheiten kommen.

Beispiel: Herr S. möchte gern für 20 Jahre 300 DM in einen Aktienfonds ansparen. Er hat allerdings jüngst in der Zeitung gelesen, daß die Kurse in den nächsten Monaten sinken könnten und möglicherweise ein kleiner Börsencrash droht. Herr S. erkundigt sich bei seinem Banker, und dieser rät ihm auch, erst einmal mit dem Sparen abzuwarten. Die Folge: Herr S. spart die nächsten 12 Monate nicht und steigt dann für 19 Jahre ein.

Frau D. hat auch davon gehört, daß die Börse einbrechen könnte. Sie will allerdings nun mit dem Sparen wirklich einmal beginnen und beschließt deshalb, unabhängig von den Gerüchten der möglicherweise sinkenden Börsenkurse, einen Aktienfondssparvertrag abzuschließen.

Unmittelbar, nachdem Frau D. den Sparvertrag abgeschlossen hat, sinken die Börsenkurse tatsächlich um unglaubliche 50 % in den nächsten 12 Monaten. Es kommt zu einem richtigen Börsencrash.

Nach 12 Monaten steigt jetzt auch Herr S. ein. In den folgenden Jahren, also nach den ersten 12 Monaten, entwickeln sich die Aktienfondsanteilskurse bei allen zwischenzeitlichen Schwankungen um plus 10 % jährlich.

Wer hat am Ende der 20 Jahre (bei Frau D.) bzw. Ende der 19 Jahre (Herr S.) ein größeres Vermögen? Herr S., der clever den Börsencrash abwartet, oder Frau D., die in den ersten 12 Monaten ihres Sparplanes große Verluste hinnehmen muß?

Ergebnis: Endvermögen Herr S. (1 Jahr warten, 19 Jahre sparen)

202 800 DM

Endvermögen Frau D. (1 Jahr Verluste, 19 Jahre sparen)

222 000 DM

Das ganze Ergebnis verschiebt sich natürlich zu Gunsten von Herrn S., wenn dieser in den 12 Monaten des angenommenen Börsencrashs seine geplanten 300 DM Sparrate zur Seite legt und den dann angesammelten Betrag als Startkapital zu Beginn seines Sparplanes zusätzlich mit anlegt.

***Achtung:** Wenn Sie beginnen wollen zu sparen, fangen Sie einfach an. Immer wieder fragen mich Anleger oder Seminarteilnehmer, welchen Zeitpunkt ich am besten zum Einstieg ansehe. Die klare Antwort lautet: Der beste Zeitpunkt einzusteigen ist heute! An der Börse wird nicht zum Ein- oder Ausstieg geklingelt. Es gibt keine zuverlässigen Seminare, die Ihnen garantieren, daß Sie zum optimalen Zeitpunkt einsteigen. Fangen Sie einfach zu sparen an. So verrückt es angesichts unseres 50-%-Verlustes im obengenannten Beispiel klingt: Sie können nichts falsch machen. Selbst wenn in der ersten Zeit Ihres Sparplanes die Kurse in den Keller rutschen, passiert Ihnen nichts.*

Warum (fast) jeder im Leben Millionär ist

Immer wieder kommt trotz aller Gegenrede das Argument von manchen Menschen, daß sie zu wenig verdienen würden. Tatsache ist, daß nahezu jeder Mensch in seinem Leben Einkommensmillionär ist. Wer also mindestens rund 2000 DM im Monat über 40 Jahre verdient, der verdient in dieser Zeit zusammen rund 1 000 000 DM. Würde er nur 10 % seines Einkommens in der gleichen Zeit regelmäßig sparen, so besitzt er nach 40 Jahren ein Vermögen in Höhe von realistischen 1,5 bis 2 Millionen DM. Diese Rechnung ist noch sehr unrealistisch. In der Regel werden Sie über die Jahre Einkommenssteigerungen haben oder bereits zu Beginn höher einsteigen.

Tatsache ist: Über die Jahre verfügen Sie über viel, viel Geld. Das Argument, erst müßten Sie mehr verdienen, um sich Gedanken übers Sparen zu machen, kann also nicht richtig sein. In der folgenden Tabelle sehen Sie einmal die Summen aufgelistet, über die Sie im Laufe Ihres Lebens verfügen. Bei der Berechnung wurde stets mit einer Einkommenssteigerung nach jeweils 5 Jahren von realistischen 10% ausgegangen. Und angesichts dieser Millionenbeträge soll es nicht möglich sein, einen kleinen Teil mit Disziplin regelmäßig zu sparen?

Sie verdienen ein Millionenvermögen – setzen Sie es auch ein!!

Einkommen pro Monat netto in DM	Betrag in 10 Jahren	Betrag in 20 Jahren	Betrag in 30 Jahren	Betrag in 40 Jahren	Betrag in 50 Jahren
1000	135000	320000	574000	924000	1404000
1500	202 000	480000	861000	1386000	2107000
2000	270000	641000	1147000	1848000	2809000
2500	338000	801000	1434000	2311000	3511000
3000	405000	961000	1721000	2773000	4213000
3500	473000	1121000	2008000	3235000	4916000
4000	541000	1281000	2295000	3697000	5618000
4500	608000	1441000	2582000	4159000	6320000
5000	676 000	1601000	2869000	4621000	7022000
5500	743000	1762000	3156000	5083000	7725000
6000	811000	1922000	3442000	5545000	8427000
6500	878000	2082000	3729000	6008000	9129000
7000	946000	2242000	4016000	6470000	9831000
7500	1013000	2402000	4303000	6932000	10534000
8000	1081000	2562000	4590000	7394000	11236000
8500	1149000	2722000	4877000	7856000	11938000
9000	1216000	2883000	5164000	8318000	12640000
9500	1284000	3043000	5450000	8780000	13342000
10000	1351000	3203000	5737000	9242000	14045000

Monatseinkommen gerechnet mit 10 % Steigerung des Einkommens alle fünf Jahre, zum Teil Inflationsausgleich

***Achtung:** In Ihrer ganz persönlichen Zeit des Verdienens verfügen Sie über Millionenbeträge. Wenn Sie also in dieser Zeit keinen Reichtum aufbauen, so liegt es nicht an dem fehlenden Einkommen, sondern ausschließlich an Ihrem falschen Umgang mit Ihrem persönlichen Millioneneinkommen. Es liegt ausschließlich an Ihnen, verantwortungsvoll mit dem Ihnen im Laufe der Jahre durch die Hände rinnenden Geld umzugehen. Wenn Sie 3000 DM monatlich über 30 Jahre verdienen, haben Sie immerhin die Verantwortung für 1,7 Millionen. Wenn Sie diese 1,7 Millionen restlos ausgeben, dann haben Sie etwas falsch gemacht.*

Ihr Vermögen – Sie müssen es nur tun: SPAREN					
Sparrate in DM*	**Betrag in 10 Jahren**	**Betrag in 20 Jahren**	**Betrag in 30 Jahren**	**Betrag in 40 Jahren**	**Betrag in 50 Jahren**
100	17 308	52 093	122 000	262 481	544 087
150	26 000	78 100	183 000	393 700	817 200
200	34 600	104 200	244 000	525 000	1 089 600
250	43 300	130 200	305 000	656 200	1 362 000
300	51 900	156 300	366 000	787 400	1 634 400
350	60 600	182 300	427 000	918 700	1 906 800
400	69 200	208 400	488 000	1 050 000	2 179 200
450	77 900	234 400	549 000	1 181 200	2 451 600
500	86 500	260 500	610 000	1 312 400	2 724 000
550	95 200	286 500	671 000	1 443 600	2 996 400
600	103 900	312 600	732 000	1 574 900	3 268 800
650	112 500	338 600	793 000	1 706 100	3 541 200
700	121 200	364 600	854 000	1 837 369	3 813 600
750	129 800	391 000	915 000	1 968 600	4 086 000
800	138 500	416 700	976 000	2 100 000	4 358 500
850	147 100	442 800	1 037 000	2 231 000	4 630 900
900	155 800	468 800	1 098 000	2 362 300	4 903 300
950	164 400	494 900	1 159 000	2 493 600	5 175 700
1000	173 100	520 900	1 220 000	2 624 800	5 448 100

* 10 % Steigerung des Einkommens alle fünf Jahre, zum Teil Inflationsausgleich)

Tabelle © Bernd W. Klöckner, Finanz-Institut Klöckner, Lahnstein, 1999

Selbst wenn Sie ohne jegliche künftige Einkommensteigerung von den oben genannten Monatsbeiträgen lediglich 10 % sparen, verfügen Sie am Ende Ihrer Arbeitszeit in jedem Fall über ein beträchtliches Vermögen.

Warum Sie verlieren, wenn Sie immer auf Gewinner setzen

Die meisten Geldanleger fragen sich, wie es Ihnen gelingen könnte, bei der Aktienfondsanlage stets den besten Fonds auszuwählen. Es klingt schließlich logisch: Jedes Jahr analysiert man die Ergebnisse der Fonds einer bestimmten Kategorie, beispielsweise international anlegende Aktienfonds, und legt sein bis dahin angespartes Geld stets in diesen Fonds an. Wären da nicht die Ankaufgebühren von um die 5 %, könnte diese Strategie funktionieren. So aber heißt es:

Hin und her macht Taschen leer

Im Folgenden ein Vergleich zweier Sparer. Typ A spart jedes Jahr in den erfolgreichsten Aktienfonds, Typ B entscheidet sich einmal für drei unterschiedliche Aktienfonds und spart anschließend ohne großen Wechsel. Betrachten wir das Endergebnis von A und B nach 20 Jahren unter der Annahme, daß sich die Spargelder mit durchschnittlich 11 % verzinsen:

Typ A: 88 400 DM Endvermögen
Typ B: 164 900 DM Endvermögen

***Achtung:** Wer sich stets für die besten Fonds des jeweils letzten Jahres entscheidet, zahlt im Laufe der Jahre eine große Summe an Gebühren. Denn: Bei jedem Fondswechsel ist die Ankaufgebühr, der sogenannte Ausgabeaufschlag, neu zu zahlen. Dieser beträgt im Durchschnitt aller angebotenen Aktienfonds normalerweise 5 %. Bei jedem Wechsel sind also erneut diese 5 % fällig. Die bessere Strategie ist daher: Entscheiden Sie sich für zwei unterschiedliche Aktienfonds und sparen Sie regelmäßig an, ohne die Fonds zu wechseln. Ihr Vermögen dankt es Ihnen.*

Wie sich frühes Sparen lohnt

Beispiel: Zwei Schwestern beabsichtigen zu sparen. Die eine, A, spart mit dem 20. Lebensjahr monatlich 500 DM über 15 Jahre und läßt dann das bis dahin angesammelte Vermögen weiter vermehren. Die andere, B., spart bis zum 35. Lebensjahr nichts, dann jedoch bis zum 65. Lebensjahr monatlich 1000 DM.

Alter	A	B	Alter	A	B
20 Jahre	500 DM	--		--	1000 DM
	500 DM	--	45 Jahre	--	1000 DM
	500 DM	--		--	1000 DM
	500 DM	--		--	1000 DM
	500 DM	--		--	1000 DM
25 Jahre	500 DM	--		--	1000 DM
	500 DM	--	50 Jahre	--	1000 DM
	500 DM	--		--	1000 DM
	500 DM	--		--	1000 DM
	500 DM	--		--	1000 DM
30 Jahre	500 DM	--		--	1000 DM
	500 DM	--	55 Jahre	--	1000 DM
	500 DM	--		--	1000 DM
	500 DM	--		--	1000 DM
	500 DM	--		--	1000 DM
35 Jahre	--	1000 DM		--	1000 DM
	--	1000 DM	60 Jahre	--	1000 DM
	--	1000 DM		--	1000 DM
	--	1000 DM		--	1000 DM
	--	1000 DM		--	1000 DM
40 Jahre	--	1000 DM		--	1000 DM
	--	1000 DM	65 Jahre	5 Mio. DM	3 Mio. DM
	--	1000 DM			
	--	1000 DM	Aufwand	90000 DM	360000 DM

Das Ergebnis:

	A	B
Einsatz:	90000 DM	360000 DM
Vermögen: (mit 65 Jahren)	5 Mio. DM	3 Mio. DM

Der Trick, wie Sie trotz 75% geringerer Sparrate ein größeres Vermögen aufbauen

Die meisten Menschen wissen, daß es eigentlich besser ist, früh mit dem Sparen anzufangen. Sicherlich erinnern Sie sich auch daran, wie Ihre Eltern versucht haben, Ihnen das Sparen beizubringen. Im Folgenden ein einfaches Beispiel, wie sich möglichst frühes Sparen bemerkbar macht. Vorab folgendes Ratespiel:

Wie sich frühes Sparen lohnt

Das nebenstehende Beispiel macht deutlich, wie lohnend es ist, möglichst früh mit dem Sparen anzufangen.
In dem Beispiel spart A also 90 000 DM, die sich verzinsen, B stolze 360 000 DM. Was meinen Sie, welche der beiden Schwestern mehr Geld zum Ende, also mit 65 Jahren, zur Verfügung hat? A oder B? Sehen Sie sich die nebenstehende Tabelle einmal genau an!

***Achtung:** Verschenken Sie keinen Tag mit Sparen, sondern beginnen Sie so früh wie möglich. Hören Sie lieber früher mit dem Sparen auf als andere, Sie können es sich dann leisten. Ich bin mir sicher, daß Sie diesen oder ähnliche Ratschläge bereits öfter gehört haben. Und Ihre Eltern haben Sie ebenfalls mit solchen Dingen immer wieder genervt. Aber Hand aufs Herz: Wußten Sie, daß der Unterschied so groß ist, wenn Sie nur ein wenig clever sparen?*

Was der kritische Zinssatz ist, und warum Sie diesen unbedingt kennen müssen

Der kritische Zinssatz ist kein großes Geheimnis, sondern lediglich eine kleine, wichtige Hilfe bei Ihrer persönlichen Finanzplanung. Wann, meinen Sie, ist ein Zins ein kritischer Zins? Dann, wenn Sie meinen, etwas verdient zu haben, jedoch nach Inflation und Steuer nichts übrig bleibt. Einverstanden. Sie müssen also sozusagen den sogenannten Mindestzins bei Ihren Geldanlagen berücksichtigen. Das ist der Zins, den Sie mindestens erzielen müssen, damit Sie nach Inflation und Steuer wirklich gewinnen. Ein einfaches Beispiel, ausschließlich mit Inflation gerechnet, vorweg:

Angenommen, Sie legen 10000 DM auf Nummer Sicher. Denken Sie. Ihre Bank zahlt Ihnen Zinsen von jährlich 2,5 %. Die Inflation liegt jedoch statistisch gesehen bei rund 3 %. Zwar war sie in den letzten Jahren geringer, rechnen wir jedoch in unserem Beispiel mit dem langfristigen Durchschnitt der genannten 3 %. Die ehrliche Rechnung nach einem Jahr sieht also wie folgt aus.

Einmalanlage		10000 DM
plus Zinsen pro Jahr	+	250 DM
minus Inflation pro Jahr	-	300 DM
Ergebnis		9950 DM
Verlust		50 DM

Angenommen, was Sie natürlich niemals tun, Sie würden Ihre 10000 DM über 10 Jahre auf diese Weise anlegen, dann verfügten Sie nach 10 Jahren über ein Vermögen von 9500 DM, obwohl Sie 10000 DM angelegt hätten. Sie legen in diesem Fall kein Geld gewinnbringend an, Sie verlieren Jahr für Jahr, ohne daß es großartig auffällt. Das ist der Grund, wieso es für Sie so wichtig ist, Ihren eigenen kritischen Mindestzins auszurechnen und dann zu entscheiden, auf welche Anlageformen Sie Ihr Geld aufteilen.

Rechnen wir nun einmal, was passiert, wenn Sie gleichzeitig auf Ihre Zinsen noch Steuern zahlen müssen. Angenommen, der Steuersatz liegt bei 30 %. 30 % von 2,5 % sind 0,75 %. Das bedeutet:

Einmalanlage		10000 DM
plus Zinsen pro Jahr	+	250 DM
minus Steuern pro Jahr	-	75 DM
minus Inflation pro Jahr	-	300 DM
Ergebnis		9875 DM
Verlust		125 DM

Ihren persönlichen kritischen Grenzzins können Sie ganz einfach wie folgt ausrechnen:

$$\frac{\text{Inflationsrate in \%}}{(1 - \text{Grenzsteuersatz}/100)}$$

Ausgehend von einer Inflationsrate von durchschnittlich 3 % und ausgehend von einem Steuersatz von 20 %, errechnet sich also ein kritischer Grenzzins von

$$\frac{3}{1-(20/100)} \rightarrow \frac{3}{1-0{,}20} \rightarrow \frac{3}{0{,}80} = 3{,}75\,\%$$

Ergebnis: In diesem Fall liegt Ihr kritischer Grenzzins bei 3,75 %. Erzielen Sie mit Ihrer Geldanlage beziehungsweise mit Ihren Geldanlagen weniger als jeweils 3,75 %, verlieren Sie jedes Jahr ein kleines Vermögen. Im Folgenden eine Tabelle als Anhaltspunkt für den kritischen Grenzzins bei unterschiedlichen Steuersätzen:

Der kritische Grenzzins bei unterschiedlichen Steuersätzen

Steuersatz*	Inflationsrate	Kritischer Grenzzins
20 %	3 %	3,75 %
25 %	3 %	4,00 %
30 %	3 %	4,29 %
35 %	3 %	4,62 %
40 %	3 %	5,00 %
45 %	3 %	5,45 %
50 %	3 %	6,00 %

* inclusiv Solidaritätszuschlag und Kirchensteuer

Tabelle © Bernd W. Klöckner, Finanz-Institut Klöckner, Lahnstein, 1999

Achtung: *Die Berechnung des kritischen Grenzzinses ist sehr wichtig. Ein paar Prozentpunkte mehr oder weniger wirken sich spürbar aus. Rechnen Sie sich zunächst aus, wie hoch Ihr Grenzzins wirklich ist. Ohne die Berechnung dieses Grenzzinses laufen Sie Gefahr, Jahr für Jahr Geld zu verlieren und es erst dann zu bemerken, wenn es bereits zu spät ist.*

Wer den Cent nicht ehrt, ist den Euro nicht wert – Alltagsbeispiele, wie Sie problemlos reich werden können, auch wenn Sie dachten, kein Geld zum Sparen zu haben

Mit den Beispielen der folgenden Seiten verrate ich Ihnen einige der sich zahlreich bietenden Möglichkeiten, mit der richtigen und cleveren Geldentscheidung systematisch reich zu werden. Die Beispiele lassen sich variieren und ergänzen. Vielleicht fallen Ihnen selbst zahlreiche weitere Situationen ein.

Vorab: Verstehen Sie diese Beispiele nicht so, daß ich Ihnen die Lust am Leben nehmen will. Wie an anderer Stelle gesagt: Die richtige Einstellung gegenüber Geld ist die einer begehrlichen Verachtung. Mir geht es jedoch darum, Ihnen mit alltäglichen Beispielen zu zeigen, wie cleveres Sparen dazu führt, daß Sie zum Ende Ihres Vermögensplanes einige Zehntausende mehr auf dem Konto haben.

Der Autokauf

Angenommen, Sie sind 20 Jahre jung. In den folgenden Jahren werden Sie mit großer Wahrscheinlichkeit alle 5 Jahre ein neues Auto kaufen. Die Autos sind heute so ausgereift, daß es nur wenig Unterschied ausmacht, ob Sie für Ihr Auto beispielsweise 20 000 oder 25 000 DM ausgeben. In unserem Beispiel kauft A. Clever stets ein Auto für 20 000, die restlichen 5000 spart er. Er sagt sich, daß in den nächsten Jahren so ein beachtliches Vermögen heranwachsen müßte. Rechnen wir also einmal nach, ob A. Clever Recht hat.

20 Jahre bis 65 Jahre	= 9 mal Autokauf
	= 9 mal 5000 DM gespart
Endvermögen	**= 1,6 Millionen DM**

Fazit: A. Clever hat richtig entschieden. Obwohl er im Laufe der Jahre kaum auf Luxus verzichten wird, verfügt er am Ende möglicherweise gegenüber einem Käufer, der sich stets für das Auto zu 25 000 entscheidet, über 1,6 Millionen mehr Gewinn. Unterstellt wurde hierbei eine Aktienfondsanlage mit einer angenommenen, durchschnittlichen Verzinsung von realistischen 11 %. Selbst wenn A. Clever lediglich 8 % mit seinem Aktienfonds erzielt, sind es immer noch über 500 000 DM Gewinn.

Wichtig: Bei diesem wie auch bei allen folgenden Gewinntips ist es wichtig, daß – wie in unserem Fall A. Clever – die 5000 wirklich angelegt werden.

Warum 0,1 % mehr oder weniger so wichtig ist

Irgendwie ist es eigenartig. Stehen wir an der Wursttheke im Kaufhaus, achten wir darauf, ob die Verkäuferin auch die richtige Grammzahl abwiegt. Manche Menschen achten in anderen Situationen darauf, ob ihnen wirklich nichts entgeht. So zum Beispiel bei Weinfesten, ob das Glas wirklich großzügig gefüllt ist. Denn bei einem 0,1-l-Gläschen macht es schon was aus, wenn ein oder zwei Millimeter bis zum Eichstrich fehlen. In der Formel Eins geht es einerseits um Millionen, die wieder von Bruchteilen von Sekunden abhängen. Würde hier einer sagen, „die paar Bruchteile von Sekündchen sind nicht so wichtig", er würde nicht lange seinen Job behalten.

Wo wir also auch hinschauen, wir sind genau und verlangen in den meisten Fällen auch von unseren Mitmenschen Genauigkeit. Schließlich würden Sie auch keinem Freund 10 000 DM leihen, um anschließend 9950 zurückzubekommen mit den Worten „Hier hast Du ungefähr Deine 10 000 DM". Bei allen diesen Beispielen sind wir deswegen genau, weil wir das Ergebnis fassen können. Ist Michael Schumacher einige Sekundenbruchteile langsamer als seine Wettbewerber, büßt er schnell seinen führenden Platz im Rennen ein. Bekämen Sie von Ihrem Freund die rund 10 000 DM in Form der 9950 DM zurück, sehen Sie, daß 50 DM fehlen. Die gleiche Genauigkeit leidet beim Umgang mit Geld. Geld, Zinsen und Zinseszins sind nicht einfach vorstellbar, greifbar. Es sind zunächst nichts anderes als Zahlen.

Im Folgenden ein kleines Spiel:

Im Jahr 1950 legt ein Anleger 10 000 DM zur Seite. In einem Fall bekommt er 6 % Zinsen, im anderen Fall 6,1 %. Im ersten Fall sind das 600 DM pro Jahr, im zweiten Fall 610 DM pro Jahr. Nehmen wir ferner an, daß erst im Jahr 2050, nachdem der Anleger längst gestorben ist, seine Urenkel von diesem Konto erfahren. Bei 6,1 % wurden gegenüber 6 % so im Laufe der 100 Jahre 100 mal 10 DM = 1000 DM mehr an Zinsen ausbezahlt. Also wirklich nicht berauschend viel. Wie hoch ist inklusive Zins und Zinseszins das Endvermögen im Falle der 6 % und wie hoch im Falle der 6,1 %?

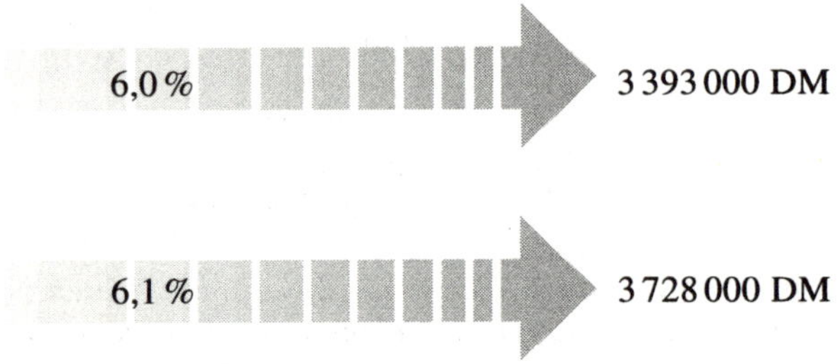

Die Differenz: Der kleine Unterschied von 0,1 % hat zu einem Unterschied im Endvermögen von 335 000 DM geführt. Selbstverständlich muß in beiden Fällen möglicherweise die Inflation vom Endvermögen abgerechnet werden, aber die Zahl ist beachtlich.

Die Wirkung von Zins- und Zinseszins

Die Wirkung von Zins- und Zinseszins ist sehr, sehr groß und läßt sich naturgemäß dann besonders eindrucksvoll darstellen, wenn lange Anlagezeiträume miteinander verglichen werden. Daher im Folgenden ein solches langfristiges Beispiel. Angenommen, Eltern legen bei der Geburt eines Kindes für ihr Kind 20 Jahre lang 100 DM im Monat zurück. Nach dieser Zeit spart das Kind selbst 200 DM im Monat weiter bis zum 65. Lebensjahr. Betrachten wir das Ergebnis bei unterschiedlichen Zinssätzen:

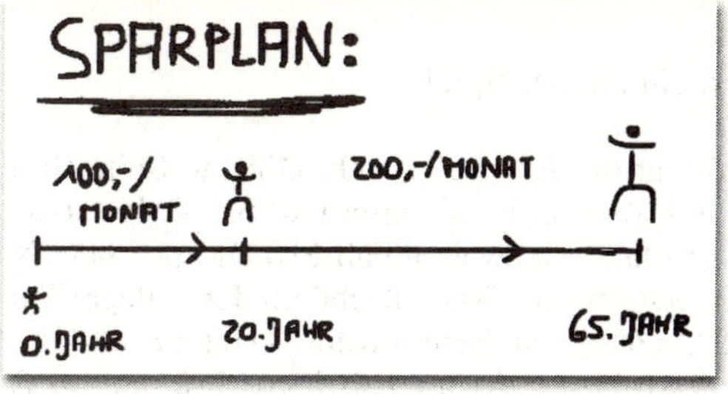

Ergebnis im 65. Jahr bei einer jährlichen, durchschnittlichen Rendite von:

6 %	=	1 240 000 DM
8 %	=	3 206 000 DM
10 %	=	8 880 000 DM
12 %	=	26 000 000 DM
14 %	=	78 000 000 DM

Achtung: *Nehmen Sie Ihr Geld ernst und achten Sie darauf, auf Dauer ertragreiche Geldanlagen zu wählen. Aktienfonds sind in jedem Fall ein Muß für Ihre persönliche Anlagestrategie. Auf lange Sicht gibt es – auch wenn zwischenzeitlich die Kurse einmal mehr oder weniger sinken können – keine ertragreichere Geldanlage.*

Die 1-zu-6-Gewinnerregel bei 10-Jahres-Sparplänen

Diese von mir so genannte Regel bezeichnet einen ganz einfachen Zusammenhang. Nämlich den, daß jeder Prozentpunkt mehr bei einem monatlichen Sparplan von 10 Jahren Laufzeit rund 6 % mehr Rendite bringt. Sie können sich diese einfache Regel merken für den Fall, daß Sie einen Sparplan über 10 Jahre abschließen wollen.

Beispiel: Sie wollen 100 DM im Monat sparen. Ihr Berater nennt Ihnen für 5 % Anlagerendite ein Ergebnis von 15 530 DM. Legen Sie Ihr Geld statt dessen zu 8 % an, erhalten Sie rund 3 mal 6 %, also 18 % mehr Ablaufleistung. In DM ausgedrückt, sind das immerhin

2795 DM zusätzlich. Diese Regel gilt für alle 10-Jahressparpläne und für alle monatlichen Sparbeiträge. Je höher die Laufzeit, umso größer ist dabei der Betrag, den Ihr Geld zusätzlich erwirtschaftet.

Mit der folgenden Tabelle können Sie selbst für alle Sparraten das Endergebnis und den Unterschied bei verschiedenen Zinssätzen ausrechnen:

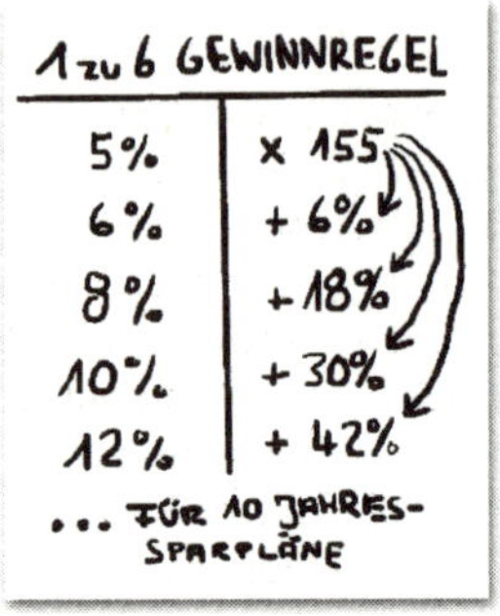

So lesen Sie die Tabelle: Sie wollen monatlich 300 DM über 10 Jahre sparen. Bei 5 % Rendite verfügen Sie nach 10 Jahren über 300 mal 155 = rund 46 500 DM, bei 8 % durchschnittlicher Rendite kämen auf die 46 500 DM rund 18 % dazu, Endergebnis also etwa 55 000 DM.

Was Gewinnsparer und Spitzensportler gemeinsam haben

Wie groß ist Ihre Lust, mit mir gemeinsam ab morgen täglich für einige Videoaufnahmen zu üben? Wie groß ist Ihre Lust, daß Sie täglich 10 bis 14 Stunden Gymnastik machen? Wie groß ist Ihre Lust, dabei einzelne Übungen hunderte Male zu wiederholen und niemals aufzugeben? Bevor Sie antworten, stellen Sie sich die einzelnen Situationen genau vor. Wie Sie schuften, sich abquälen und kaum noch Luft haben, um weiterzumachen.

Wissen Sie noch, von wem ich in diesen Fragen spreche? Sie kennen Sie. Die ganze Welt kennt sie. Claudia Schiffer. Claudia Schiffer hatte außergewöhnlichen Erfolg, weil sie einen außergewöhnlich hohen Einsatz dafür gab. Von ihr stammt der Satz:

„Ich kann nicht mehr, ich will jetzt nach Hause, gibt es in meinem Beruf nicht.“

Wenn Sie sich gern motivieren möchten, wenn Sie selbst die Strategien erfolgreicher Menschen kennenlernen wollen, empfehle ich Ihnen das phantastisch lehrreiche, bei Junfermann erschienene Buch „Die Magie der Erfolgreichen“. Dieses Buch beweist auf sehr eindrucksvolle Weise, daß Spitzensportler mit Menschen, die finanziell unabhängig werden wollen, einiges gemeinsam haben. Beide zusammen erreichen ihre Ziele nur dann, wenn sie jeden Tag von neuem hart bis zum Ende trainieren. Haben Sie jemals schon einen herausragenden Spitzensportler gesehen, der nicht seit Jahren und Jahrzehnten konsequent trainiert? Aber wieviele Sparer kennen Sie, die Ihnen davon berichten und sich beklagen, daß sie trotz des Sparens niemals reich wurden, die aber letztlich immer nur halbherzig Sparen trainiert haben? So wie jedes halbherzige Training für einen Spitzensportler verlorene und unnütze Zeit ist, so ist jeder halbherzige Sparplan ein Verlustsparen.

Es gibt einen weiteren Unterschied zwischen Spitzensportlern und Amateuren. Amateure streben nur selten ganz nach oben, ihnen reicht eben die Amateurliga. Spitzensportler dagegen wollen an die Spitze, wollen ganz nach oben. Amateure übernehmen nur selten Verantwortung, wenn es mit der Leistung nicht so ganz klappt. Spitzensportler dagegen wissen, daß sie ganz allein dafür verantwortlich sind, welche Leistung sie bringen oder welche nicht. Diese Zusammenhänge lassen sich sehr einfach und zutreffend aufs Geldtraining übertragen. Auch hier gibt es Spitzensparer und einfache Amateursparer. Hierzu drei einfache Beispiele:

- **Der „Morgen fange ich an“-Sparer**

Ilona K. nimmt sich zu Beginn des Jahres vor, endlich ihr Geldtraining umzusetzen. Das bedeutet, ein Ziel zu setzen (zu etwas hin), einen realistischen Betrag festzulegen und anschließend jeden Monat zu trainieren, sprich zu sparen. Ein halbes Jahr später frage ich nach, und Ilona nennt mir zahlreiche Gründe, wieso sie ihr Training noch nicht aufgenommen habe. Betrachten wir gemeinsam, wie hoch der Trainingsverlust dadurch ist, daß Ilona ihr Geldtraining hat schleifen lassen:

Beispielfall: Trainingsverlust kommt teuer zu stehen

Angenommen, Ilona hatte vor, 600 DM im Monat zu sparen. Weiter angenommen, Ilona war zu Beginn des Jahres gerade 30 Jahre alt geworden. Sie möchte bis zum 60. Lebensjahr sparen. Verbleiben nach einem halben, verschenkten Jahr nur noch 29 Jahre und sechs Monate. Wie hoch ist der Trainingsverlust von Ilona nach dem ersten halben Jahr?

Anlagebetrag und Anlagedauer	**Angenommene Rendite in % pro Jahr während der Laufzeit/Beträge in DM**			
600 DM/Monat über 30 Jahre	8 % 900 177	10 % 1 367 595	12 % 2 117 948	14 % 3 334 233
600 DM/Monat über 29 Jahre und 6 Monate	861 454	1 297 639	1 991 691	3 106 580
Trainingsverlust	38 723	69 956	126 257	227 653
Trainingsverlust pro Monat der ersten 6 Monate	**6450**	**11 670**	**21 030**	**37 950**
nicht gespart	**3600**	**3600**	**3600**	**3600**
Verlust	**2850**	**8070**	**17 430**	**34 350**

Ergebnis: Ilonas halbherziges Geldtraining zu Beginn, der Trainingsverlust über sechs Monate kommt sie richtig teuer zu stehen. Die Begründung ist einfach: Der Zinseszins-Effekt auf die ersten Einzahlungen ist am höchsten.

Je früher Geld gespart wird, desto höher sind Zins und Zinseszins. Erzielt der Sparplan, beispielsweise ein Aktienfondssparplan, durchschnittlich eine Rendite von 12 % im Jahr, kostet jeder Monat 21 030 DM an Vermögen.

Immerhin das 35-fache des Betrages von 600 DM, den Ilona nicht angelegt hat. Kennen Sie ein schlechteres Geschäft oder eine schlechtere Entscheidung? Ich nicht!

Achtung: *Überlegen Sie nicht mehr lange, wann Sie mit Ihrem Geldtraining anfangen. Und wenn Sie anfangen, dann meiden Sie jede Form halbherzigen Trainings. Ein Geldvermögen erreichen Sie nur, wenn Sie konsequent und mit Ausdauer Ihr Geld anlegen. Werden Sie sozusagen statt Spitzensportler Spitzensparer. Dabei ist keine Zeit wichtiger als die Anfangszeit.*

• Der unstete Sparer

Typisch für Amateursparer ist, erst eine Zeitlang mit dem Geldtraining durchzuhalten, dann mal wieder auszusetzen, weil's zu anstren-

Beispielfall: Aussetzer bringen Verluste		
Michael S.	**Geldtraining**	**Marion W.**
300 DM	Sparrate/Monat	300 DM
30 Jahre	Spardauer	30 Jahre
12 % pro Jahr	angenommene Rendite	12 % pro Jahr
keine	Trainingsverluste	Alle drei Jahre setzt Marion für ein Jahr mit dem Sparen aus
1 060 000 DM	**Ergebnis nach 30 Jahren**	**840 000 DM**

gend ist, und später wieder loszulegen. So wie beschrieben können Sie sich vorstellen, wie sich solches Geldtraining auswirkt.

Fazit: Marion W. hat während des Geldtrainings zwar „nur" 7 Jahre mit den 300 DM monatlicher Sparrate ausgesetzt, also 25 200 DM weniger gespart, am Ende jedoch hat sie 220 000 DM weniger.

• Der disziplinlose Sparer

Ich darf Ihnen eine letzte Amateursparvariante nennen, die Sie richtig viel Geld kostet und vor der Sie sich hüten sollten. Bei dieser Amateurvariante wird wie im vorhergehenden Beispiel gespart. Hinzu kommt, daß Sie dieses Mal zwischendurch ans Geld rangehen. Argumente, Gründe hierfür gibt es genug: Da mal einige Tausender für eine neue Küche (die war schließlich auch dringend notwendig), da ein paar Tausender fürs neue Auto drauflegen. Alles kein Problem, wozu hat man denn gespart. Um Sie davon zu überzeugen, daß auch diese Sparvariante teuer ist, die folgende Rechnung.

Beispielfall: Zusatzverluste durch Ausgaben		
Michael S.	**Geldtraining**	**Marion W.**
300 DM	Sparrate/Monat	300 DM
30 Jahre	Spardauer	30 Jahre
12 % pro Jahr	angenommene Rendite	12 % pro Jahr
Michael S. spart konsequent	Trainingsverluste	nach 2 Jahren 4000 DM für die neue Küche
Michael S. spart konsequent		nach weiteren 4 Jahren 6000 DM für das neue Auto
Michael S. spart konsequent		nach weiteren 6 Jahren 8000 DM für neue Möbel
1 060 000 DM	**Ergebnis nach 30 Jahren**	**772 000 DM**

Fazit: Marion W. hat während des Geldtrainings zwar „nur“ 18 000 DM aus ihrem Sparplan ausgegeben, verzeichnet zum Ende jedoch dadurch einen Trainingsrückstand von immerhin 288 000 DM. Die Trainingsverluste während der Sparzeit summieren sich also in diesem Beispiel immerhin auf das 16fache dessen, was Marion W. zwischenzeitlich ausgegeben hat. Wenn man's richtig betrachtet, ein richtig schlechtes Geschäft für Marion.

Achtung: *Erfolgreiches Geldtraining und erfolgreicher Vermögensaufbau haben mit Spitzensportlern gemeinsam, daß in beiden Fällen nur konsequentes Training wirklich erfolgreich ist. Wer nur halbherzig ohne Disziplin trainiert, zwischendurch mal wieder aufhört oder sich verausgabt, wird seine Ziele nie erreichen. Wer stets denkt oder sagt: „Ich kann nicht“, will in der Regel nicht und setzt sich nur selbst Grenzen. Denken Sie an das oft zitierte Beispiel der Hummel. Auch Sie haben sicherlich bereits davon gelesen. Die Hummel hat eine Flügelfläche von 0,7 Quadratzentimetern bei 1,2 Gramm Gewicht. Nach den bekannten Gesetzen der Flugtechnik ist es unmöglich, bei diesem Verhältnis zu fliegen. Die Hummel weiß das nicht, sie fliegt einfach. Wenden Sie beim Sparen das Hummelprinzip an: Nicht warten, starten! Und dann wie ein Spitzensportler am Ball bleiben!*

Nichts ist schlimmer, als später daran denken zu müssen, was man früher hätte tun sollen

In dem größten Teil unseres Lebens geht es darum, daß wir Geld verdienen, an unserer Karriere arbeiten. Diese Zeit ist in vielen Fällen geprägt von Familie, Kinder großziehen, einen möglichst sicheren Arbeitsplatz haben. Die meisten Menschen arbeiten in dieser Zeit nur von einem Gehalt zum nächsten. Dann plötzlich kommt die Zeit der Pensionierung näher. Irgendwie wird jedem bewußt, daß es eine Zeit geben wird, in der statt 30 Tage Urlaub 365 Tage normal sind. 365 Tage jedes Jahr, in denen man Geld ausgeben könnte, verreisen könnte, genießen möchte. In die letzten 20 Jahre vor dieser Pensionierung fallen bei den meisten Menschen die ersten Gedanken ans Sparen. Jetzt verdient man so richtig und glaubt, durch viel Sparen das aufholen zu können, was man in jungen Jahren unterlassen hat. Das ist eine Illusion, wie die folgenden Zahlen zeigen.

Das Beispiel von Kai W.

Kai W., 45 Jahre alt, entschließt sich, für sein Alter vorzusorgen. Er möchte im Alter, also wenn er 65 Jahre alt ist, über ein Vermögen verfügen, das ihm ermöglicht, über dann 30 Jahre monatlich 3000 DM entnehmen zu können. Kais Berater nennt ihm die Zahl: Er müßte ein Vermögen von rund 560 000 DM mit 5 % anlegen, um sich seine Wünsche zu erfüllen. Nach 30 Jahren Auszahlung wäre das Vermögen aufgezehrt.

Vermögensziel:	560 000 DM
Aufwand (bei 11 % Zinsen):	20 Jahre, 650 DM

Was nun, wenn Kai bereits in früheren Jahren mit dem Sparen begonnen hätte? Wie hoch wäre jeweils der Betrag gewesen, den Kai hätte sparen müssen?

Vermögensziel: 560 000 DM mit 65 Jahren		
Beginn des Sparens im Alter von	**Dauer des Sparens**	**monatliche* Sparrate**
35 Jahre	30 Jahre	199 DM
30 Jahre	35 Jahre	113 DM
25 Jahre	40 Jahre	65 DM
20 Jahre	45 Jahre	38 DM
*Aufwand (bei 11 % Zinsen)		

Das Geheimnis lautet: Sparen Sie selbst von den kleinsten Beträgen stets einen Teil regelmäßig und gehen Sie an dieses Vermögen nicht heran.

Die 70er Regel für Einmalanlagen

Tod Barnhart beschreibt diese Regel in seinem Buch „Die fünf Schritte zum Reichtum“ als 72er Regel. Auch Bodo Schäfer in seinem Bestseller übernimmt diese 72er Regel. Ich nenne Sie nach meinen eigenen Zahlen die 70er Regel. Bei meinen eigenen Zahlen gehe ich von der Anlage in Aktienfonds aus. Das ist deshalb wichtig, weil sich die Geldanlage in Aktienfonds sozusagen jeden Monat verzinst in Höhe der jeweiligen Kurssteigerung. Daher erklären sich auch die abweichenden Zahlen von Barnhardts 72er Regel.

Wie auch immer, diese Regel ist für Sie eine einfache Hilfe, wie Sie Ihr Vermögen in Abhängigkeit von dem jeweiligen Anlagezins planen können. Die 72er Regel von Tod Barnhardt oder meine 70er Regel nennt Ihnen nichts weiter als die Zahl, die Sie in Jahren brauchen, um bei einem Zinssatz von X Ihr Kapital zu verdoppeln. Wenn Sie beispielsweise eine Rendite von 1 % erzielen, brauchen Sie 70 Jahre, bis aus 10 000 DM 20 000 DM geworden sind. Legen Sie dagegen Ihr Geld zu 10 % an, brauchen Sie lediglich 7 Jahre (70 dividiert durch 10).

Die 70er Regel für Einmalanlagen

Rendite	In ... Jahren verdoppelt (Angaben gerundet)
1 %	70
2 %	35
4 %	17,6
8 %	9
9 %	8
10 %	7,3
11 %	6,6
12 %	6
14 %	5

Tabelle © Bernd W. Klöckner, Finanz-Institut Klöckner, Lahnstein, 1999

VIM steht für

Verlust Im Monat

In diesem Kapitel geht es darum, daß ich Sie einfach davon überzeugen will, daß Sie ab sofort sparen müssen. Mir geht es nicht darum, Sie zu überreden, sondern ich will Sie mit klaren Beispielen überzeugen. Im Folgenden sehen Sie eine Tabelle abgebildet, mit der Sie selbst Ihre Verluste ausrechnen können, wenn Sie ab heute noch immer nicht zu sparen beginnen.

Wie Sie Ihre Verluste leicht selbst ausrechnen können	
Laufzeit des Sparplans	**Verlust im Monat (VIM)**
10 (9) Jahre	3fache Sparrate
15 (14) Jahre	5fache Sparrate
20 (19) Jahre	8fache Sparrate
25 (24) Jahre	15fache Sparrate
30 (29) Jahre	25fache Sparrate
35 (34) Jahre	52fache Sparrate
40 (39) Jahre	75fache Sparrate
45 (44) Jahre	130fache Sparrate
50 (49) Jahre	225fache Sparrate
© Bernd W. Klöckner, Finanz-Institut Klöckner, Uppena & Partner GbR	

So lesen Sie die Tabelle: Angenommen, Sie entscheiden sich für einen Sparplan mit einer Laufzeit von 25 Jahren. Sie wollen monatlich 300 DM sparen. Wenn Sie nun ein Jahr lang warten und zum gleichen Endalter mit dem Sparen aufhören wollen (also ein Jahr verschenken), verlieren Sie pro Monat 300 x Faktor 15 (vgl.Tabelle) = 4500 DM. Bei diesen Werten handelt es sich um Annäherungswerte, die Zahlen sind leicht gerundet. Dennoch haben Sie mit dieser VIM-Tabelle die Möglichkeit, sich selbst in wenigen Sekunden auszurechnen, wie hoch Ihr Verlust ist, wenn Sie heute nicht zu sparen beginnen, sondern ein Jahr lang warten.

***Achtung:** Alle Gründe sprechen dafür, heute mit dem Sparen anzufangen. Es gibt keinen Grund, bis morgen zu warten.*

So bestimmen Sie Ihr persönliches Sparziel

Wie an anderer Stelle zu lesen ist, bringt es Ihnen nichts, ohne Ziel zu sparen. Die Frage der meisten Menschen ist daher immer wieder: „Wieviel muß ich denn sparen, 100 DM, 200 DM oder noch mehr?" Im Folgenden möchte ich Ihnen nun zum Schluß dieses Buches die Möglichkeit geben, sich ganz individuell in wenigen Schritten selbst auszurechnen, wieviel Sie sparen müssen, um Ihre ganz persönlichen Ziele zu erreichen.

Die Tabellen sind so aufgebaut, daß Sie mit den Zahlen und Ihren eigenen Wünschen spielen können. Ermitteln Sie individuell Ihre notwendigen Sparzahlen und dann handeln Sie nach dem Prinzip Gewinnen.

Beginnen Sie noch heute zu sparen. Tun Sie es! Berücksichtigen Sie dabei die in diesem Buch genannten Gesetze systematischen Reichtums, und Sie werden Ihre Ziele erreichen.

1. Schritt
Legen Sie fest, welchen Wunschbetrag Sie monatlich aus Ihrem Kapital zur Verfügung haben wollten, wenn Sie Ihr persönliches Ruhestandsalter erreicht hätten. Diesen monatlichen Wunschbetrag lesen Sie in Tabelle 1 auf Seite 213 in der linken Spalte ab.

2. Schritt
Bestimmen Sie die Anzahl der Jahre, die noch vergehen, bis Sie das Alter erreicht haben, in dem Sie monatlich aus Ihrem Kapital (zusätzlich) Geld erhalten wollen. Sind Sie also 30 Jahre jung und beabsichtigen, in 25 Jahren, also im Alter von 55 Jahren mit dem arbeiten aufzuhören, ist die richtige Zahl in der obersten Zeile von Tabelle 1 die 25. Verbinden Sie die beiden Punkte, und Sie erhalten den Betrag, der in unserem Beispiel in 25 Jahren kaufkraftmäßig Ihrem heute genannten Wunschbetrag entspricht.

Beispiel: Wenn Sie heute einen Wunschbetrag von 3000 DM nennen, dann meinen Sie den Wert, den Sie heute für 3000 DM kaufen können. Daher erfolgt in diesen ersten Schritten die Umrechnung Ihres Wunschbetrages in den Betrag, der zum Zeitpunkt Ihrer ersten Auszahlung nach Inflation kaufkraftmäßig Ihrem Wunschbetrag entspricht.

3.Schritt

In Tabelle 2 auf den Seiten 213/214 setzen Sie nun in der linken Spalte den aus Tabelle 1 ermittelten Betrag ein, gleichzeitig entscheiden Sie sich für eine Laufzeit Ihrer ganz persönlichen Rente. Den jeweiligen Zeitraum legen Sie in der obersten Zeile fest. In den Tabellen wurde mit Kapitalverzehr gerechnet.

Das bedeutet: Wenn Sie eine Laufzeit von 25 Jahren wählen, ist Ihr Kapital zum Ende aufgezehrt, und Sie hatten über die gesamte Laufzeit Ihren Wunschbetrag. Verbinden Sie also Ihren Wunschbetrag in Tabelle 2 mit der Laufzeit, erhalten Sie das Vermögen, welches Sie benötigen, um Ihren Wunschbetrag über die Wunschlaufzeit auszuzahlen.

4. Schritt

Nun geht es nur noch darum festzustellen, wie hoch der monatliche Sparbetrag sein muß, den Sie ab sofort in den verbleibenden Jahren anlegen müssen, um das in Tabelle 2 ermittelte Vermögen anzusparen. Hierzu verbinden Sie in der linken Spalte das notwendige Vermögen mit der Anzahl der Jahre, die Ihnen noch zum Sparen bleiben (Achtung: Die Anzahl dieser Sparjahre entspricht dem Wert aus Tabelle 1). Als Ergebnis erhalten Sie Ihre monatliche gleichbleibende Sparrate.

Tabelle 1: Ihr Wunscheinkommen

Ihr Wunschziel pro Monat	**Notwendiger Betrag in … Jahren** (bei einer Inflation von rund 3 % pro Jahr)								
	10	**15**	**20**	**25**	**30**	**35**	**40**	**45**	**50**
500	672	779	903	1047	1214	1407	1631	1891	2192
1000	1344	1558	1806	2094	2427	2814	3262	3782	4384
1500	2016	2337	2709	3141	3641	4221	4893	5672	6576
2000	2688	3116	3612	4188	4855	5628	6524	7563	8768
2500	3360	3895	4515	5234	6068	7035	8155	9454	10960
3000	4032	4674	5418	6281	7282	8442	9786	11345	13152
3500	4704	5453	6321	7328	8495	9849	11417	13236	15344
4000	5376	6232	7224	8375	9709	11255	13048	15126	17536
4500	6048	7011	8128	9422	10923	12662	14679	17017	19728
5000	6720	7790	9031	10469	12136	14069	16310	18908	21920
5500	7392	8569	9934	11516	13350	15476	17941	20799	24111
6000	8063	9348	10837	12563	14564	16883	19572	22690	26303
7000	9407	10906	12643	14656	16991	19697	22834	26471	30687
8000	10751	12464	14449	16750	19418	22511	26096	30253	35071
9000	12095	14022	16255	18844	21845	25325	29358	34034	39455
10000	13439	15580	18061	20938	24273	28139	32620	37816	43839

Tabelle 2: Ihr notwendiges Vermögen

Ihre monatliche Wunschziel-Entnahme (Ergebnis aus Tabelle 1)	**Ihr notwendiges Vermögen, um sich bei Kapitalverzehr von … Jahren (Kapital am Ende = Null) Ihr Wunschziel leisten zu können (Verzinsung in der Entnahmephase durchschnittlich vorsichtige 7 %) Kapitalverzehr in …**						
	10 Jahren	**15 Jahren**	**20 Jahren**	**25 Jahren**	**30 Jahren**	**35 Jahren**	**40 Jahren**
800	68901	89005	103186	113190	120246	125224	128735
900	77514	100130	116084	127338	135277	140877	144827
1000	86126	111256	128983	141487	150308	156530	160919
1200	103352	133507	154779	169784	180369	187836	193103
1400	120577	155758	180576	198082	210431	219142	225286
1600	137802	178010	206372	226379	240492	250448	257470
1800	155028	200261	232169	254676	270554	281753	289654
2000	172253	222512	257965	282974	300615	313059	321838
2500	215316	278140	322456	353717	375769	391324	402297

▶

Ihre monatliche Wunschziel-Entnahme (Ergebnis aus Tabelle 1)	**Ihr notwendiges Vermögen, um sich bei Kapitalverzehr von … Jahren (Kapital am Ende = Null) Ihr Wunschziel leisten zu können (Verzinsung in der Entnahmephase durchschnittlich vorsichtige 7 %) Kapitalverzehr in ...**						
	10 Jahren	**15 Jahren**	**20 Jahren**	**25 Jahren**	**30 Jahren**	**35 Jahren**	**40 Jahren**
3000	258 379	333 768	386 948	424 461	450 923	469 589	482 756
3500	301 442	389 396	451 439	495 204	526 077	547 854	563 216
4000	344 506	445 024	515 930	565 948	601 230	626 119	643 675
4500	387 569	500 652	580 421	636 691	676 384	704 384	724 135
5000	430 632	556 280	644 913	707 435	751 538	782 649	804 594
6000	516 758	667 536	773 895	848 921	901 846	939 178	965 513
7000	602 885	778 792	902 878	990 408	1 052 153	1 095 708	1 126 432
8000	689 011	890 048	1 031 860	1 131 895	1 202 461	1 252 238	1 287 350
9000	775 138	1 001 304	1 160 843	1 273 382	1 352 768	1 408 767	1 448 269
10 000	861 264	1 112 560	1 289 825	1 414 869	1 503 076	1 565 297	1 609 188
12 000	1 033 517	1 335 072	1 547 790	1 697 843	1 803 691	1 878 356	1 931 026
14 000	1 205 770	1 557 584	1 805 755	1 980 817	2 104 306	2 191 416	2 252 863
16 000	1 378 022	1 780 096	2 063 720	2 263 790	2 404 922	2 504 475	2 574 701
18 000	1 550 275	2 002 608	2 321 685	2 546 764	2 705 537	2 817 535	2 896 538
20 000	1 722 528	2 225 120	2 579 650	2 829 738	3 006 152	3 130 594	3 218 376
22 000	1 894 781	2 447 632	2 837 615	3 112 712	3 306 767	3 443 653	3 540 214
24 000	2 067 034	2 670 144	3 095 580	3 395 686	3 607 382	3 756 713	3 862 051
26 000	2 239 286	2 892 656	3 353 545	3 678 659	3 907 998	4 069 772	4 183 889
28 000	2 411 539	3 115 168	3 611 510	3 961 633	4 208 613	4 382 832	4 505 726
30 000	2 583 792	3 337 680	3 869 475	4 244 607	4 509 228	4 695 891	4 827 564
32 000	2 756 045	3 560 192	4 127 440	4 527 581	4 809 843	5 008 950	5 149 402
34 000	2 928 298	3 782 704	4 385 405	4 810 555	5 110 458	5 322 010	5 471 239
36 000	3 100 550	4 005 216	4 643 370	5 093 528	5 411 074	5 635 069	5 793 077
38 000	3 272 803	4 227 728	4 901 335	5 376 502	5 711 689	5 948 129	6 114 914
40 000	3 445 056	4 450 240	5 159 300	5 659 476	6 012 304	6 261 188	6 436 752
42 000	3 617 309	4 672 752	5 417 265	5 942 450	6 312 919	6 574 247	6 758 590
44 000	3 789 562	4 895 264	5 675 230	6 225 424	6 613 534	6 887 307	7 080 427

Tabelle 3: Ihre notwendige Sparrate

Notwendiges Spar-Jahres Vermögen Wert aus Tabelle 2	Ihre notwendige gleichbleibende Sparrate in den nächsten Jahren (Anzahl der Jahre wie in Tabelle 1 gewählt!!), damit Sie bei 10 % durchschnittlich unterstellter Rendite Ihr Wunschziel sicher erreichen							
	10	**15**	**20**	**25**	**30**	**35**	**40**	**45**	**50**
60000	293	145	79	45	27	16	9	6	3
70000	342	169	92	53	31	18	11	7	4
80000	391	193	105	60	35	21	13	8	5
90000	439	217	119	68	40	24	14	9	5
100000	488	241	132	75	44	26	16	10	6
120000	586	290	158	90	53	32	19	11	7
140000	683	338	184	106	62	37	22	13	8
160000	781	386	211	121	71	42	25	15	9
180000	879	434	237	136	80	47	28	17	10
200000	976	483	263	151	88	53	32	19	12
250000	1220	603	329	188	111	66	40	24	14
300000	1465	724	395	226	133	79	47	29	17
350000	1709	844	461	264	155	92	55	33	20
400000	1953	965	527	301	177	105	63	38	23
450000	2197	1086	593	339	199	119	71	43	26
500000	2441	1206	658	377	221	132	79	48	29
600000	2929	1448	790	452	265	158	95	57	35
700000	3417	1689	922	528	310	184	111	67	40
800000	3905	1930	1054	603	354	211	127	76	46
900000	4394	2171	1185	678	398	237	142	86	52
1000000	4882	2413	1317	754	442	263	158	95	58
1200000	5858	2895	1580	904	531	316	190	114	69
1400000	6834	3378	1844	1055	619	369	221	134	81
1600000	7811	3860	2107	1206	708	421	253	153	92
1800000	8787	4343	2370	1357	796	474	285	172	104
2000000	9763	4825	2634	1507	885	527	316	191	115
2200000	10740	5308	2897	1658	973	579	348	210	127
2400000	11716	5791	3161	1809	1062	632	380	229	139
2600000	12693	6273	3424	1960	1150	685	411	248	150
2800000	13669	6756	3687	2110	1239	737	443	267	162
3000000	14645	7238	3951	2261	1327	790	474	286	173

▶

Not-wendiges Spar-Jahres Vermögen Wert aus Tabelle 2	**Ihre notwendige gleichbleibende Sparrate in den nächsten Jahren (Anzahl der Jahre wie in Tabelle 1 gewählt!!), damit Sie bei 10 % durchschnittlich unterstellter Rendite Ihr Wunschziel sicher erreichen**								
	10	**15**	**20**	**25**	**30**	**35**	**40**	**45**	**50**
3 200 000	15 622	7721	4214	2412	1416	843	506	305	185
3 400 000	16 598	8203	4477	2562	1504	896	538	324	196
3 600 000	17 574	8686	4741	2713	1593	948	569	343	208
3 800 000	18 551	9168	5004	2864	1681	1001	601	363	219
4 000 000	19 527	9651	5268	3015	1770	1054	633	382	231
4 200 000	20 503	10 133	5531	3165	1858	1106	664	401	242
4 400 000	21 480	10 616	5794	3316	1946	1159	696	420	254
4 600 000	22 456	11 099	6058	3467	2035	1212	727	439	266
4 800 000	23 432	11 581	6321	3618	2123	1264	759	458	277
5 000 000	24 409	12 064	6584	3768	2212	1317	791	477	289
5 200 000	25 385	12 546	6848	3919	2300	1370	822	496	300
5 400 000	26 361	13 029	7111	4070	2389	1422	854	515	312
5 600 000	27 338	13 511	7375	4221	2477	1475	886	534	323
5 800 000	28 314	13 994	7638	4371	2566	1528	917	553	335
6 000 000	29 290	14 476	7901	4522	2654	1580	949	572	346
6 200 000	30 267	14 959	8165	4673	2743	1633	980	591	358
6 400 000	31 243	15 441	8428	4824	2831	1686	1012	611	369
6 600 000	32 219	15 924	8691	4974	2920	1738	1044	630	381
6 800 000	33 196	16 406	8955	5125	3008	1791	1075	649	393
7 000 000	34 172	16 889	9218	5276	3097	1844	1107	668	404

Disziplin ist der wichtigste Teil des Erfolges! Tue es jetzt!

Nun ist es Zeit, dieses Buch zu beenden. Ich darf Ihnen versichern, daß ich mein Bestes gegeben habe, um für Sie das Beste zu erreichen. Alles, was ich weiß, und alles, was mir wichtig erscheint, haben Sie nun gelesen. Ich freue mich, wenn Sie sich beim Lesen wohlgefühlt haben. Ich freue mich, wenn ich Sie vielleicht manchmal nachdenklich machen konnte und wenn Sie sich eifrig Notizen machten. Ich freue mich, wenn das vorliegende Buch für Sie, nachdem Sie es gelesen haben, wertvoll ist. Jetzt sind Sie an der Reihe. Sie sind die einzige und alles entscheidende Person, die die in diesem Buch genannten Erfolgsgeheimnisse umsetzt, es einfach tun muß.

Eine meiner häufigsten Erfahrungen in all den Jahren der Seminartätigkeit und Geldberatung ist, daß viele Leute letztlich – trotz aller Erfolgsseminare und eifrigem Lesen von Erfolgsbüchern – wieder die Zeit mit Warten verbringen. Mit Warten darauf, daß eines Tages (der in der Regel nie kommt) alle Idealbedingungen zusammentreffen. Da dieser Tag nie kommt, brauchen diese Menschen auch nie anzufangen, etwas zu verändern. Mir ist es wichtig, Ihnen zum Schluß dieses Buches zu sagen, daß es nie eine bessere Zeit zu handeln gab, als jetzt, hier und heute. Tun Sie etwas, bewegen Sie sich, legen Sie los, arbeiten Sie an Ihrer Zukunft.

Denken Sie an den in diesem Buch genannten Satz: NICHT WARTEN, STARTEN! Legen Sie nicht dieses Buch weg mit dem Gedanken „Ach ja, das hat Spaß gemacht", sondern legen Sie – statt weg – einfach los!! Arbeiten Sie an Ihrer eigenen Erfolgsstory. Arbeiten Sie systematisch daran, reich zu werden. Reich als Mensch, reich in Bezug auf Ihr Geld. In diesem Zusammenhang habe ich meine größte Bitte an Sie: Seien Sie anders als die vielen, die immer wieder aufgeben, ohne es versucht zu haben. Lesen Sie sich nicht nur reich, sondern tun Sie etwas, um systematisch reich zu werden, und geben Sie nie, nie auf! Sie brauchen nur das in diesem Buch gebotene Wissen anzuwenden, es einfach zu tun!

Danke fürs Zuhören! Vielleicht lernen wir uns bei einem meiner Seminare eines Tages kennen. Ich würde mich freuen.

Übrigens: Ich freue mich über alle Anregungen und Ideen für die nächste Ausgabe dieses Buches. Besonders wenn Ihnen selbst kleine Wortspiele oder Illustrationen einfallen, freue ich mich, wenn Sie mir diese mitteilen. Gleichzeitig bitte ich Sie, mir schriftlich zu erlauben, Ihre Zuschriften – auch ohne Quellenangabe – verwenden zu dürfen.

Ihr

Bernd W. Klöckner

EIN ❤-LICHES DANKESCHÖN

Vielen Personen, die mich und meinen Weg über Jahre geprägt haben, gehört der große Teil meines Dankes. Allen voran meinem beruflichen Mentor und ehemaligen Professor während meines Studiums: Professor Diplom-Kaufmann Heinrich Bockholt. Der bekannte Finanzexperte und häufig (aus meiner Sicht zu Recht) von dritter Seite als Finanzierungspapst bezeichnete Professor hat während des Studiums auf unnachahmliche Weise dazu beigetragen, in mir den Spaß an Geld, am Rechnen zu wecken. War Finanzmathematik bis damals graue Theorie, wurde sie nun gelebte Praxis. Mein Dank gehört ferner zahlreichen guten Autoren, darunter – ohne sie alle nennen zu können – Tod Barnhart, Rene Egli, Carol Keefe, Anthony Robbins und Hans-Peter Zimmermann. In ihren Büchern fand ich wichtige Anregungen und wertvolle Ansätze für meine eigenen Gedanken und dieses vorliegende Buch.

Allen Autoren voran gilt mein besonderer Dank Frau Vera F. Birkenbihl. Ihre Bücher begeistern und faszinieren mich seit Jahren, und ihre unnachahmliche Art zu schreiben ist eine ganz besondere Weise, Lesen mit Spaß und jeder Menge Nutzen zu verbinden. Ihr Stil war an der einen oder anderen Stelle ein willkommenes und hilfreiches Vorbild.

Birkenbihl, das ist auch verbunden mit birkenbihl media GmbH und hier mit den Personen Wolfgang Lang, Bodo Wardin und Ingrid Barouti. Diese drei Menschen haben wesentlichen Anteil daran, daß dieses Buch erfolgreich umgesetzt wurde und meine Erfolge bis heute Schritt für Schritt ausgebaut werden. Wobei mein Dank in diesem Zusammenhang besonders auch Frau König vom Mosaik Verlag gilt. Sie war es, die als erstes Ja zu „Systematisch reich!“ sagte.

Ausdrücklich nennen und danken möchte und muß ich Thomas Montasser. Als Medienagent und Freund begleitet er mich seit Ende 1994. Seinen Leitspruch „Es lohnt sich einfach, besser zu sein“ lebt er. Dieses Buch ist neben allen anderen bislang erschienenen Büchern das Ergebnis seiner in jeder Hinsicht tollen und unglaublich zuverlässigen Arbeit. Vielen Dank, Thomas! Last but not least sage ich

Danke an Peter G. Appel und Nikola Ritter, Stefan Horn und Heinz Wilhelm Vogel sowie Lucie Deinzer. Als Finanzjournalist, der nicht nur exzellent schreiben, sondern ebenso gut rechnen kann, war mir Peter Appels Rat, nachdem er Seite für Seite aufmerksam durchgearbeitet hatte, sehr hilfreich. Nikola Ritter, Profi für visuelle Kommunikation, ist mir mit seinen unverblümten, jedoch stets konstruktiven Gedanken ein wichtiger Kritiker. Auch unsere neueste und erstmals in jeder Hinsicht gelungene Firmendokumentation ist ein exzellenter Ausdruck seiner hervorragenden Fähigkeiten. Stefan Horn, Finanzexperte, freier Journalist und Rechenprofi, schließlich war es, der mit mir gemeinsam Tag und Nacht die letzten Korrekturen anbrachte. Ohne ihn gäbe es auch keine druckfertigen Illustrationen. Heinz Wilhelm Vogel koordinierte hervorragend dieses Buchprojekt und Lucie Deinzer leistete eine prima Feinarbeit bis hin zur druckreifen Fassung.

Neben den genannten Personen werde ich die eine oder den anderen vergessen haben zu erwähnen. Dafür entschuldige ich mich im voraus und bedanke mich dennoch ungenannt. Es ist schwierig, in wenigen Zeilen alle Menschen zu nennen, die eigentlich genannt werden müssen.

REGISTER